职业教育土木类专业规划教材

隧　道
SUIDAO

主　编　王国庆

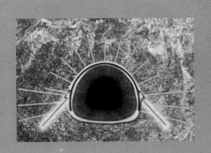
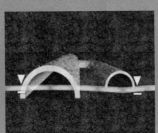

人民交通出版社
China Communications Press

内 容 提 要

本书大量采用实物图片,以隧道施工方法和施工技术为重点内容,涉及国内外隧道工程的新技术和新工艺。全书共分七章,主要内容包括:绪论、隧道围岩分级与隧道构造、钻爆法隧道施工、隧道施工辅助作业、特殊地质地段隧道施工、TBM和盾构法隧道施工、沉管法隧道施工。书后附作业和隧道工程常见工程质量通病45例。

本书可作为职业教育土木工程类专业教材,亦可作为隧道技术人员职业培训教材。

图书在版编目(CIP)数据

隧道/王国庆主编.—北京:人民交通出版社,2011.8

ISBN 978-7-114-09158-2

Ⅰ.①隧… Ⅱ.①王… Ⅲ.①-隧道工程 Ⅳ.①U45

中国版本图书馆CIP数据核字(2011)第100239号

书　　名:	隧道
著 作 者:	王国庆
责任编辑:	刘彩云
出版发行:	人民交通出版社股份有限公司
地　　址:	(100011)北京市朝阳区安定门外外馆斜街3号
网　　址:	http://www.ccpress.com.cn
销售电话:	(010)59757973
总 经 销:	人民交通出版社股份有限公司发行部
经　　销:	各地新华书店
印　　刷:	北京市密东印刷有限公司
开　　本:	787×1092　1/16
印　　张:	14.5
字　　数:	355千
版　　次:	2011年8月　第1版
印　　次:	2019年11月　第6次印刷
书　　号:	ISBN 978-7-114-09158-2
定　　价:	29.00元

(有印刷、装订质量问题的图书由本社负责调换)

中铁隧道集团职工大学
教材编写委员会

主 任 委 员：周素红

副主任委员：陈苏惠

委　　　员：(以姓氏笔画为序)

王国庆　刘利民　吴巧玲

张运巧　蒋流川　龚亚平

韩明巍

前言

我国隧道建设从20世纪80年代开始突飞猛进,在勘测设计、施工、运营、科研等方面都有许多重大成就和创新,隧道修建技术得到飞速发展,目前我国隧道修建已进入穿江越洋的时代。

为了培养更多满足现场急需的实用型技能人才,现结合隧道施工特点编写本书。本书主要有以下特点:

(1)内容实用,贴近生产实际,并结合职业技术教育的特点,把隧道施工方法和施工技术作为重点内容,同时涉及国内外隧道工程的新技术和新工艺。

(2)语言简练,通俗易懂,尝试把一些比较复杂、难懂的问题用浅显的方式叙述明白,以更符合职业院校的教学特点,便于学生领会和掌握书中内容。

(3)图文并茂,理论联系实际,拉近课堂与现场的距离,避免专业理论的枯燥,这个特点最为明显和宝贵,也是大多数同类图书所不具备的。

本教材由中铁隧道集团职工大学校长周素红、副校长陈苏惠组织编写,王国庆主持编写。编写过程中,得到了学校和集团公司有关专家的大力支持和鼎力协助,在此一并表示深深的谢意。

限于作者水平,书中难免不足之处,恳请专家和读者批评指正。

编 者

2011.5.8

目 录

第一章 绪论 ... 1
- 第一节 隧道的基本知识 ... 2
- 第二节 隧道施工的基本概念 ... 5
- 第三节 隧道施工技术的发展 ... 6

第二章 隧道围岩分级与隧道构造 ... 8
- 第一节 隧道围岩分级 ... 8
- 第二节 铁路隧道净空 ... 10
- 第三节 洞身衬砌结构类型 ... 12
- 第四节 洞门与明洞 ... 14
- 第五节 铁路隧道附属建筑物 ... 18

第三章 钻爆法隧道施工 ... 23
- 第一节 概述 ... 23
- 第二节 开挖 ... 25
- 第三节 钻爆 ... 35
- 第四节 出渣运输 ... 52
- 第五节 初期支护 ... 57
- 第六节 监控量测 ... 74
- 第七节 防排水施工 ... 81
- 第八节 二次衬砌 ... 87
- 第九节 辅助坑道 ... 93

第四章 隧道施工辅助作业 ... 97
- 第一节 施工通风与防尘 ... 97
- 第二节 压缩空气的供应 ... 106
- 第三节 施工供水与排水 ... 108
- 第四节 施工供电与照明 ... 110

第五章 特殊地质地段隧道施工 ... 112
- 第一节 概述 ... 112
- 第二节 膨胀土 ... 113
- 第三节 黄土 ... 116
- 第四节 溶洞 ... 118
- 第五节 塌方 ... 120
- 第六节 松散地层 ... 124
- 第七节 流沙 ... 125

第八节　岩爆 ··· 126
　　第九节　高地温 ··· 128
　　第十节　瓦斯 ··· 129
第六章　TBM和盾构法隧道施工 ·· 133
　　第一节　概述 ··· 133
　　第二节　硬岩掘进机（TBM） ··· 135
　　第三节　机械化盾构 ·· 142
　　第四节　泥水盾构 ··· 150
　　第五节　土压盾构 ··· 156
　　第六节　盾构隧道的衬砌 ·· 162
　　第七节　盾构工法 ··· 172
第七章　沉管法隧道施工 ··· 174
　　第一节　概述 ··· 176
　　第二节　干坞修筑和管段预制 ··· 178
　　第三节　沉管基槽开挖与航道疏浚 ······································· 183
　　第四节　沉管预制管段浮运与沉放 ······································· 184
　　第五节　管段水下连接及基础处理 ······································· 189
　　第六节　阅读材料 ··· 196
附录1　作业 ··· 199
附录2　隧道工程常见工程质量通病45例 ···································· 219
参考文献 ··· 222

第一章 绪论

> **学习目标**
>
> 本章介绍了隧道的基本知识、基本概念、施工技术的发展过程和未来的方向。
>
> 通过学习本章,应对隧道的概念、用途、分类以及修筑隧道的方法有所了解,明白隧道施工的过去、现在和未来发展的方向。

隧道是一种修建在地下的工程结构物。随着现代工程技术的发展,隧道以其位于地下这一特点,已被广泛地应用于交通、矿山、水利及国防等领域,现已成为土木工程的一个重要分支。

铁路隧道是指专供铁路运输使用的隧道,与其他用途的隧道相比,不仅长度大,数量多,而且在施工中遇到的工程地质和水文地质条件也比较复杂,对其平面、纵断面、横断面及形状、尺寸要求都较严格。目前,隧道的勘测、设计和施工体系已日趋成熟。图1-0-1为渝怀铁路白马1号隧道。

随着我国经济的发展,公路建设事业也蓬勃开展,公路隧道的勘测、设计、施工与养护逐渐形成独立的体系。图1-0-2为西藏公路拉萨至贡嘎机场的嘎拉山隧道。

图1-0-1 渝怀铁路白马1号隧道

图1-0-2 西藏公路嘎拉山隧道

本章旨在介绍铁路隧道和公路隧道的构造、围岩分级、施工方法和施工技术等方面的知识。

第一节　隧道的基本知识

一、隧道的概念

一般说来,隧道的修建是按照设计形状和尺寸在地下开挖出一个长形的通道,再做必要的支护,形成稳定的洞室以便使用。因此,所谓隧道,通常是指修建在地层中的地下通道。长期以来,除天然洞穴外,人类为了不同的需要,在地下修建了许多工程建筑物。如,位于地下的人防工程、工厂、仓库、街道、商店、停车场、陵墓等。这些地下建筑物虽然其用途、结构形式和构造有所不同,但都作为地下洞室而存在。因此,作为"地下通道"的隧道概念,也可以扩大到地下空间利用的各个方面,但断面过小的地下管道除外。

二、隧道的用途

作为地下通道,隧道的主要用途有两方面,即用作交通运输通道和水流通道。因此,除了在公路、铁路建设中及挖掘运河时,常要修建公路隧道、铁路隧道及航运隧道外,在水力发电、农田灌溉或为了向大城市供水等而修建的供水系统中,也常常需要修建输水隧道。此外,在国防及市政等工程建设中,隧道也得到了广泛的应用,如人防工程、城市地下铁道、过街地道、地下通信及电缆隧道等。

三、隧道的应用和分类

1. 铁路隧道

在铁路上,隧道常用来穿越山岭和水流障碍。按照穿越障碍或作用的不同,位于铁路上的隧道可分为山岭隧道、水底隧道和地铁隧道三种。

1) 山岭隧道

在山区修建铁路时,往往会遇到高程障碍,而修建隧道克服这些障碍则有着明显的优势。它既可以使线路顺直,避免无谓的展线,使线路缩短;又可以减小线路坡度,使运营条件得以改善,从而提高运输能力,取得理想的经济效果。

例如,我国20世纪80年代末建成的京广线衡广复线,在坪石与乐昌之间,由于修建了长度为14.295km的大瑶山隧道(图1-1-1),避免了大量展线,且使线路顺直,线路长度比原来的既有线缩短约15km,这一长度几乎为坪石至乐昌间既有线路长度的1/3。

再如,西安安康铁路的秦岭隧道(图1-1-2),全长18.456km,它的建成,使得现今线路较之20世纪70年代设计的穿越秦岭隧道方案缩短了88km,且能以最短距离通过4个地质大断裂带,节省工程造价约10亿元,真正实现了长距离、低坡度的运输方式,运输能力大大提高。

世界上已建成的最长山岭隧道是日本的大清水双线隧道,长度约为22.28km。20世纪初建成的两条平行的辛普伦单线隧道,长度约为19.98km,用来穿越阿尔卑斯山,连通瑞士和意大利。

图 1-1-1　大瑶山隧道

图 1-1-2　秦岭 1 号隧道

2）水底隧道

铁路遇到江河、海峡、海湾等水流障碍时，虽然多采用桥梁或轮渡方案通过，但也可能选取水底隧道作为穿越方案。世界上已建成的水底隧道已超过百座。日本青涵海底隧道长度约为 53.85km，是当前世界上最长的铁路水底隧道，它把日本的本州和北海道两大岛连接起来。我国也相继修建了几座水底隧道，如上海黄浦江隧道、宁波甬江隧道、福建翔安隧道、广深港客运专线上的狮子洋隧道和武汉长江隧道等。我国水底隧道的修建水平已经进入了穿江越洋的时代。

3）地铁隧道

随着城市建设的飞速发展，地面交通日益繁忙。为了有效缓解地面交通压力，修建轻轨或地铁已成为解决现代城市中交通运输问题的重要手段之一。轻轨或地铁的地下部分不占地面空间，而且安全、快捷、方便、运量大，只是费用比较高。因此，是否修建轨道交通，要从政治、经济、技术和军事等诸多方面进行考虑。当前，世界上已有 80 多座城市建有轨道交通并投入了使用。目前，我国北京、上海、天津、广州、深圳、沈阳、重庆、成都、青岛、郑州、西安、香港等城市已修建轨道交通设施。

此外，为了设计、施工及养护管理上的方便，在铁道部颁发的《铁路隧道设计规范》（TB 10003—2005）中，按隧道长度，把铁路隧道分为四种，见表 1-1-1。

铁路隧道按长度分类　　　　　　　　　表 1-1-1

类别	短隧道	中隧道	长隧道	特长隧道
长度(m)	≤500	500～3 000	3 000～10 000	>10 000

对于隧道，还有其他分类方法，例如，按照隧道内线路数目的不同，可将隧道分为单线铁路隧道和双线铁路隧道；按牵引种类的不同，可将隧道分为电气化铁路隧道和非电气化铁路隧道等。

2. 公路隧道

公路的限制坡度和最小曲线半径都没有铁路要求严格，过去在山区修建公路时为了节省工程造价，常常是宁愿绕行，也不愿修建费用昂贵的隧道。因此，过去公路隧道为数不多。但是，随着社会生产的发展，高速公路逐渐出现，它要求线路顺直、平缓、路面宽敞，于是在穿越山区时，也常采用隧道方案。此外，在城市附近，为避免平面交叉，利于高速行车，也常采用隧道方式通过。目前，公路隧道逐渐多了起来。

现行《公路隧道设计规范》（JTG D70—2004）将隧道按其长度分为四种，见表 1-1-2。

公路隧道按长度分类　　　　　　　表 1-1-2

类别	短隧道	中隧道	长隧道	特长隧道
长度(m)	≤250	250~1 000	1 000~3 000	>3 000

3. 水工隧道

水工隧道,也称为隧洞,是水利枢纽的一个重要组成部分,根据其用途又可分为如下几种:

1)引水隧洞

它把水引入水电站的发电机组,产生动力资源。引水隧洞全部充水因而内壁承压,有的只是部分过水因而内部承受大气压和部分水压,分别称之为有压隧洞和无压隧洞。

2)尾水隧洞

它是发电机组的排水通道。

3)导流隧洞或泄洪隧洞

它起疏导水流或水库容量超限后的泄洪通道。

4)排沙隧洞

它可用来冲刷水库中淤积的泥沙,把泥沙裹带送出水库。有时也用来放空水库里的水。

另外,按照隧道用途,还有市政隧道(安置各种不同市政设施)和矿山隧道(矿山开采中从山体以外通向矿床的巷道)等,本书不再详述。

四、隧道建筑物的组成

隧道建筑物总体上可分为主体建筑物和附属建筑物两大部分。

主体建筑物有洞身衬砌和洞门。衬砌是用来加固隧道洞身,防止洞身周围地层发生风化剥落或坍塌的结构物;洞门则用来加固隧道的出入口,阻挡落石。两者共同保证列车在隧道中的行车安全。

隧道的衬砌,常采用有拱圈和边墙组成的拱形结构,在地质条件较差的情况下,则常设置仰拱而形成封闭式衬砌。

1)铁路隧道的附属建筑物

铁路隧道的附属建筑物主要包括大、小避车洞及防排水设施。在隧道较长通风不良时,还要修建通风建筑物。此外,在隧道内还由于铁路电气化或通信信号等方面的需要而修建相应的附属构筑物,如电缆槽、无人增音洞及绝缘梯车洞等各种洞室。

2)公路隧道的附属建筑物

(1)内装、顶棚、路面

内装:为了确保行车安全,在公路隧道中必须采取措施使墙面亮度在长期的运营中保持在必要的水平以上,故墙面须用适当材料加以内装处理。

顶棚:顶棚的反射率对提高照明效果有利,经过顶棚的反射光能增加路面亮度。

路面:隧道内路面须具有足够的强度和耐久性,作为发现障碍物的背景,比墙面和顶棚更重要。

(2)其他附属设施

公路隧道的其他附属设施,包括通风设施、照明设施、安全设施、应急设施以及公用设施。

紧急停车带是为故障车辆离开干道进行避让,以免发生交通事故,引起混乱,影响通行能力而专供紧急停车使用的停车位置。尤其在长大隧道中,故障车必须尽快离开干道,否则会引起交通阻塞,甚至导致交通事故。

第二节 隧道施工的基本概念

隧道施工是指修建隧道及地下洞室的施工方法、施工技术和施工管理的总称。

隧道施工方法的选择,主要依据工程地质和水文地质条件并结合隧道断面尺寸、长度、衬砌类型、隧道的使用功能和施工技术水平等因素综合考虑研究确定。根据隧道穿越地层的情况和目前隧道施工方法的发展,隧道施工方法可按表1-2-1分类。

穿越不同地层隧道的施工方法 表1-2-1

序号	隧道穿越地层情况	施工方法
1	山岭隧道	①矿山法(钻爆法):传统矿山法、新奥法; ②掘进机法
2	浅埋及软土隧道	①明挖法; ②地下连续墙法; ③盖挖法; ④浅埋暗挖法; ⑤盾构法
3	水底隧道	①盾构法; ②沉管法

隧道施工技术主要研究上述各种隧道施工方法所需的技术方案和措施,如开挖、掘进、支护和衬砌施工方案和措施等;隧道穿越特殊地质地段时的施工手段,如膨胀土、黄土、溶洞、塌方、流沙、高地温、岩爆、瓦斯地层等;隧道施工过程中的通风、防尘、防有害气体及照明、风水电作业的方式方法以及对围岩变化的量测监控方法。

隧道施工管理主要解决施工组织设计和施工中的技术管理、计划管理、质量管理、安全管理等问题。其中,施工组织设计主要涉及施工方案的选择、施工技术措施、场地布置、进度控制、材料供应、劳力及机具安排等。

本书将系统介绍隧道施工方法和施工技术方面的知识,而有关隧道施工管理的知识可参阅其他相关教材。

由于本课程涉及其他学科内容较多,要求学生在学习本课程之前,要具备以下基础课知识:工程地质、土力学与地基基础、工程力学和建筑材料等。

由于隧道施工是和工程实践密切联系的,因此在学习本课程时,应和生产实习紧密结合,使学生有一定的感性认识,以加深对本课程所述内容的理解。

必须指出,由于地质勘探的局限性和地质条件的复杂性及多变性,隧道施工过程中经常会遇到突然变化的地质条件、意外情况,如塌方、涌水等,原制订的施工方案、施工技术措施和进度计划也必须随之变更。因此,作为一个隧道施工技术人员不能仅依据书本上的知识,更重要的是将所学知识与丰富的工程实践经验相结合,详细制订出灵活多变的施工方案,以适应客观条件的变化。因而在学习本课程时,除了系统学习书本上的知识时,还必须学会结合工程实践经验掌握综合运用这些知识的能力,以便正确处理隧道施工中遇到的各种实际问题。

第三节 隧道施工技术的发展

一、我国隧道工程的发展现状

1. 交通隧道

目前我国铁路隧道在数量、总长度上已处于世界领先地位。据统计,我国铁路已建成的隧道达7 538座,总延长4 314km,其中长度大于5km的隧道有53座。在建和即将修建的高速铁路隧道约146座,长度约184km,规划修建的客货共线铁路隧道长度约2 100km,其中特长隧道约760km。这一组生机勃勃的数字,足以显示中国铁路隧道光辉的历史和美好的发展前景。

我国运营的铁路隧道具有标志性的工程主要有大瑶山隧道、秦岭隧道、乌鞘岭隧道、风火山隧道和昆仑山隧道。1995年开始修建的秦岭特长铁路隧道(18.456km)采用掘进机法施工,在我国隧道修建技术上取得新的突破。乌鞘岭隧道位于兰新铁路增建二线上,全长20.05km,是两座单线隧道,该隧道在软岩深埋复杂应力隧道的修建技术上取得突破。青藏铁路风火山隧道是目前世界上海拔最高的多年冻土隧道,昆仑山隧道是目前世界上最长的多年冻土隧道,全长1.686km。

在我国,地铁通车里程已达500km。目前有近30个城市正在建设或规划建设轨道交通。北京计划到2015年全市轨道交通运营线路达19条,形成"三环、四横、五纵、七辐射"格局;上海"十二五"期间要建200km轨道交通;广州十年内新建200km轨道交通。

我国公路隧道以前因公路等级低,很少设计长大隧道,但改革开放以来,为了实现截弯、降坡、提速,相继修建了一批长大公路隧道。截至2009年年底,我国公路隧道总数已达1 700多座,总长度800多公里。隧道单洞长度也越来越长,如陕西秦岭终南山隧道全长约18.4km,是世界第二、亚洲第一的公路隧道。

2. 水利水电隧道

我国近几年先后建成了一大批著名的水电工程,如二滩、黄河小浪底、葛洲坝等,还有世界最大的长江三峡水电工程。一个明显的特点是工程规模不断大型化,具体表现为:引水隧洞埋深增加、导流、泄洪洞断面增大、跨度增大、边墙增高、隧洞承压水头增大。1991年建成的太平驿引水隧洞就达10km,即将建成的辽宁省大火房引水隧洞全长85km。

二、我国隧道的发展前景

随着我国经济的持续发展,综合国力不断增强,高新技术不断涌现,我国隧道的发展前景非常广阔,同时隧道的发展也是我国经济发展、国家西部大开发战略、开展通海战略的迫切需要。交通设施、水电供应越来越成为制约一个地区经济发展的瓶颈所在。

在交通隧道方面,我国高速公路干线网的不断完善,特别是向西部多山地区的不断延伸,海南岛与陆地的跨海延伸,以及辽东半岛、胶东半岛之间的跨海连接,都需要巨大的隧道工程来支撑,而西部大开发,则使我国交通隧道的单体长度和数量记录不断被刷新。在跨海、跨江隧道方面,目前青岛与黄岛之间的海底隧道已在勘测设计,对琼州海峡隧道完成了可行性研究,甚至提出了修建台湾海峡隧道的设想。

在水电隧道方面,随着三峡工程等一大批大型项目的实施与完成,我国在深埋、长大隧道的设计与施工能力上,都已经或将要达到世界先进水平,水利水电隧道的建设也将进入一个全新的发展时期。

我国地下工程建设,特别是东部经济发达地区和大中城市,将迎来建设的高潮,同时,也为土木工程施工企业带来无限商机。

三、隧道施工技术的发展

近几年,为了适应隧道工程大规模发展的需要,隧道施工技术飞速发展,主要体现在以下几个方面。

(1)推进城市隧道和水下隧道技术的发展。采用隧道下穿城市,具有可大量减少城市拆迁,减少对既有建筑物的影响,大大降低铁路噪声,促进铁路与城市和谐发展等诸多优越性。

(2)提高隧道机械化施工水平,减轻劳动强度。隧道工程必须实现主要工序施工的机械化,以先进的机械设备代替大量的人工作业,降低施工人员的劳动强度。在未来的隧道建设中,对有条件的特长隧道宜采用掘进机法施工,其他隧道也应采用配套的大型机械化施工,研发适合喷射混凝土、架设钢拱架、铺设防水板、钻孔注浆等作业的小型机械进行辅助施工。在有可能的隧道中,要积极采用皮带输送机出渣技术,减少施工干扰,提高效率。

(3)提高防排水技术,减少隧道病害。应进行合理的防排水系统设计,严把防排水材料的质量关,进一步提高防排水施工工艺,确保隧道不渗水、不漏水,减少隧道病害。

(4)推进信息化施工,发展隧道的超前地质预报技术。

(5)隧道防灾救援措施系统化。

(6)做好隧道洞口的景观设计。隧道建设应尽量减少对周围环境的影响,减少洞口边、仰坡的开挖,保护洞口的植被和生态,并选择简明的洞口结构形式,做好洞口与周围环境的协调设计。

第二章 隧道围岩分级与隧道构造

> **学习目标**
>
> 本章介绍了隧道围岩分级、铁路隧道净空、衬砌结构类型、洞门与明洞、铁路隧道附属建筑物。
>
> 通过学习本章,应掌握隧道围岩分级的原因、意义和分级方法;铁路隧道净空的基本概念,重点为铁路曲线隧道加宽的原因、办法;洞身衬砌的种类和适用范围;洞门和明洞的种类;铁路隧道各种常见附属物的作用和用途。

第一节 隧道围岩分级

一、概述

围岩是指隧道开挖后其周围产生应力重分布范围内的岩体(或土体)。换言之,围岩是指隧道开挖后对其稳定性产生影响的那部分岩体(或土体)。

隧道是地下工程,其稳定程度与其周围岩体的性态有密切的关系,所以要研究围岩的特性。隧道围岩的特征状态是千变万化的。如,从松散的流沙到坚硬的花岗岩,从完整的岩体到极破碎的断裂带等,都会因在其中修建隧道而表现出不同的稳定性。

所谓稳定性,即在隧道开挖后不加支护的情况下其自身的稳定程度,可分为四个级别:充分稳定、基本稳定、暂时稳定及不稳定。

根据长期的工程实践,人们认识到,可以将稳定性相似的一些围岩划归为同一个级别,并将全部围岩划分为若干级,这就是围岩分级。

围岩分级是选择施工方法的依据,是进行科学管理及正确评价经济效益、确定结构荷载、确定支护类型和尺寸等的基础。

二、影响围岩分级的因素

随着各类地下工程的修建,人们对围岩分级的研究也有了很大的发展,现行围岩分级法考虑了以下三个因素:

(1)与岩性有关的因素,如岩石的强度,可将岩石分为硬岩、软岩和膨胀岩等。
(2)与地质构造有关的因素,如软弱结构面的分布与性态、风化程度等,其在围岩分级中占有重要的地位。
(3)与地下水有关的因素。

三、隧道围岩分级方法

我国现行《铁路隧道设计规范》(TB 10003—2005)中,明确规定了以围岩稳定性为基础的分级法。它主要考虑了围岩的结构特征和完整状态、岩石强度、地下水等方面的因素,把围岩分为6级,按其稳定性由好到差为Ⅰ、Ⅱ、Ⅲ、Ⅳ、Ⅴ、Ⅵ。

1. 围岩的结构特征和完整状态

围岩体通常是被各种结构面切割成大小不等的岩石单元体,即结构体。
(1)按照软弱面的情况,可将围岩分为完整、较完整、较破碎、破碎、极破碎。
(2)按照围岩受地质构造的影响程度,可将围岩分为轻微、较重、严重、很严重。
(3)按照节理、裂隙的发育程度不同,可将围岩分为不发育、较发育、发育、很发育。
(4)按照风化程度的不同,可将围岩分为风化轻微、较重、严重、极严重。
很显然,围岩的结构特征和完整状态越好,则围岩的级别越高。

2. 围岩岩石强度

在结构特征和完整状态都相同的情况下,围岩的稳定性主要取决于岩石的强度。岩石坚硬程度的划分如表2-1-1所示。

岩石的坚硬程度　　　　表2-2-1

岩石类别		抗压强度(MPa)	代表性岩石
硬质岩	极硬岩	>60	花岗岩、石灰岩、石英岩等
	硬岩	30~60	
软质岩	较软岩	15~30	泥岩、云母岩、千枚岩等
	软岩	5~15	
	极软岩	<5	

当风化作用使岩石的成分改变、强度降低时,应按风化后的强度确定岩石的级别。

3. 地下水

地下水不仅能软化围岩本身、降低岩石强度,而且能软化结构面,促使围岩失去稳定。总之,地下水对于围岩的稳定性是不利的。

当遇到地下水时,按下列原则调整围岩的级别:
(1)Ⅰ级、Ⅱ级的硬质岩石,可不考虑降级。
(2)Ⅱ级软岩、Ⅲ级围岩,可酌情降低1个级别。
(3)Ⅳ级、Ⅴ级围岩,可酌情降低1~2个级别。
(4)对于Ⅵ级围岩,已无法降级,需另作处理。

顺便提及,对于公路隧道的围岩分级,有点混乱,这是因为以前公路隧道没有自己的分级,就套用当时铁路隧道的分级办法。当铁路隧道的分级与国际接轨以后,公路隧道有的改过来与现在的铁路一样,有的没有改过来,仍在套用老的办法。

目前,铁路上所使用的围岩分级方法为国际通用标准。

第二节 铁路隧道净空

铁路隧道净空是指隧道衬砌的内轮廓线所包围的空间。这个空间要求在能保证各种列车安全通过时,其断面尺寸达到最小。

一、直线隧道净空

1. 机车车辆限界

它是指机车车辆最大轮廓的尺寸,要求所有在线路上行驶的机车车辆在平坡直线上时,车体所有部分必须容纳在此范围内而不得超越。

2. 基本建筑限界

它是指线路上各种建筑物和设备不得侵入的轮廓线,是为保证机车车辆的安全运行及建筑物和设备不受损坏,根据"机车车辆限界"制定,如图2-2-1所示。

3. 隧道建筑限界

它是指隧道建筑物不得侵入的一个界限。比"基本建筑限界"大一些,留出少许空间用于安装照明、通信、信号及电力等设备,如图2-2-1所示,单线隧道建筑限界的半宽是2 440mm。

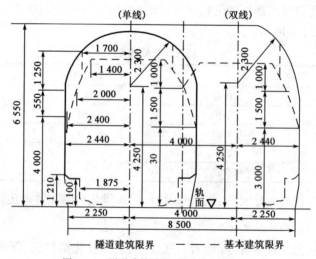

图2-2-1 隧道建筑限界(尺寸单位:mm)

4. 直线隧道净空

直线隧道净空除了满足"隧道建筑限界"要求外,还要考虑衬砌结构形式的合理及施工方便等因素,因此,它比"隧道建筑限界"要大一些。

二、曲线隧道净空加宽

1. 加宽原因

(1)车辆通过曲线时,转向架中心点沿线路中心线运行,而车辆本身仍保持其矩形形状,故其两端向曲线外侧偏移一定距离$d_外$,中间向曲线内侧偏移一定距离$d_{内1}$,如图2-2-2所示。

（2）由于曲线外轨超高，车辆向曲线内侧倾斜，使车辆上部在水平方向上向内移动了一定距离 $d_{内2}$，如图 2-2-3 所示（曲线左偏）。

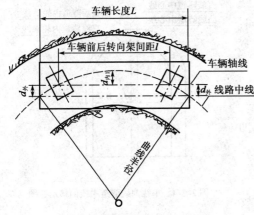

图 2-2-2　车辆轴线与线路中心线的关系

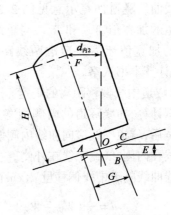

图 2-2-3　车辆运行情况

2. 加宽值的确定

（1）单线曲线隧道加宽值的确定

①车辆中间部分向曲线内侧的偏移 $d_{内1}$（cm）为：

$$d_{内1} = \frac{4\,050}{R}$$

②车辆两端向曲线外侧的偏移 $d_{外}$（cm）为：

$$d_{外} = \frac{4\,400}{R}$$

③外轨超高使车体向曲线内侧的偏移量 $d_{内2}$（cm）为：

$$d_{内2} = \frac{H}{150} \times E$$

$$E = 0.76\frac{v^2}{R}$$

以上式中：R——曲线半径（m）；

　　　　　H——隧道限界控制点自轨面起的高度（cm）；

　　　　　E——曲线外轨超高值，其最大值不超过 15cm，并按 0.5cm 取整；

　　　　　v——铁路设计速度（km/h）。

在我国铁路隧道标准设计中，可近似地取 $d_{内2} = 2.8E$。

隧道内侧加宽值 $W_{内}$（cm）：

$$W_{内} = d_{内1} + d_{内2} = \frac{4\,050}{R} + 2.7E$$

隧道外侧加宽值 $W_{外}$（cm）：

$$W_{外} = d_{外} = \frac{4\,400}{R}$$

隧道总加宽值 W（cm）为：

$$W = W_{内} + W_{外} = \frac{8\,450}{R} + 2.7E$$

单线曲线隧道加宽示意见图 2-2-4。关于双线曲线隧道的加宽值 $W_{内}$ 和 $W_{外}$，与单线的完全相同，但双线的加宽值还需要考虑两线路线间距的加宽值，此项计算本书从略。

（2）隧道中线偏移距离的确定

根据计算，曲线隧道的内侧加宽大于外侧加宽。断面加宽后，隧道中线应向曲线内侧偏移一个 $d_{值}$，即隧道中线在内侧，线路中线在外侧。

单线曲线隧道中线偏移量 d(cm)：

$$d = \frac{1}{2}(W_{内} - W_{外})$$

曲线隧道中线偏移示意见图 2-2-4。

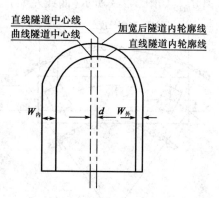

图 2-2-4　单线曲线隧道中线偏移示意图

三、曲线地段隧道的加宽断面

依据《铁路隧道设计规范》(TB 10003—2005)，圆曲线部分按上述计算值加宽，缓和曲线部分可分两段加宽。

（1）自圆曲线至缓和曲线中点，并向直线方向延长 13m，采用圆曲线加宽断面，即按 W 值加宽。

（2）其余缓和曲线，并自直缓点向直线段延长 22m，其加宽值取圆曲线加宽值之半，即按 $W/2$ 值加宽。

曲线隧道加宽示意见图 2-2-5。

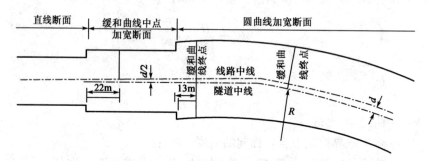

图 2-2-5　曲线隧道加宽断面

隧道衬砌施工中，可将不同宽度衬砌断面的衔接做成台阶形，也可用顺接，逐渐进行断面变化。

第三节　洞身衬砌结构类型

隧道在一般情况下应设置衬砌，它属于主体建筑物。衬砌尽量采用标准图，当遇有大偏压、冻胀力或 7 度以上的地震区等情况时，则应进行个别设计。洞身衬砌结构主要有以下几种类型。

一、整体式衬砌

整体式衬砌是指用混凝土或钢筋混凝土就地灌注而成的圬工衬砌。按照不同的围岩级别,整体式衬砌又分为直墙式衬砌和曲墙式衬砌。

1. 直墙式衬砌

直墙式衬砌适用于以垂直围岩压力为主而水平围岩压力较小的Ⅰ、Ⅱ、Ⅲ级围岩。它由拱圈、竖直边墙和铺底三部分组成。图 2-3-1 为Ⅲ级围岩单线电气化铁路隧道衬砌断面标准图,拱部内轮廓线由三心圆曲线组成。

2. 曲墙式衬砌

曲墙式衬砌适用于地质较差、有较大的水平围岩压力的Ⅳ、Ⅴ、Ⅵ级围岩。它由拱圈、曲边墙和仰拱三部分组成。除在Ⅳ级围岩无地下水且基础不产生沉降的情况下可不设仰拱外,一般均设仰拱,以抵御底部围岩压力。图 2-3-2 为Ⅳ级围岩单线电气化铁路隧道衬砌断面标准图,其内部轮廓线由五心圆曲线组成。

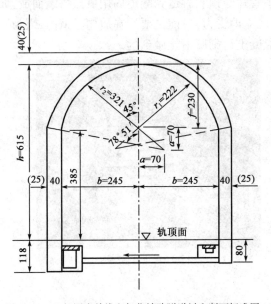

图 2-3-1　Ⅲ级围岩单线电气化铁路隧道衬砌断面标准图
（尺寸单位:cm）

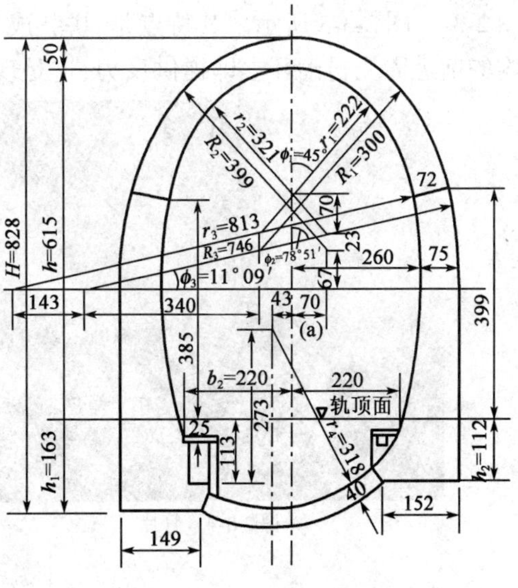

图 2-3-2　Ⅳ级围岩单线电气化铁路隧道衬砌断面标准图
（尺寸单位:cm）

二、喷锚衬砌

喷锚衬砌是指以喷锚支护作为永久衬砌的通称,包括喷射混凝土衬砌、锚杆喷混凝土衬砌,必要时可配合使用钢筋网、钢架等。8 度及以上地震区的隧道,一般不宜采用喷锚衬砌。

三、复合式衬砌

复合式衬砌是采用内外两层衬砌,外层用喷锚作初期支护,内层用模筑混凝土做二次衬砌的永久结构,初期支护与二次衬砌之间应施作防水层。目前,隧道衬砌主要采用复合式衬砌,

图 2-3-3 为复合式衬砌示意图。

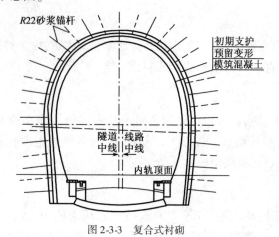

图 2-3-3　复合式衬砌

四、拼装式衬砌

拼装式衬砌是将衬砌分成若干块管片,这些管片经预制后运到隧道内用机械拼装而成,如图 2-3-4、图 2-3-5 所示。其特点是:拼装成环后能立即受力,目前主要用在盾构隧道内,因为盾构的前进需要衬砌环立即提供反力,这是现浇混凝土衬砌所不能做到的。

图 2-3-4　管片

图 2-3-5　拼装式衬砌

第四节　洞门与明洞

一、洞门

在隧道两端洞口,为了保持洞口路堑边坡及洞口仰坡的稳定,需修建洞门,它属于主体建筑物。

1. 洞门的作用

修建洞门可起以下几个作用:

(1) 减少洞口土石方开挖量

洞门可起到挡土墙的作用,降低洞口刷方高度,减少土石方开挖量。

(2) 稳定边坡、仰坡

降低洞口刷方高度,也就增加了边坡、仰坡的稳定性。

(3)引离地表水

修建洞门可以把地表水引入洞外路基侧沟排走,确保运营安全。

(4)装饰洞口

洞门是隧道唯一的外露部分,修建洞门可以起到装饰作用,尤其在城市附近、风景区的隧道更应配合当地环境,进行美化处理。

2. 洞门的形式

由于隧道所处的地形、地质条件不同,洞门的形式也有所不同,主要有如下几种。

(1)洞口环框(图2-4-1)

当洞口石质坚硬稳定,属于Ⅰ、Ⅱ级围岩时,开挖后边、仰坡极为稳定,可仅修建洞口环框,也就是将衬砌延伸到洞外,以起到加固洞口用。

(2)端墙式洞门(图2-4-2)

端墙式洞门是最常见的洞门,适用于Ⅱ、Ⅲ级围岩,由端墙和洞门顶排水沟组成。端墙的作用是抵抗山体正面压力,保持仰坡稳定,洞门顶排水沟用来将仰坡流下来的地表水汇集后排走。

图2-4-1 洞口环框

图2-4-2 端墙式洞门

(3)翼墙式洞门(图2-4-3)

当洞口地质较差,属于Ⅳ、Ⅴ、Ⅵ级围岩时,山体正面压力很大,可在端墙式洞门处设置翼墙,以增加洞门的抵抗力,并在其上面设置水沟,可将洞门顶水沟中的水引到路堑侧沟内排走。

(4)柱式洞门(图2-4-4)

柱式洞门适用地质条件同翼墙式,只是受地形限制不能设置翼墙时,可在端墙中部设置2个或4个柱墩,以增加端墙的稳定性。柱式洞门比较美观,适用于城市附近、风景区。

图2-4-3 翼墙式洞门

图2-4-4 柱式洞门

(5)台阶式洞门(图2-4-5)

当洞口位于地面横坡比较陡时,为了适应地形,减少洞门圬工数量,可以采用台阶式洞门。

(6)削竹式洞门(图2-4-6)

当洞口上方正面仰坡坡度合适时,为了适应地形,减少洞门圬工数量,可以采用削竹式洞门。

图2-4-5 台阶式洞门

图2-4-6 削竹式洞门

二、明洞

明洞是用明挖法修建的隧道,所谓明挖是指把岩体挖开,露天修筑衬砌,然后回填土石,即所谓的"开膛破肚"。

明洞一般修筑在隧道的进出口处,有两种形式,即拱式明洞和棚式明洞,棚式明洞又简称棚洞。

1. 拱式明洞

它由拱圈、边墙和仰拱(或铺底)组成,内轮廓与隧道一致,可分为如下几种。

(1)路堑对称型(图2-4-7)

它适用于路堑边坡处于对称或接近对称,而且覆盖层较薄难以用暗挖法修建时。洞顶做防水层,上面夯填防水黏土层,并在上面做水沟,以排除地表水。

(2)路堑偏压型(图2-4-8)

它适用于两侧边坡高差较大的不对称路堑,承受不对称荷载。

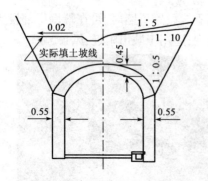

图2-4-7 路堑对称型(尺寸单位:m)

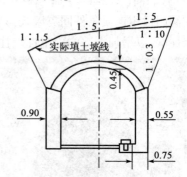

图2-4-8 路堑偏压型(尺寸单位:m)

(3)半路堑偏压型(图2-4-9)

它适用于低侧路堑外侧有较宽阔的地面供回填土石,以增加抵抗侧压力的能力,此种明洞承受偏压荷载。与路堑偏压型不同的是,路堑偏压型低处为挖,而其低处为填。

(4)半路堑单压型(图2-4-10)

当外侧地形陡峻无法回填土石时,用半路堑单压型明洞,它也承受偏压荷载,因外侧无法回填土石,外侧边墙设有耳墙,耳墙的作用是挡住土不掉下来。

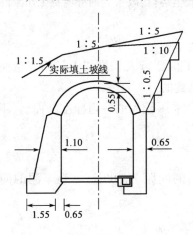

图2-4-9 半路堑偏压型(尺寸单位:m)

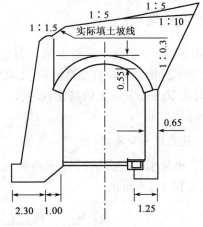

图2-4-10 半路堑单压型(尺寸单位:m)

2.棚式明洞

其主要特点是上部为盖板,呈矩形而不是拱形。根据其外侧边墙结构的不同,分为墙式(图2-4-11)、刚架式(图2-4-12)、柱式和悬臂式(图2-4-13)四种类型。

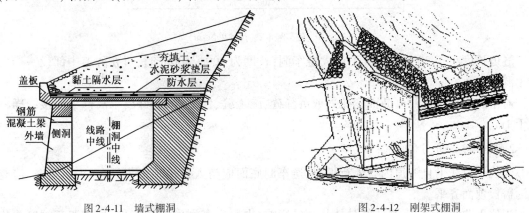

图2-4-11 墙式棚洞　　　　　　　　　图2-4-12 刚架式棚洞

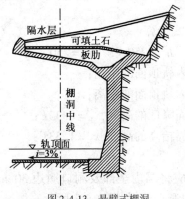

图2-4-13 悬臂式棚洞

第五节 铁路隧道附属建筑物

在隧道中修建附属建筑物,是为了保证列车在隧道中安全运行,改善洞内环境及工作条件。

一、避车洞

避车洞分为小避车洞和大避车洞。小避车洞是为了保证行人和维修人员的安全而设置的;大避车洞是为了存放维修材料、工具及轨道小车而设置的。

时速200km/h以上的高速铁路,由于空气力学效应,采用较大的隧道净空断面后,不再设置避车洞。

1.设置规定和要求

大、小避车洞应交错设置于两侧边墙内,大避车洞的间距为300m,小避车洞的间距为60m。如图2-5-1所示。

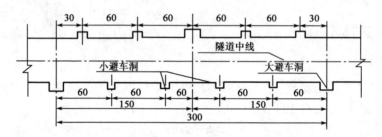

图2-5-1 避车洞布置(尺寸单位:m)

隧道长度小于300m时,可不设大避车洞;长度为300~400m时,可在隧道中部设一个大避车洞。

避车洞不得设于衬砌断面变化处或沉降缝、施工缝、伸缩缝处,并要求离开上述接缝净距大于1m。

2.避车洞底面高程

当位于直线上且隧道内有人行道时,避车洞底面应与人行道顶面齐平;无人行道时,应与侧沟盖板顶面齐平。

当位于曲线上时,因受曲线外轨超高的影响,内侧避车洞底面应降低、外侧避车洞底面应抬高。如图2-5-2所示。

图2-2-6中h_1和h_2可用下式计算:

$$h_1 = 250 + x_1;\ h_2 = 250 + x_2$$

式中:h_1——内侧避车洞底面至内轨顶面的距离;

h_2——外侧避车洞底面至内轨顶面的距离;

x_1——内侧轨枕端头道床面降低的高度,$x_1 = 0.33E$;

x_2——外侧轨枕端头道床面抬高的高度,$x_2 = 1.33E$;

E——外轨超高值(mm)。

为了使避车洞的位置明显,应将洞内全部及洞口周边30cm粉刷成白色。在洞的两侧各10m的边墙上标一白色箭头指向避车洞,如图2-5-3所示。

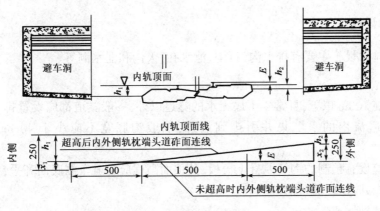

图 2-5-2 曲线隧道内外侧避车洞底面高程布置(尺寸单位:mm)

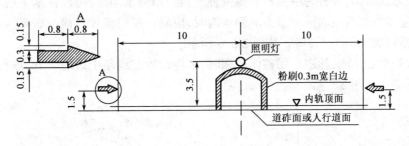

图 2-5-3 避车洞位置标志(尺寸单位:m)

3. 避车洞净空尺寸

大避车洞的尺寸为 4.0m(宽)×2.5m(深)×2.8m(中心高),如图 2-5-4 所示。
小避车洞的尺寸为 2.0m(宽)×1.0m(深)×2.2m(中心高),如图 2-5-5 所示。

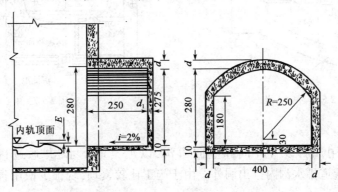

图 2-5-4 大避车洞尺寸(尺寸单位:cm)

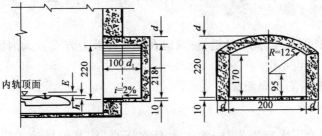

图 2-5-5 小避车洞尺寸(尺寸单位:cm)

二、防排水设施

隧道内防排水设施主要有排水沟、盲沟、泄水孔、天沟和泄水洞等。

1. 排水沟

除了长度在100m以下,且常年干燥无水的隧道以外,一般隧道都应设置排水沟。它主要是将从衬砌背后流出的水汇集并引排到洞外,一般沟底宽不应小于40cm,沟深不应小于35cm。

水沟上面应设有预制的钢筋混凝土盖板,其顶面高程应与避车洞底面齐平,排水沟在一定长度上应设检查井,以便随时清理沉渣。

排水沟有两种形式:

一种是侧式水沟,并分为单侧和双侧两种。当为单侧水沟时,应设在水来的一侧;如为曲线隧道,则应设置在曲线内侧。当为双侧水沟时,应隔一定距离设置横向联络沟,以平衡不均匀水流量,横向坡度不小于2%。如图2-5-6所示。

另一种是中心水沟,隧道采用整体道床时,水沟设置在线路中线的下方,该种排水沟也可用于双线隧道。如图2-5-7所示。

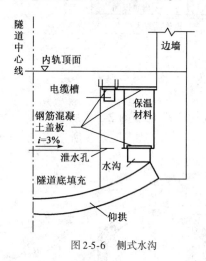

图2-5-6 侧式水沟

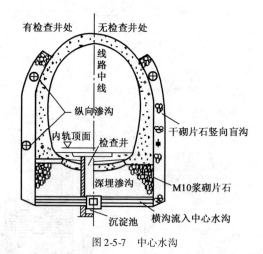

图2-5-7 中心水沟

2. 盲沟

在衬砌背后用片石设置环向和竖向盲沟,以汇集地下水,并通过盲沟底部的泄水孔(图2-5-8)引入隧道排水沟内排出洞外。由于施工比较繁琐,现很少使用盲沟,而是改成埋设盲管。

盲管材料主要为PVC软式透水管和硬管,横纵向之间用三通连接。硬管如图2-5-9所示。

3. 天沟

为防止地表水冲刷仰坡,流入隧道,一般应在洞口仰坡上方设置天沟(图2-5-10),但当地表横坡陡于1:0.75时可不设。

天沟一般用浆砌片石铺砌而成。

4. 泄水洞

泄水洞一般是地下水特别发达、涌水大且水压高,用其他措施难以收效时才采用,如

图2-5-11所示。泄水洞应设在地下水上游一侧,与隧道方向平行或近似平行,一般情况下两者净距不小于15m,泄水洞尺寸不小于1.2m(宽)×1.8m(高)。

图2-5-8 泄水孔

图2-5-9 底部硬式盲管

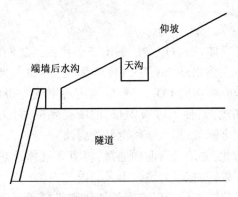

图2-5-10 天沟

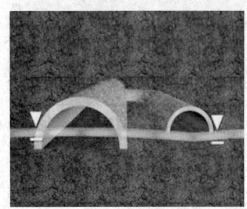

图2-5-11 泄水洞

三、电力及通信设施

1. 电缆槽

穿越铁路隧道的各种电缆,如照明、通信、信号及电力等电缆,必须有一定的保护措施,即设置电缆槽来防止潮湿、腐烂以及人为的破坏。

电缆槽一般与水沟同侧并与水沟并行,也可设置在隧道内的另外一侧,与水沟一起简称为沟槽。如图2-5-12所示。

槽内铺以细砂作为垫层,低压电缆可直接放在垫层上面,高压电缆则吊在槽内预埋的拖架上。

通信、信号电缆可设在一个电缆槽内,也可以分设。但通信、信号电缆必须与电力电缆分槽设置。

2. 余长电缆腔

当隧道长度大于500m时,为便于维修,电缆应留余长,并需在电缆槽同侧的大避车洞底部设余长弧形电缆槽,如图2-5-12所示。

余长电缆腔内除电缆位置以外的空间全部用粗砂回填,上面设预制的钢筋混凝土盖板。

3. 无人增音站

根据电信传输衰减和通信设计要求,每隔一定距离应设置无人增音站一处。当其恰巧位于隧道内时,则应在边墙外设置无人增音站,以便安装无人增音机。

无人增音站一般多设于大避车洞的后边,如图 2-5-13 所示。

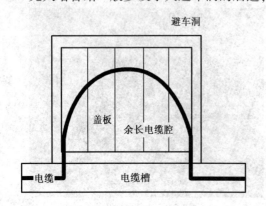 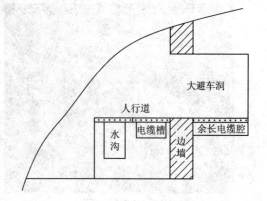

图 2-5-12　余长电缆腔

四、运营通风设施

列车通过隧道时,会排出大量的烟尘和有害气体,同时还会散发出许多热量。此外,衬砌裂缝也会渗出地下有害气体和潮气,再加上维修人员工作时呼出的 CO_2,将使隧道内的空气变得污浊、炽热和潮湿,使人呼吸困难,健康受到威胁,工作效率也随之降低,洞内线路也易被腐蚀。

为此,必须进行洞内通风,将有害气体及热量等排出洞外,并把新鲜空气引入洞内。

运营隧道的通风有自然通风和机械通风两种通风方式。

自然通风是利用洞内的天然风流和列车所引起的活塞风来达到通风目的的,这种情况下无需配置风机。

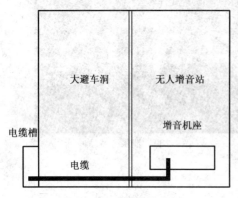

图 2-5-13　无人增音站

当自然通风不能满足要求时,应当采用通风机械将洞内外气体进行交换来达到通风的目的。

隧道常用的通风机有两种:轴流式和射流式。轴流式一般要和通风管一起使用,射流式则不用通风管。

隧道常用的通风机如图 2-5-14 和图 2-5-15 所示。

 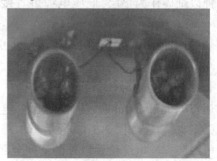

图 2-5-14　轴流式通风机　　　　图 2-5-15　射流式通风机

第三章 钻爆法隧道施工

> **学习目标**
>
> 本章为本书重点,按照山岭隧道钻爆法施工顺序,介绍了隧道开挖方法、支护手段、出渣运输的机械和方法、监控量测的仪器和方法、防排水的手段、二次衬砌的种类和方法。以上均应熟练掌握,另外还要了解辅助坑道的分类和作用。

第一节 概 述

一、钻爆法隧道施工

矿山法是山岭隧道的常规施工方法,因最早应用于采矿坑道而得名。所谓常规施工方法,是相对于掘进机和盾构法而言的。

在矿山法中,多数情况下都需要采用钻眼爆破进行开挖,故又称为钻爆法。从发展趋势来看,钻爆法仍将是今后山岭隧道最常用的开挖方法。

按照隧道施工的发展历史,坑道开挖后的支护方法,大致可以分为以前的钢木构件支撑和现代的锚杆喷射混凝土支护两类。

作为施工方法,人们习惯上将采用钻爆开挖加钢木构件支撑的施工方法称为"矿山法",而将采用钻爆开挖加喷锚支护的施工方法称为"新奥法"。

1. 矿山法

传统的矿山法是人们在长期的施工实践中发展起来的。它是以木或钢构件作为临时支护,待隧道开挖成形后,逐步将临时支撑撤换下来,而代之以整体式衬砌作为永久性支护的施工方法。如图 3-1-1 所示。

此种支护形式,由于支撑撤换工作既麻烦又不安全,且对围岩有所扰动,因此它主要用于 20 世纪 70 年代以前,目前已很少采用。

钢木构件支撑作为一种维持坑道稳定的措施,是很直观和奏效的,也容易被施工人员理解和掌握。因此在现代,这种方法常被应用于不便采用喷锚支护的隧道中,或用之处理塌方。

图 3-1-1 传统的矿山法

2. 新奥法

新奥法,即奥地利隧道施工新方法,它的英文名字是 New Austria Tunnelling Method,将每个单词首写字母连起来,简写为 NATM。它是奥地利学者腊布希维兹首先提出的。

新奥法是以喷射混凝土和锚杆作为主要的支护手段,通过监控量测围岩的变形,便于充分发挥围岩本身自承能力的一种施工方法。与其说是一种施工方法,倒不如说是一种原理更为合适。新奥法施工如图 3-1-2 所示。

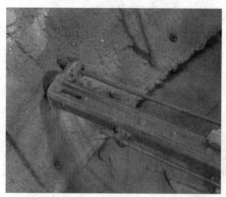 

图 3-1-2 新奥法

喷锚支护技术与传统的钢木构件支撑技术相比,不仅仅是手段上的不同,更重要的是工程概念的不同,是人们对隧道的进一步认识和理解,结果是使隧道的设计和施工更符合实际。因此,新奥法亦在世界范围内得到了广泛的应用。

二、新奥法施工程序及基本原则

1. 施工程序

施工程序可用图 3-1-3 表示。

2. 基本原则

新奥法施工的基本原则,可以归纳为"少扰动、早喷锚、勤量测、紧封闭",即通常所谓的"十二字方针"。

(1)少扰动:是指在进行隧道开挖时,要尽量减少对围岩的扰动次数、扰动强度、扰动范围和扰动持续时间。能用机械开挖的就不用钻爆法开挖;采用钻爆法开挖时,要严格进行控制爆破;稳定性差的围岩,循环进尺应短一些。

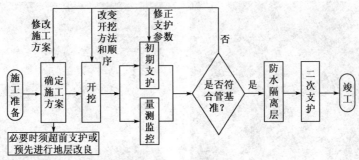

图 3-1-3　新奥法施工程序

(2) 早喷锚：是指开挖后及时施作初期喷锚支护，使围岩的变形进入受控制状态。这样做，一方面是为了使围岩不致因过度变形而产生坍塌失稳；另一方面是使围岩变形适度发展，释放出部分应力，以充分发挥围岩的自承能力。必要时可采取超前预支护措施。

(3) 勤量测：是指以直观、可靠的量测方法和量测数据来准确评价围岩的稳定性，或判断其发展趋势，以便及时调整支护形式、开挖方法，确保施工安全和顺利进行。量测是现代隧道及地下工程的重要标志之一，也是掌握围岩动态变化过程的手段和进行工程设计、施工的依据。

(4) 紧封闭：一方面是指及时采取喷射混凝土等防护措施，避免围岩因长时间暴露而致强度和稳定性降低；另一方面更为重要的是指要适时对围岩施作封闭性二次支护，这样做不仅可以及时抑制围岩变形，而且可以使支护和围岩进入良好的工作状态。

第二节　开　挖

隧道施工，就是要挖除坑道范围内的岩体，并尽量保持坑道围岩的稳定。显然，开挖是隧道施工的第一道工序，也是关键工序。

隧道开挖的基本原则，即在保证围岩稳定或减少对围岩扰动的前提条件下，无论采用何种开挖方法，在实施开挖之前，都必须进行书面交底，且前一工序应达到的标准是：上一开挖循环的初期支护完成，符合技术交底的质量要求，喷混凝土达到设计强度的 70% 以上（喷混凝土达到设计强度的 70% 的时间由试验室根据同条件养护试件测定提供）。

一、开挖方法

隧道施工中，开挖方法是影响围岩稳定的重要因素之一。

隧道开挖方法实际上是指开挖成形方法。按开挖隧道的横断面情形来分，开挖方法可分为全断面法、台阶法、分部开挖法等。

1. 全断面法

顾名思义，全断面法就是按照隧道设计轮廓一次钻孔、一次爆破成形、一次初期支护到位，然后修筑衬砌的施工方法，如图 3-2-1 所示。

1) 施工顺序

(1) 使用钻孔台车或多功能台架，钻眼、装药、连线。

(2) 将台车退到安全地点，引爆炸药，开挖出整个隧道的断面轮廓。

图 3-2-1 全断面法

(3)通风排烟,排除危石(找顶),装渣运渣。
(4)对整个开挖轮廓进行初次喷射混凝土,即初喷。
(5)将台车推移到开挖面就位,开始下一循环作业。
(6)利用支护台架全断面施作剩余初期支护工作。
(7)在围岩和初期支护基本稳定后,施作二次模筑混凝土衬砌。
钻孔台车如图 3-2-2 所示,装药如图 3-2-3 所示。

 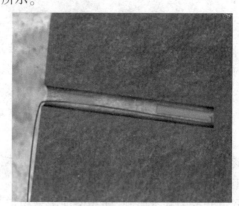

图 3-2-2 钻孔台车　　　　　　　图 3-2-3 装药

连线如图 3-2-4 所示,通风排烟如图 3-2-5 所示。响炮后必须进行 15min 以上的通风,待空气质量检测达标后方可进入隧道。

图 3-2-4 连线　　　　　　　图 3-2-5 通风排烟

应安排专人找顶,找顶时掌子面无炮烟、粉尘,照明良好,并有专职安全员监视安全状况。排除危石(找顶)如图 3-2-6 所示,装渣运渣如图 3-2-7 所示。

喷射混凝土如图3-2-8所示，模筑混凝土衬砌如图3-2-9所示。

2）适用条件

(1)适用于铁路隧道的Ⅰ、Ⅱ级围岩地段，Ⅲ级围岩单线隧道；Ⅲ级围岩双线隧道采取了有效的预加固措施后，也可采用全断面开挖施工工艺。

(2)应有大型施工机械。

图3-2-6 排除危石（找顶）

图3-2-7 装渣运渣

图3-2-8 喷射混凝土

图3-2-9 模筑混凝土衬砌

(3)隧道长度不宜太短，一般不应小于1km；否则，采用大型机械化施工经济效益不好。

3）施工机械

采用全断面法，必须要注意机械设备的配套。机械化施工有三条主要作业线，即开挖作业线、喷锚作业线和模筑混凝土衬砌作业线。

(1)开挖作业线：钻孔和装药台车、装载机配合自卸汽车（无轨运输）、装渣机配合矿车及蓄电池车或内燃机车（有轨运输）。

自卸汽车如图3-2-10所示，内燃机车如图3-2-11所示。

(2)喷锚作业线：混凝土喷射机、机械手、喷锚作业平台、进料运输车及锚杆注浆设备。

混凝土喷射机如图3-2-12所示，机械手如图3-2-13所示。

(3)模筑混凝土衬砌作业线：混凝土拌和工厂、混凝土输送车及输送泵、施作防水层作业平台、衬砌钢模台车。

混凝土拌和工厂如图3-2-14所示，混凝土输送车如图3-2-15所示，输送泵如图3-2-16所示，衬砌钢模台车如图3-2-17所示。

图3-2-10 自卸汽车

图3-2-11 内燃机车

图3-2-12 混凝土喷射机

图3-2-13 机械手

图3-2-14 混凝土拌和工厂

图3-2-15 混凝土输送车

图3-2-16 混凝土输送泵

图3-2-17 衬砌钢模台车

4）施工特点

(1) 工序少,便于施工组织和管理。

(2) 开挖一次成型,对围岩扰动小,有利于围岩的稳定。

(3) 开挖断面大,可利用深孔爆破以提高爆破效果,加快掘进速度。如大瑶山双线隧道施工中,最深钻孔达 5.15m,单口月成洞最高达 240m。

(4) 作业空间大,有利于采用大型施工机械设备,实现综合机械化施工,从而提高劳动生产率,减轻工人的劳动强度,降低工程造价。

2. 台阶法

台阶法就是将断面分为两个或几个工作面。根据台阶长度不同,可分为长台阶法、短台阶法和超短台阶法。

台阶法如图 3-2-18 所示。

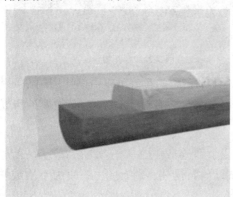 

图 3-2-18　台阶法

1）长台阶法

如图 3-2-19 所示,这种方法的上下台阶之间距离较远,一般上台阶超前 50m 以上,或大于 5 倍坑道宽度。施工时上下部可配属同类机械平行作业,当机械不足时也可用同一套设备交替作业。

当隧道长度较短时,可先将上半断面全部挖通后,再进行下半断面施工,此种方法称为半断面法。

2）短台阶法

如图 3-2-20 所示,这种方法的上部台阶长度小于 5 倍但大于 1~1.5 倍坑道宽度。

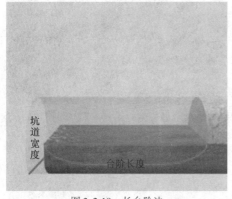 

图 3-2-19　长台阶法　　　　　　　图 3-2-20　短台阶法

29

上部台阶出渣时对下部断面施工干扰较大,不能全部平行作业。为解决这种干扰,可采用悬吊式长皮带运输机运出上部石渣;双线隧道中,可在上下断面一侧设置运输斜坡道,将上台阶石渣直接装车运出。

悬吊式长皮带运输机如图3-2-21所示。

3) 超短台阶法

如图3-2-22所示,这种方法上台阶仅超前3~5m,只能采用交替作业施工。由于上部断面施工作业场地小,便于使用小型机具施工。此法又叫迷你台阶法。

图3-2-21 悬吊式长皮带运输机　　　　　图3-2-22 超短台阶法

其优点是上下台阶可以同步钻眼,一次性起爆,上部台阶的石渣可以借助炸药的抛掷力抛到下台阶上。台阶长度大于5m时,利用爆破将石渣翻至下台阶有较大的难度,必须人工翻渣。

3. 分部开挖法

顾名思义,分部开挖法就是将隧道断面分成几个部分来开挖。

分部开挖法适用于断面跨度大,地表沉陷要求严格,围岩条件较差,一般为土质或软岩的浅埋隧道。

1) 环形开挖预留核心土法

环形开挖预留核心土法亦简称核心土法,如图3-2-23所示,适用于铁路隧道单线Ⅳ、Ⅴ、Ⅵ级围岩,双线Ⅲ、Ⅳ、Ⅴ、Ⅵ级围岩。一般将开挖断面分成环形拱部、上部核心土及下部台阶三部分。根据地质条件好坏,将环形拱部断面分成一块或几块开挖。环形开挖进尺一般为0.5~1m,不宜过长。全断面初期支护封闭距开挖面的距离不大于15m,上部环形拱部、左右侧墙部、中部核心土开挖各错开3~5m。

图3-2-23 环形开挖预留核心土法

此法的施工程序如下:

(1) 用单臂挖掘机开挖环形拱部,辅以人工修凿周边。

(2) 架立拱部钢支撑、挂钢筋网及喷射混凝土。

(3) 在拱部初期支护保护下,用挖掘机开挖核心土和下部台阶。

(4)接长边墙钢支撑、挂网和喷射混凝土,并进行底部初期支护。

(5)根据量测情况,适时施作二次模筑混凝土衬砌。

核心土的作用如下:

(1)上部台阶留有核心土以支挡开挖面,增加其稳定性。

(2)施工时核心土可充当作业台架,所以能及时地施作拱部初期支护。

环形开挖后应及时施作喷锚支护、安设钢架支撑,每两榀钢架之间必须用钢筋连接,并应加锁脚锚杆,严格控制全断面初期支护封闭距拱部开挖面的距离。

钢架安装时,拱脚应落在坚实的基面上,当围岩软弱破碎时,可采用垫脚槽钢,严禁拱脚悬空或采用虚渣回填;严格按照设计要求进行锁脚锚杆的施作,锁脚锚杆紧贴拱架两侧边沿按下倾角30°打设,并与拱架焊接牢固。

这种方法一般在土质及软弱围岩中使用较多,曾在大秦线军都山隧道、北京地铁复兴门折返线等工程中采用,都取得了良好的效果。

2)双侧壁导坑法

双侧壁导坑法又称眼镜法,如图3-2-24所示,一般适用于Ⅳ~Ⅵ级围岩,也适用于浅埋隧道施工。

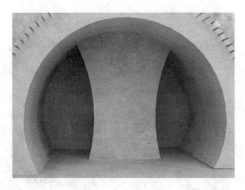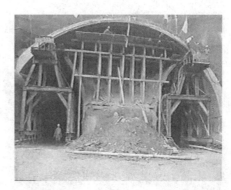

图3-2-24 双侧壁导坑法

双侧壁导坑法是采用先开挖隧道两侧导坑,及时施作导坑四周初期支护及临时支护,然后再对剩余部分进行一次或两次开挖的施工方法。

导坑开挖后应及时进行初期支护和临时支护,设置锁脚锚杆,并尽早封闭成环;中部开挖完成后,要及时施作初期支护,尽快使全断面初期支护封闭成环。

这种方法将整个断面分成四个部分:左右侧壁导坑、上台阶、下台阶。侧壁导坑高度以到起拱线为宜,宽度不宜超过跨度的1/3。左右侧两个导坑前后错开15m左右。

此法施工安全,但施工速度慢,工序复杂,导坑的支护拆除困难,钢架连接困难,有两个导坑而成本较高。

3)中隔壁法(CD工法)

CD是Center Diaphragm首写字母的简写。Center的含义是中央,Diaphragm的含义是横隔膜。

CD工法是将隧道分为左右两大部分进行开挖,先在隧道一侧采用两或三台阶分层开挖、施作初期支护和中隔壁临时支护,再分台阶开挖隧道另一侧,并进行相应的初期支护的施工方法,如图3-2-25所示。

此法适用于Ⅳ、Ⅴ级围岩的浅埋双线隧道施工,台阶高度宜为3.5m,周边轮廓应尽量圆顺,减小应力集中;台阶长度3~5m。

左右两侧开挖完成后应及时施作初期支护和中隔壁临时支护,各工作面每循环进尺不得超过1榀拱架的距离,左右侧两洞体纵向拉开距离应不大于15m。

中隔壁设置为弧形临时支护,隧道左右开挖面初期支护连接平顺,确保钢架连接状态良好;一侧开挖形成全断面时,应及时完成全断面支护闭合。

通过隧道断面中部的临时支撑隔墙,将断面跨度一分为二,减小了开挖断面的跨度,从而使隧道开挖更安全可靠。

为了稳定工作面,须采取超前大管棚、超前锚杆、超前小管棚、超前预注浆等辅助施工措施,进行超前加固。

一般采用人工开挖、人工和机械配合出渣,可适当放小炮,但不宜放大炮,以免破坏已完成的临时支撑隔墙。

4)交叉中隔墙法(CRD工法)

当CD工法仍不能保证围岩的稳定和隧道施工安全时,可在CD工法的基础上,对各分部加设临时仰拱,即CRD工法,其英文名字是Cross Diaphragm,单词Cross的含义是交叉、十字丝。

此法是将CD工法各分部之间加上了临时仰拱,步步封闭成环、改进发展的一种工法,适用于Ⅴ、Ⅵ级围岩浅埋的双线或多线隧道,如图3-2-26所示。

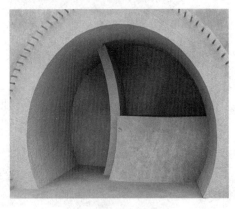
图3-2-25 CD工法

图3-2-26 CRD工法

其最大特点是将大断面施工化分成小断面施工,各个局部封闭成环的时间短,增加了稳定性。同一侧左右两部开挖工作面相距不应大于15m,同侧上下层开挖工作面相距3~4m。中隔壁和中间临时仰拱在二次衬砌前,应逐段拆除,拆除时应加强量测,人工拆除一般采用风镐等工具,一次拆除长度不大于15m。

CD工法和CRD工法的主要区别是:CD工法无临时仰拱,CRD工法有临时仰拱。

二、岩体的工程分级及掘进方式

1. 岩体的工程分级

选择掘进方式时,不仅要考虑围岩的稳定性,而且还应考虑岩体的坚固性,即挖掘岩体的难易程度。

我国隧道工程直接借用土石方工程的分级方法,将岩体挖掘的难易程度分为六级,如表3-2-1所示。

岩体工程分级　　　　　　　　　　　　　　　　表 3-2-1

等级	一	二	三	四	五	六
级别	松土	普通土	硬土	软石	次坚石	坚石
掘进方式	人工掘进、机械掘进			钻爆掘进		

2. 掘进方式

掘进方式是指对坑道范围内岩体的破碎挖除方式。常见的方式有钻眼爆破掘进、机械掘进、人工掘进三种。

1) 钻眼爆破掘进

简单地说,就是用炸药爆破坑道范围内的岩体。它对围岩的扰动破坏较大,有时由于爆破震动,致使围岩产生坍塌,故一般只适用于石质隧道。

2) 机械掘进

机械有两方面含义:大型综合机械和一般机械。

大型综合机械指的是 TBM 与盾构,后面有专门的章节讲述。

一般机械常见的是挖掘机和独臂钻。它们均采用机械方式切削破碎岩土并挖除坑道范围内的岩土。

(1) 挖掘机

挖斗式挖掘机一般用来挖土方,有正铲(图 3-2-27)和反铲(图 3-2-28)之分,隧道挖掘中更常用的是反铲。可以将挖掘和装渣同机完成,但破岩能力有限,一般适用于硬土以下的土质隧道开挖,且须配以人工修凿周边。

图 3-2-27　正铲

图 3-2-28　反铲

(2) 独臂钻

独臂钻利用安装在可移动式液压臂上的切削头来破碎岩体,可以挖掘各种土和中硬以下的岩石,它集挖渣、装渣于一身,如图 3-2-29、图 3-2-30 所示。

(3) 人工掘进

在土质隧道中,若工程量不大,又无机械时,可以采用人工掘进。

人工掘进则是采用十字镐(图 3-2-31)、轻型风镐(图 3-2-32)等简易工具来挖除岩(土)体的(图 3-2-33),并采用铁锹、斗其装渣,小推车(图 3-2-34)出渣(图 3-2-35)。人工掘进速度慢,劳动强度大。故一般适用于软岩或土质隧道的开挖。如果用轻型风镐开挖,则需要供应压缩空气。

33

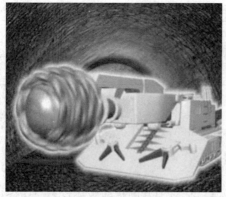
图 3-2-29　独臂钻

图 3-2-30　独臂钻的挖渣、装渣

图 3-2-31　十字镐

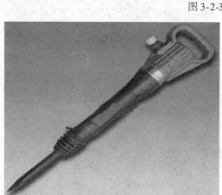
图 3-2-32　轻型风镐

图 3-2-33　采用轻型风镐挖除土体

图 3-2-34　小推车

图 3-2-35　小推车出渣

第三节 钻 爆

一、钻眼机具

隧道工程中,常使用的钻眼机具有风动凿岩机和液压凿岩机。另有电动凿岩机和内燃凿岩机,但较少采用。无论何种凿岩机,其工作原理都是利用镶嵌在钻头前端的凿刃反复冲击并转动来破碎岩石的。

1. 钻头和钻杆

钻头可以直接连接在钻杆前端,也可以套装在钻杆前端。钻杆尾则是套装在凿岩机的头部。钻头前端则镶入硬质、高强、耐磨的合金钢——凿刃。

钻头和凿刃如图 3-3-1 所示,钻杆如图 3-3-2 所示。

图 3-3-1 钻头和凿刃

图 3-3-2 钻杆

钻杆也叫钎杆,现场通常称断了的钻杆为断钎,被岩石卡住的钻杆为卡钎。

凿刃起着直接破碎岩石的作用。它破碎岩石主要是靠高频率的冲击作用,旋转仅是辅助作用。使用一段时间后,经过修磨可以重复使用。

常用钻头的钻孔直径有 38mm、40mm、42mm、45mm 及 48mm 等,用于钻中空眼的钻孔直径可达 102mm,甚至更大。

为了达到湿式钻眼,钻头和钻杆上均有射水孔,高压水即通过此孔清洗石粉。

2. 风动凿岩机

风动凿岩机俗称风钻,以压缩空气为动力,具有结构简单、制造维修简便、操作方便、使用安全的优点,如图 3-3-3 所示。但压缩空气的供应设备比较复杂,机械效率低,能耗大,噪声大。凿岩速度比液压凿岩机低。

风动凿岩机钻孔直径为 34~45mm,钻孔深一般在 3m 以内,用于浅孔爆破钻孔。

风动凿岩机常常与多功能作业台架一起使用。一个台架上同时有十多把风钻人工钻眼,钻眼速度并不低于凿岩台车。现在有很多隧道的开挖都采用此种方式,而没有采用凿岩台车。

另外,需注意:在钻孔过程中严禁套打残眼,以防残眼中有剩余的炸药而引起爆炸;钻孔和装药不得平行作业,以策安全。

3. 液压凿岩机

液压凿岩机以电力带动高压油泵,通过改变油路,使活塞往复运动,实现冲击作用,如图 3-3-4 所示。

图3-3-3　风动凿岩机　　　　　　　　图3-3-4　液压凿岩机

液压凿岩机钻孔直径为34~45mm,钻孔深一般为3~5m,用于浅孔、中深和深孔爆破钻孔。比起风动凿岩机,它具有以下特点:

(1)动力消耗少,能量利用率高。
(2)凿岩速度更快。
(3)环境保护好、噪声低。
(4)构造复杂,造价高,重量大,一般多安装在凿岩台车上。

4.凿岩台车

将多台液压凿岩机安装在一个专门的移动设备上,实现多机同时作业,集中控制,称为凿岩台车。

凿岩台车钻孔直径有48mm和102mm两种,钻孔深5~15m,用于隧道爆破钻孔深5~8m。

凿岩台车按其走行方式,可分为轨道走行(图3-3-5)、履带走行及轮胎走行(图3-3-6)。按其结构形式,可分为实腹式和门架式两种。

图3-3-5　门架式凿岩台车(轨道走行)　　　　图3-3-6　实腹式凿岩台车(轮胎走行)

实腹式凿岩台车通常为轮胎走行,可以安装1~4台凿岩机(安装在作业臂上,见图3-3-7)和一支工作平台吊栏(图3-3-8)。它占用坑道空间大,需与出渣车辆交会避让,占用循环时间,故实腹式凿岩台车多应用于断面较大的隧道中。

门架式凿岩台车的腹部可以通行出渣车辆,无需车辆避让时间。这种台车通常为轨道走行,安装2~3台凿岩机,多用于中等断面。我国首次应用于南昆铁路米花岭隧道开挖中的门架式凿岩台车,是瑞典阿特拉斯Copoco公司生产的。

二、爆破材料

1. 炸药的性能

（1）敏感度

炸药的敏感度简称感度，是指炸药在外界起爆能作用下，发生爆炸的难易程度，也就是炸药爆炸对外能的需要程度。根据外能的形式，炸药感度主要有：

图3-3-7 凿岩机作业臂

图3-3-8 工作平台吊栏

①热敏感度：也称爆发点，即是炸药爆炸的最低温度，它表示对热的敏感度。工程中几种常用炸药的爆发点见表3-3-1。

几种常用炸药的爆发点　　　　表3-3-1

炸药名称	2号岩石硝铵炸药	EL乳化炸药	黑火药	硝化甘油
爆发点(℃)	230	330	310	200

②火焰感度：表示炸药对火焰（明火星）的敏感度。有些炸药虽然对温度比较钝感，但对火焰却很敏感，如黑火药一接触名火星便易燃爆炸。

③机械感度：是指炸药对机械能（撞击、摩擦）作用的敏感程度。一般说来，对撞击比较敏感的炸药，对摩擦也比较敏感。

④爆轰感度：是指炸药对爆炸能的敏感程度。通常炸药是由雷管来激发的。

（2）爆速

炸药爆炸时，爆轰波在炸药内部的传播速度称为爆速。不同成分的炸药有不同的爆速，一般来说，密度越大的炸药其爆速也越高。几种炸药的爆速见表3-3-2。

几种炸药的爆速　　　　表3-3-2

炸药名称	铵梯炸药	硝化甘油	太安	黑索金
密度(g/cm^3)	1.40	1.60	1.72	1.76
爆速(m/s)	5 200	7 450	8 083	8 660

（3）爆力

炸药爆炸时对周围介质做功的能力称为爆力。爆力越大，其破坏能力越强，破坏的范围及体积也越大。一般地，爆炸产生的气体物质越多，或爆温越高，其爆力越大。

炸药的爆力通常用铅柱扩孔法测定，如图3-3-9所示，分别用水量测爆炸前后炮孔容积的大小，两个数据之差即表示炸药的爆力大小，其单位为cm^3。铅柱扩孔容积等于280cm^{3}时，叫标准爆力。几种炸药的爆力见表3-3-3。

(4)猛度

炸药爆炸后,对介质的局部破坏能力称为猛度。一般地,炸药的爆速越高,其猛度越大。

炸药的猛度通常用铅柱压缩法测定,以铅柱被爆炸压缩的数值表示,如图3-3-10所示,其单位为mm。几种炸药的猛度见表3-3-3。

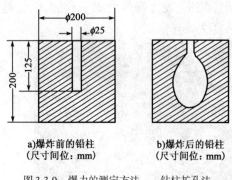
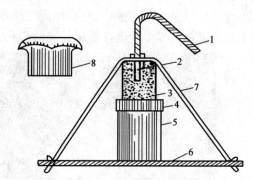

图3-3-9 爆力的测定方法——钻柱扩孔法

图3-3-10 猛度的测定方法——铅柱压缩法
1-导火索;2-雷管;3-炸药;4-钢片;5-铅柱;6-钢板;7-细绳;8-爆炸后的铅柱

几种炸药的爆力、猛度　　表3-3-3

炸药名称	铵梯炸药	硝化甘油	太安	黑索金
爆力(cm^3)	320	600	580	600
猛度(mm)	14	23	23	25

(5)殉爆

一个药包爆炸(主动药包)后,能引起与它不相接触的邻近药包(被动药包)爆炸,这种现象称为被动药包的殉爆。如图3-3-11所示。

被动药包能发生殉爆的最大距离叫做殉爆距离。例如,2号岩石硝铵炸药的殉爆距离为7cm。隧道爆破中,常采用间隔装药结构,但应注意使药卷间距不大于殉爆距离。

(6)管道效应

隧道爆破中,炮眼直径与药卷直径的比值 $\lambda = \dfrac{D}{d}$ 叫做不耦合系数(图3-3-12),当炮眼直径比药卷直径大很多时,就会导致药卷拒爆,这种现象称为管道效应。通俗地说,就是大炮眼装小药卷,爆破时可能存在药卷爆熄现象。为减少管道效应,可增大药卷直径。

2.隧道工程常用的炸药

(1)铵梯炸药

铵梯炸药(图3-3-13)的主要成分为硝酸铵(氧化剂)、梯恩梯(TNT,敏化剂)和木粉(可燃剂)。

铵梯炸药的爆炸性能一般,但稳定性好。常用的2号岩石铵梯炸药的药卷密度为1.10g/cm^3,爆力为320cm^3,猛度14mm,出厂时殉爆距离为5cm,爆速不小于3 200m/s。药卷外径为32mm或35mm,药卷长度为200mm,质量150g,有效储存期6个月。

雷管、导爆索能直接引爆铵梯炸药。

(2)乳化炸药

乳化炸药(图3-3-14)的主要成分为硝酸铵和硝酸钠的混合氧化剂,以及少量乳化剂和水等。

乳化炸药具有良好的抗水性能和爆炸性能，其中 2 号岩石乳化炸药的药卷密度为 1.30g/cm³，爆力为 260cm³，猛度 12mm，殉爆距离为 3cm，爆速不小于 3 200m/s，有效储存期 6 个月。

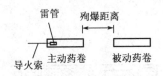

图 3-3-11　殉爆示意图

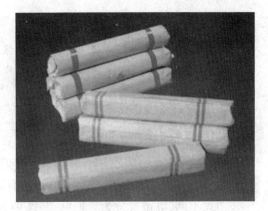

图 3-3-13　铵梯炸药

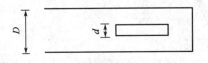

图 3-3-12　不耦合系数 $\lambda = \dfrac{D}{d}$

3. 工业雷管

常用的工业雷管有火雷管、电雷管和导爆管雷管。雷管属于起爆器材，是起爆炸药用的。雷管属于高度危险的爆炸物品，其感度较高，必须确保安全。

雷管按管内装药量的多少，可分为 8 号和 6 号两种，号数越大，主装药量越大，起爆能力越强。常用的铵梯炸药和乳化炸药药卷均使用 8 号雷管引爆。

（1）火雷管

通过导火索燃烧后喷出火星引爆的雷管，称火雷管，如图 3-3-15 所示。火雷管是结构最简单的一种雷管，是其他各种雷管的基本部分。

火雷管由三部分组成：管壳、加强帽、装药部分。而装药部分包括副药和主药。主药比副药感度低，但爆炸威力大。

导火索火焰首先引爆的是加强帽的副药，再由副药引爆主药，火雷管引爆炸药。导火索如图 3-3-16 所示。

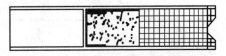

图 3-3-15　火雷管示意图

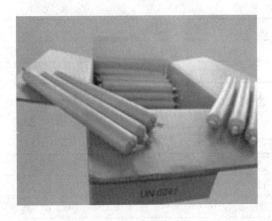

图 3-3-14　乳化炸药

图 3-3-16　导火索

火雷管一端开口,另一端封闭成窝穴状,起聚能作用。

(2)电雷管

电雷管是在火雷管中加设电发火装置而成的,如图3-3-17所示。它用电线传输电流使装在雷管中的电阻发热而引起雷管爆炸。

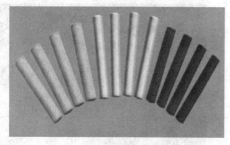
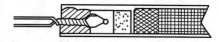

图3-3-17 电雷管

商品包装方式:纸箱或木箱,1 000发/箱(含2m爆破线)。

按用途不同,电雷管分为普通电雷管(图3-3-18)和煤矿许用电雷管(图3-3-19)。煤矿许用电雷管主要适用于有瓦斯、煤尘及其他可燃矿尘爆炸危险的爆破作业场所。

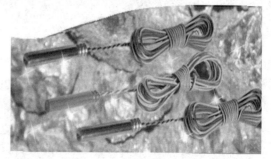

图3-3-18 普通电雷管　　　　图3-3-19 煤矿许用电雷管

按通电后爆炸延期时间不同,电雷管又可分为即发电雷管和迟发电雷管。

即发电雷管是通电后立即爆炸,迟发电雷管是通电以后延期爆炸,延期的长短用段数表示,段数越大,表示延期越长,即爆炸的越迟。按延期的单位,分为秒迟发和毫秒迟发两种。

秒迟发电雷管是通电后延迟爆炸时间以"秒"为计量单位的,共计7段,如表3-3-4所示。

秒迟发电雷管　　　　表3-3-4

段号	1	2	3	4	5	6	7
延期时间(s)	0	1.0	2.0	3.1	4.3	5.6	7
脚线颜色	灰蓝	灰白	灰红	灰绿	灰黄	黑蓝	黑白

毫秒迟发电雷管是通电后延迟爆炸时间以"毫秒"为计量单位的。1ms = 1/1 000s,共计20段,延期时间如表3-3-5所示。

毫秒迟发电雷管和非电毫秒雷管　　　　表3-3-5

段号	1	2	3	4	5	6	7	8	9	10
延期时间(ms)	0	25	50	75	110	150	200	250	310	380
段号	11	12	13	14	15	16	17	18	19	20
延期时间(ms)	460	550	650	760	880	1 020	1 200	1 400	1 700	2 000

秒迟发电雷管起延期作用的原理,是在即发电雷管内部增加了一小段的精致导火索,其延期长短,是靠精致导火索的长短来控制的。

毫秒迟发电雷管起延期作用的原理,是在即发电雷管内部加装了延期药,其延期长短,是靠药量的多少来控制的,由它控制时间更精确。

(3) 导爆管雷管

导爆管雷管实质上是由火雷管(加装了延期药)和导爆管组合而成,靠导爆管内传递的爆轰波来引爆的。因它不是由电流来引爆的,而且可以做到毫秒延期,所以又叫非电毫秒雷管。导爆管和导爆管雷管如图3-3-20、图3-3-21所示。

图3-3-20 导爆管

图3-3-21 导爆管雷管

导爆管雷管在出厂时就带有3m左右的导爆管脚线。

一般的火雷管都是即发的,而导爆管雷管则可以延期,它的段数与延期长短和毫秒迟发电雷管一样。参见表3-3-5。

导爆管雷管的构造在延期药、副药、主药,即装药部分与管壳部分与火雷管、电雷管相同。

导爆管雷管禁止在有瓦斯、煤尘或有其他爆炸危险的场所使用。

4. 索状起爆器材

(1) 导火索

导火索索芯为黑火药,燃烧速度为120s/m,喷火长度不小于40mm,可储存2年。它主要用来将火焰传递给火雷管,使火雷管在火花的作用下爆炸,导火索本身不会爆炸。导火索如图3-3-16所示。

(2) 导爆索

导爆索一般是塑料的,可以防水,如图3-3-22所示。药芯是黑索金猛炸药,它不仅具有良好的传爆能力,而且本身有一定的爆炸力。其外观颜色一般是红色的。

图3-3-22 导爆索

经雷管起爆后,导爆索可以传爆,也可以直接引爆铵梯炸药和乳化炸药。它的传爆速度为6 000m/s,储存有效期2年。

应特别注意,导爆索是可以爆炸的传爆器材,所以应特别防止撞击和拉拔。

导爆索可以传爆,可作为"雷管"引爆炸药。利用这个性质,隧道周边眼采用的间隔装药结构中,当药卷之间的距离大于殉爆距离时,可以用导爆索将药卷串联起来,以确保每个药卷都爆炸。

因其本身有一定的爆炸能力,导爆索可作为炸药用于弱爆破,如隧道爆破的周边弱爆破,就是将导爆索作为"炸药卷"使用的。也就是所谓的导爆索装药结构。

(3)导爆管

塑料导爆管是一种外径约3mm、内径约1.4mm的塑料软管,管子的材料为PVC,管的内壁涂有薄薄一层混合炸药,主要成分是奥托金。其外观颜色很多,隧道现场一般用的是白色的,如图3-3-23所示。

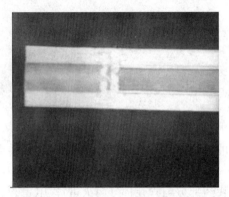

图3-3-23 导爆管

导爆管的内壁炸药经引爆后能够稳定传爆,管内产生的爆轰波可以引爆雷管,但不能引爆工业炸药。导爆管的传爆速度为1 650m/s。

导爆管与雷管组装在一起成为导爆管雷管。

导爆管具有很好的性能,所以自发明以来,在全世界迅速地广泛采用。

导爆管雷管有较好的抗电性能,能抗3万V以下的直流电,不被击穿。有很好的抗水性能,在水下80m处放置48h,仍然能正常起爆和传爆。它的安全性能好,火焰和机械冲击不能激发导爆管,管身燃烧不能引爆导爆管。

导爆管可以作为非危险品运输。

在隧道爆破中,导爆管本身一般是用雷管来激发的。

鉴于导火索、火雷管、铵油炸药技术含量低,安全性能差,且导火索、火雷管引爆炸药操作简单,极易被不法分子用来实施爆炸犯罪活动,威胁公共安全。根据《民用爆破器材行业"十一五"规划纲要》的要求,现场经常把炸药、雷管、导火索等统称为火工品,对于火工品的领用、加工、装药和起爆必须由持有有效爆破证的爆破工来完成。

三、起爆方法

爆破工程是通过工业炸药爆炸实施的,而引爆炸药有两种方法:一种是通过雷管的爆炸起爆工业炸药;一种是利用导爆索爆炸产生的能量引爆工业炸药,而导爆索本身需要雷管将其引爆。

1. 电力起爆法

电力起爆法就是利用电能引爆雷管进而引爆工业炸药的方法,构成电力起爆的器材有电雷管、导线、起爆电源(图3-3-24)和测量仪表。

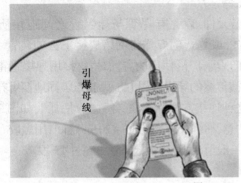

图3-3-24 起爆电源

电力起爆系统示意如下:

起爆电源→导线(母线)→连接电雷管连线→电雷管→ 起爆药卷

目前,在隧道工程爆破中,电力起爆一般用在竖井或有瓦斯或矿尘的隧道中。

2. 导爆管雷管起爆法

目前,在隧道钻爆中,最常用的就是导爆管雷管起爆法。

导爆管雷管起爆法利用导爆管传递冲击波点燃雷管,进而直接或通过导爆索起爆工业炸药,属非电起爆法。如图3-3-25、图3-3-26所示。

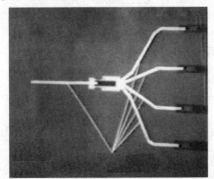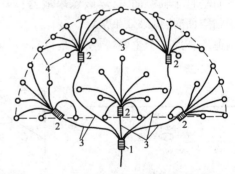

图3-3-25 导爆管雷管起爆法　　　　图3-3-26 导爆管雷管起爆法(簇联)

在有瓦斯或矿尘的隧道中,不能使用导爆管雷管起爆法。

导爆管雷管起爆法示意如下:

导火索→火雷管→导爆管→导爆管雷管→ 起爆药卷

当然也可用电雷管来代替火雷管,示意如下:

导线→电雷管→导爆管→导爆管雷管→ 起爆药卷

不过现场最常用的是导火索和火雷管。构成导爆管雷管起爆的器材主要有:

(1)击发元件

击发导爆管的叫击发元件,现场一般采用火雷管或电雷管。由于2008年1月1日起,导火索与火雷管停止生产和使用,现在现场使用电力起爆器来激发导爆管,电力起爆器的电源用的是干电池。

（2）起爆元件

导爆管不能直接起爆炸药，必须通过导爆管雷管来起爆药卷。

（3）传爆元件

所谓的传爆元件，就是导爆管与导爆管之间连接所用的元件，即通过雷管或炸药的爆炸将网络连接下去的装置。

在隧道施工现场，广泛使用的方法是：直接用导爆管雷管作为传爆元件，将被传爆的导爆管用电工黑胶布牢固地捆绑在传爆雷管的周围。这种连接方法称簇联，俗称"一把抓"，如图3-3-27所示。但必须注意，捆绑长度要在15~20cm之间，用黑胶布缠绕几层，捆牢固。一般情况下，簇联导爆管不超过15根。

图3-3-27　簇联（一把抓）

四、关于爆破的术语

1. 临空面

临空面是指被爆岩石与空气的交界面，爆破作用是朝临空面方向突破，如图3-28所示。临空面越多，爆破岩石越容易，爆破效果也越好。临空面多时，炸药的用量相对越少。

炮眼与临空面的夹角越小，爆破效果也越好。炮眼方向垂直于临空面时，爆破效果最差；炮眼方向平行于临空面时，爆破效果最好。

隧道爆破的一个主要特点，就是只有一个临空面，如图3-3-29所示。

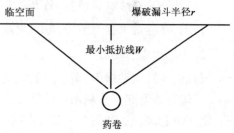

图3-3-28　临空面、爆破漏斗、最小抵抗线

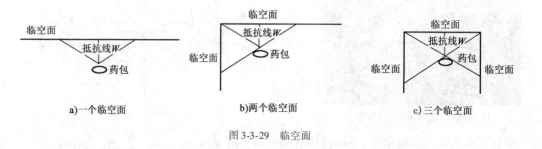

图3-3-29　临空面

2. 爆破漏斗

当单个药包在岩体中埋置深度不大时，爆破的外部作用特点是在临空面上形成一个倒圆锥形爆坑，称为爆破漏斗，如图3-3-28所示。

3. 最小抵抗线

工程爆破中，通常把药包中心线或重心到最近临空面的最短距离称为最小抵抗线，用 W 表示，单位是 cm，如图3-3-28所示。

最小抵抗线是爆破时岩石阻力最小的方向，所以在此方向上岩石运动速度最大，爆炸作用最集中。

因此,最小抵抗线是爆破作用的主导方向,也是岩石移动的主导方向。

在隧道光面爆破中,周边眼与内圈眼之间的排距就是周边眼的抵抗线。

五、炮眼布置测量设备

在掌子面布孔,是钻爆作业的第一道工序,以前完全是靠已有的中线、水平点,采用人工操作,用红油漆画出隧道轮廓线。

采用激光指向仪控制隧道轮廓的方法较为先进,可以利用激光光斑,定出隧道中线和高程,再画出炮眼位置,目前此法已广泛应用。

采用断面仪布炮眼的方法最为先进,现在已经在少数工点应用。

六、炮眼的种类和作用

1. 掏槽眼

针对隧道爆破只有一个临空面的特点,为提高爆破效果,先在开挖断面的中下部位置,布置一些装药量较多的炮眼,这些炮眼即为掏槽眼。将掏槽眼先行爆破,炸出一个槽腔,为后续炮眼的爆破创造新的临空面。

为有效地将石渣抛出槽口,掏槽眼的深度应比设计掘进进尺加深10cm。

2. 辅助眼

位于掏槽眼与周边眼之间的炮眼,统称为辅助眼。其作用是扩大槽眼炸出的槽腔,为后续和周边眼爆破创造新的临空面。

常把靠近掏槽眼并有扩大掏槽作用的炮眼,称为"扩槽眼"。

常把靠近周边眼的一排眼,称为"内圈眼"。

3. 周边眼

沿隧道周边布置的炮眼,称为周边眼。其作用是炸出较平整光滑的隧道断面轮廓。按其所在位置的不同,又可分为"帮眼"、"顶眼"和"底板眼"。

七、掏槽形式和参数

掏槽效果的好坏,直接影响整个隧道爆破的成败。根据掏槽眼与开挖面的关系,可将掏槽形式分为如下几类。

1. 斜眼掏槽

斜眼掏槽的特点是掏槽眼与开挖断面斜交。隧道爆破中常用的是垂直楔形掏槽和锥形掏槽。

(1)垂直楔形掏槽

掏槽眼水平成对布置,爆破后将炸出楔形槽口,如图3-3-30所示。

影响此种掏槽爆破的重要因素包括炮眼与开挖面间的夹角 α、上下两对炮眼的间距 a、同一平面上一对掏槽眼眼底的距离 b,见表3-3-6。

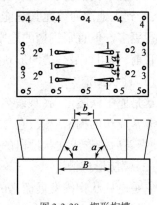

图3-3-30 楔形掏槽

1-掏槽眼;2-辅助眼;3-帮眼;4-顶眼;5-底眼

垂直楔形掏槽参数　　　　　　　　　表3-3-6

围岩级别	α	a(cm)	b(cm)	炮眼数量(个)
IV级及以上	70°~80°	70~80	30	4
III级	75°~80°	60~70	30	4~6
II级	70°~75°	50~60	25	6
I级	55°~70°	30~50	20	6

（2）锥形掏槽

这种炮眼呈角锥形布置,各掏槽眼以相等的角度向工作面中心轴线倾斜,眼底趋于集中,但互相并不贯通,爆破后形成锥形槽。

根据掏槽炮眼的个数,可将锥形掏槽分为三角锥形掏槽、四角锥形掏槽(图3-3-31)、五角锥形掏槽等多种类型。

影响此种掏槽爆破的主要因素见表3-3-7。

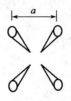

图3-3-31　四角锥形掏槽

锥形掏槽参数　　　　　　　　　表3-3-7

围岩级别	α	a(cm)	炮眼数量(个)
IV级及以上	70°	100	3
III级	68°	90	4
II级	65°	80	5
I级	60°	70	6

斜眼掏槽的优点是操作简单,易把岩石抛出,掏槽炮眼的数量少且炸药耗量低。

其缺点是:炮眼深度易受开挖断面尺寸的限制,不易提高循环进尺,也不便于多台凿岩机同时作业。

2. 直眼掏槽

直眼掏槽由若干个垂直于开挖面的炮眼组成,炮眼深度不受开挖断面尺寸的限制,可以实现多台凿岩机同时作业和深眼爆破。

由于直眼掏槽凿岩作业比较方便,不需随循环进展的改变而变化掏槽形式,仅需改变炮眼深度,受到工地欢迎。尤其是能钻大于102mm直径炮孔的液压钻机投入施工以后,直眼掏槽应用得更多。但直眼掏槽的炮眼数目和用炸药量多。

目前,常用直眼掏槽的形式有:

（1）柱状掏槽

这是原中铁隧道局(现改名为中国中铁隧道集团有限公司)在1979年研究并投入使用的一种非常成功的掏槽形式,它是充分利用大直径中空眼作为"临空孔"和岩石破碎后的膨胀空间,使爆破后能形成柱状槽口的掏槽爆破。

（2）螺旋形掏槽

它是由柱状掏槽发展而来的,其特点是中心眼为空眼(不装药),邻近空眼的各装药孔至空眼之间的距离逐渐增大,其连线呈螺旋状,见图3-3-32。

影响直眼掏槽效果的因素:

①眼距:即空眼与装药之间的距离。当采用大直径空眼(直径$d \geqslant 63$mm),眼距不宜超过

空眼直径的2倍。掏槽效果对眼距变化很敏感,往往眼距稍大就会造成掏槽效果降低或失败,而眼距过小不仅钻眼困难,还会发生槽内岩石被挤实现象,不能形成槽腔。

②空眼:空眼不仅起着临空面和破碎岩石的发展导向作用(即使岩石破碎后向空眼方向运动),同时还为槽内岩石破碎提供一个空间。所以,增加空眼数目能获得良好的效果,一般随眼深加大,空眼数目也相应增加。

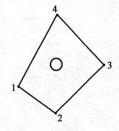

图3-3-32 螺旋形掏槽

③装药:对于直眼掏槽装药眼一般要"过量装药",装药长度占炮眼长度的85%~90%。如果装药长度不够,会发生"留门坎"和"挂门帘"现象。

④钻眼质量:要保证钻眼的准确,使各炮眼之间保持等距、平行极为重要。两眼打穿,易造成殉爆,降低槽内岩石抛掷,使岩石挤紧,不能形成临空面。距离过大,或钻眼偏斜,易发生单个炮眼爆炸,炮眼间的岩石不易崩落。

八、隧道爆破参数设计

1. 炮眼直径

一般说来,隧道的炮眼直径在32~45mm之间,钻孔台车可打φ102mm、φ75mm、φ63mm炮眼,作为中空孔。药卷与眼壁之间的空隙一般为炮眼直径的10%~15%。

加大炮眼直径及相应的装药量可使炸药量相对集中,爆炸效果得以提高,也可以减少炮眼数目。但炮眼直径大于45mm时,则需重型凿岩机。因此,一般还是以32~45mm直径的炮眼作为装药孔和中空孔。

2. 炮眼数量

炮眼数量的计算很简单,通常按各炮眼平均分配炸药量的原则进行计算。

(1)炸药用量

①隧道爆破中,每循环爆破的总装药量通常按下式计算:

$$Q = KLS$$

式中:Q——每循环爆破的总装药量(kg);

K——爆破单位体积岩石的炸药平均消耗量,简称炸药单耗量(kg/m^3),一般取值范围为 1.2~2.4kg/m^3,硬岩取大值,软岩取小值;

L——爆破掘进进尺(m);

S——开挖断面积(m^2)。

②每一个炮眼的平均装药量通常按下式计算:

$$R = L\alpha\beta$$

式中:R——每一个炮眼的平均装药量(kg);

α——装药系数,即装药长度与炮眼全长的比值,见表3-3-8;

β——每米药卷的炸药质量(kg/m),见表3-3-9。

装药系数 α 及炸药每米长度的质量 β　　　　　表 3-3-8

药卷直径(mm)	装药系数 α	炸药每米长度的质量(kg/m)
32	0.8	0.78
35	0.7	0.96
38	0.6	1.10
40	0.5	1.25
44	0.45	1.52

周边炮眼参数表　　　　　表 3-3-9

围岩级别	周边眼间距 E(cm)		抵抗线 W(cm)
Ⅰ、Ⅱ	光爆 55～70	预爆 40～50	60～80
Ⅱ、Ⅲ	光爆 45～65	预爆 40～45	60～80
Ⅲ、Ⅳ	光爆 35～50	预爆 35～40	40～60

注：表中抵抗线 W 为内圈眼到轮廓线的距离。

(2)炮眼数量

炮眼的个数为总装药量除以每一个炮眼的平均装药量。

$$N = \frac{KLS}{L\alpha\beta} = \frac{KS}{\alpha\beta}$$

式中：N——炮眼数量(个)。

不包括不装药的空孔眼数。

3. 炮眼布置

(1)先布置掏槽眼，其次是周边眼，最后是辅助眼。

掏槽眼一般应布置在断面中央偏下部位，其深度应比其他眼深 10cm。为爆出平整开挖面，除掏槽眼和底板眼外，所有掘进炮眼眼底应基本落在同一平面上。底板眼深度一般与掏槽眼相同。

之所以要加深掏槽眼、底板眼深度，是因为要确保掏槽的效果和深度，确保底板不留台阶(不留"门坎")，同时因为掏槽眼、底板眼的爆破，岩层对其的夹制作用特别大。

(2)周边眼沿隧道轮廓布置，基本上取等距离布眼，断面拐角拐弯处应布眼。为了钻眼施工的方便，应考虑周边眼有一定的外插角，外插斜率为 3%～5%，并应使前后两槽炮眼的衔接台阶为最小，一般为 15cm 左右。

周边眼的眼距用 E 表示，具体取值参见表 3-3-9，预裂爆破的 E 值要比光面爆破的 E 值取得小一些。

当循环进尺大于 3m 时，周边眼的钻孔深度允许偏差为 ±5cm，周边眼的间距允许偏差为 5cm。

(2)辅助眼的布置原则

在掏槽眼与周边眼之间，均匀分布、一圈一圈地布置辅助眼。需确定同一圈的炮眼间距和圈与圈的距离，这个距离一般就是抵抗线 W。

这里应注意拱部炮眼可稀一些，因为拱部爆破，岩石有自重作用。施工经验证明，一般情况下，抵抗线约为炮眼间距的 60%～80%。

4. 起爆顺序及延期时间

正确的起爆顺序是先掏槽,后辅助,再周边,由里向外分层起爆。应根据雷管的延期时间(ms)的长短来安排起爆雷管。

正确的起爆顺序可使先爆破的炮眼为后续爆破的炮眼减小岩石的夹制作用和增大临空面,创造更好的爆破条件。同时起爆的一组炮眼,能共同作用,爆炸力更强。

为了保证正确地按设计顺序起爆,应使用毫秒雷管,这样爆破就能由里向外,一层一层地准确剥离、破碎岩石,达到高的炮眼利用率和平整的开挖轮廓。

起爆延期时间:每一段雷管"内存"有"时间",这是一种比喻,起爆是同时点火起爆的,将不同段别的雷管装在炮眼中,则起爆时间"有先有后",只要正确安排,就能达到有顺序起爆的目的。

起爆延期时间安排的主要原则:

(1)前后时间间隔最好为 50~100ms。

(2)周边眼和底板眼尽量分别使用同段雷管,同时起爆有共同作用效果。

5. 装药结构

隧道爆破钻凿炮眼的孔径,一般要求比药卷直径大 3~6mm,在装药前必须检查炮眼是否达到设计深度,并将孔内泥污杂物吹洗干净,然后进行装药。

所有的装药炮眼均应堵塞泡泥,周边眼的堵塞长度不得小于 20cm,泡泥一般为砂子和黏土的混合物,比例大致为 1:1。

炮泥由泡泥机生产,如图 3-3-33 所示。

图 3-3-33 炮泥机生产炮泥

带雷管的药卷叫做起爆药卷,通常把普通药卷和起爆药卷在炮眼中的布置方法叫做装药结构。

(1)按起爆药卷在炮眼中的位置和其中雷管聚能穴的方向,可将装药结构分为正向装药和反向装药。

①正向装药:是将起爆药卷放在眼口第二个药卷位置上,雷管聚能穴朝向眼底,并用炮泥堵塞眼口,如图 3-3-34 所示。这种装药结构过去使用得较多,现在隧道周边眼间隔装药时,往往采用正向起爆方式,即孔口向孔底方向起爆。

②反向装药:是将起爆药卷放在眼底第二个药卷位置上,雷管聚能穴朝向眼口,如图 3-3-35所示。反向装药的爆破方向与抛掷石渣的方向一致,所以效果较好,现在掏槽眼和辅

助眼多用反向装药。

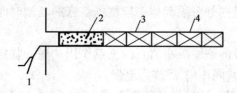 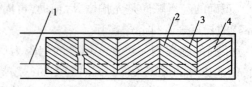

图 3-3-34　正向装药　　　　　　　　　图 3-3-35　反向、连续装药
1-导爆管;2-炮泥;3-起爆药卷;4-普通药卷　　1-导爆管;2-起爆药卷;3-雷管;4-底药

(2)按其连续性,则可分为连续装药和间隔装药。

①连续装药:这种装药方式就是把药卷一个紧接一个地装入炮眼,直至把该炮眼需用药量装完,此种方式又叫柱状装药。

连续装药的起爆药卷放置位置,应保证最大限度利用炸药性能,一般采用反向,即将起爆药卷放在眼底的第二个药卷的位置(见图 3-3-35),这样做的好处是:既可保证不破坏眼底岩石,又因雷管聚能穴朝外,爆轰波由里向外,可取得较好的效果。

现在掏槽眼和辅助眼多用连续装药。

②间隔装药:光面爆破的周边眼如无专用的小直径药卷($\phi 25mm$,标准药卷为 $\phi 32mm$),则采用此种装药方式。

间隔装药是每间隔一定距离装半个药卷,如图 3-3-36 所示,直到把该炮眼需用药量装完。

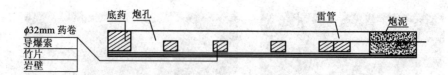

图 3-3-36　周边眼间隔装药

药卷的间隔距离,不应超过炸药殉爆距离的 80%,以确保每个药卷都完全爆炸。如果间隔距离大于殉爆距离,则应用导爆索将各个药卷串联起来。

为正确掌握间隔距离,可事先将药卷按间距用细绳捆扎在一根竹片上,导爆索、导爆管或电雷管的脚线也附着竹片一起引出炮眼外。

(3)周边眼其他装药结构形式:

①小直径连续装药结构:一般情况下,如果现场有光面爆破专用的小直径药卷($\phi 25mm$,标准药卷为 $\phi 32mm$),周边眼宜选用小直径连续装药结构,如图 3-3-37 所示。

②导爆索装药结构:当岩石很软时,只在眼底装一卷炸药,中间用导爆索代替药卷,此种装药方式称为导爆索装药结构,如图 3-3-38 所示。

因导爆索本身有一定的爆炸能力,可作为炸药用于弱爆破,所以可以将导爆索作为"炸药卷"使用。

6.光面爆破和预裂爆破

(1)光面爆破

光面爆破是为了使爆破形成平整的开挖面,减小超挖,由开挖面中部向外侧依次顺序起爆的爆破方法。

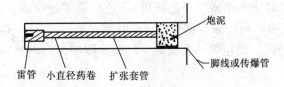
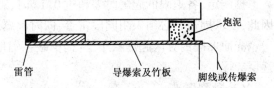

图 3-3-37　小直径连续装药结构　　　　　图 3-3-38　导爆索装药结构

光面爆破是在设计断面内的岩体爆破崩落后才爆周边眼,使爆破后的围岩断面轮廓整齐,最大限度地减轻爆破对围岩的扰动和破坏,尽可能保持围岩的完整性和稳定性。

其主要标准为:开挖轮廓成形规则,岩面平整;围岩上半面炮眼痕迹(也称炮眼痕迹保存率),硬岩不少于80%,中硬岩不少于60%;无明显的裂缝;超欠挖符合规定,围岩壁上无危石。如图3-3-39所示。

图 3-3-39　半面炮眼痕迹

以下介绍光面爆破的主要参数。

①适当加密周边眼间距 E,调整间距抵抗比 E/W 值。

周边眼间距 E 要视岩石的抗爆性、炸药性能、炮眼直径和装药量而定,一般可取 $E = 40 \sim 70cm$,大部分取45cm,具体选择时,对于硬岩取小值,软岩取大值。

为了保证孔间贯通裂缝优先形成,必须使周边眼的抵抗线 W 大于炮眼眼距 E,即 $E < W$,以 $E/W = 0.8$ 为宜,即 $W = 50 \sim 90cm$。

有些书上把 E/W 定义为周边眼的密集系数。

②选择合理的炸药品种、炸药量和装药结构。

用于光面爆破的炸药,与主体爆破的炸药相比,应选用爆速较低、猛度较低、爆力较大、传爆性能良好的炸药。但底板眼则宜选用高爆力的炸药,既可以克服上覆石渣的压制,又起到翻渣作用。

周边眼装药量应既具有破岩所需的能量(不留残眼),又不致造成对围岩的严重破坏。一般地,单位炮眼长度装药量控制在 0.04～0.4kg/m,称为线装药密度。

周边眼的装药结构,可采用间隔装药或小直径不耦合装药。当采用不耦合装药时,不耦合系数 λ(为炮眼直径 D 与药卷直径 d 之比)最好大于2,但应注意药卷直径不应小于该炸药的临界直径,以保证完全爆轰。

当采用标准药卷时,不耦合系数一般小于2,往往采用间隔装药。此时,相邻炮眼所用的药卷位置应错开,以充分利用炸药效能。

③保证周边眼同时起爆。

据测定,各炮眼的起爆时差超过0.1s时,就等于各个炮眼单独爆破,不能形成贯通裂缝。因此,要求周边眼必须采用同段雷管、同时起爆,并尽可能减少雷管的延期时间误差。

光面爆破的分区起爆顺序是:掏槽眼—辅助眼—周边眼—底板眼。辅助眼则应由里向外逐层起爆。

(2)预裂爆破

预裂爆破是在岩石隧道开挖中,先行爆破周边眼,预先拉成断裂面,然后再爆中央部分的爆破方法。

在开挖断面内其他炮眼爆破之前,先起爆周边眼,可沿开挖轮廓线预裂爆出一条裂缝,即各周边眼形成相互贯通的裂缝,与原岩体分割开来,这条裂缝用以反射爆破地震应力波。

预裂爆破的分区起爆顺序是:周边眼—掏槽眼—辅助眼—底板眼。

由于预裂面的存在,对后起爆的掏槽眼、辅助眼的爆轰波能起缓冲作用,从而减轻对围岩的破坏影响,使围岩保持完整,使开挖面整齐规则。

预裂爆破尤其适用于稳定性较差的软弱围岩,但预裂爆破的周边眼间距和最小抵抗线都要比光面爆破的小,相应地要增加炮眼数量,当然钻眼工作量也增大。

对于预裂爆破的周边眼,在堵塞炮泥时,应从药卷顶端堵塞,不得只堵塞眼口。

7. 隧道瞎炮的处理

放炮时,炮眼内的装药未发生爆炸,雷管未爆炸,俗称瞎炮。瞎炮的处理方法主要有:

(1)经检查确认炮眼的起爆线路完好时,可重新起爆。

(2)在未爆的眼旁,打平行眼装药起爆,平行眼距瞎炮孔口不得小于0.3m。

(3)用木制、竹制或其他不发生火星的材料制成的工具,轻轻将炮眼内大部分填塞物掏出,用药包诱爆。

(4)瞎炮应在当班处理完。当班不能处理完毕,应将瞎炮做上记号,在现场交接清楚,由下一班继续处理。

(5)导爆管起爆法,若导爆管在孔外被打断,可以掏出仍在孔内的部分导爆管,接上导爆管雷管重新起爆。

第四节 出渣运输

出渣是隧道施工的基本作业之一。出渣作业能力的强弱,决定了它在整个作业循环中所占时间的长短,一般为40%~60%。因此,出渣运输作业能力的强弱在很大程度上影响施工速度。

有轨运输主要适用于开挖断面较小、长度大于2 000m的铁路单线隧道和引水隧道、联络通道、平行导坑、大坡度斜井和瓦斯隧道等。

无轨运输主要适用于铁路单线(长度小于1 000m)、双线隧道独头坑道(长度小于3 000m)和斜井(坡度小于15%)。

出渣作业可以分解为装渣、运渣、卸渣三个环节,分述如下。

一、装渣

装渣就是把开挖下来的石渣装入车辆。

1. 渣量计算

出渣量应为开挖后的虚渣体积,可按下式计算:

$$Z = L \cdot S \cdot \Delta \cdot R$$

式中:Z——单循环爆破后石渣量(m^3);

L——设计循环进尺(m);

S——开挖断面面积(m^2);

Δ——超挖系数,视爆破质量而定,一般可取 1.15 ~ 1.25;

R——岩体松胀系数,见表 3-4-1。

岩体松胀系数 R　　表 3-4-1

岩体级别	I	II	III	IV	V		VI	
土石名称	石质	石质	石质	石质	硬黏土	砂卵石	黏性土	砂砾
R	1.85	1.8	1.7	1.6	1.35	1.3	1.25	1.15

2. 装渣方式

可采用人力装渣或机械装渣两种方式。

人力装渣,劳动强度大,速度慢,仅在短隧道、缺乏机械或断面小而无法使用机械装渣时,才考虑采用。

机械装渣速度快,可缩短作业时间,目前是隧道施工中主要采用的方式,但仍需配少数人工辅助。

3. 装渣机械

装渣机械的类型,按其装渣是否连续可分为铲斗式、挖斗式、耙斗式、立爪式。

铲斗式、挖斗式装渣机为间歇性、非连续性的装渣机械;耙斗式、立爪式是连续性装渣机构,均配备链板转载后卸机构。

装渣机的走行有轨道走行、轮胎走行、履带走行三种方式。轨道走行式装渣机必须铺设轨道,因此其工作范围受到限制。轮胎走行、履带走行装渣机移动灵活,工作范围不受限制。

(1)铲斗式装渣机

这种装渣机多采用轮胎走行(图3-4-1)或履带走行(图3-4-2),其实就是通常所说的装载机,俗称铲车。它的转弯半径小,走行速度快,移动灵活,铲取力强,铲斗容量大(1 ~ 4m^3),工作能力强。

图 3-4-1 铲斗式装渣机(轮胎走行)　　图 3-4-2 铲斗式装渣机(履带走行)

隧道中多用侧卸式铲斗装渣机。

装渣机虽然有强大的功能,但其功率强大的内燃机是洞内主要的空气污染源之一,需要通风能力要大一些。

（2）挖斗式装渣机

挖斗式装渣机常见的有两种，一种为间歇性的，另一种为连续性的。

间歇性挖装渣机多采用轮胎走行或履带走行，其实就是通常所说的挖掘机，有正铲和反铲之分，隧道中多用反铲(图3-4-3)。它不仅可以用来装渣，而且可以用来隧道找顶、清底挖掘土质隧道的作业。由于挖掘机的功能、灵活性以及系列产品多，近年来扩大了在隧道内使用的范围。例如，利用本身的推土铲举升功能，小型挖掘机可在斜井和竖井中实现挖装功能。

连续性挖斗式装渣机，配备有链板转载后卸机构，如图3-4-4所示。

图3-4-3 挖掘机(反铲)　　　图3-4-4 挖斗式装渣机(连续性)

（3）耙斗式装渣机

耙斗式装渣机为连续性装渣机，类似于连续性的挖斗式装渣机，只不过将挖斗改为耙斗。它也配备有链板转载后卸机构，如图3-4-5所示。

（4）立爪式装渣机

立爪式装渣机为连续性装渣机，类似于连续性的挖斗式装渣机和耙斗式装渣机，只不过将挖斗、耙斗改为立爪。它也配备有链板转载后卸机构，如图3-4-6所示。

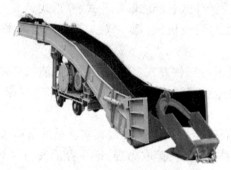 

图3-4-5 耙斗式装渣机　　　图3-4-6 立爪式装渣机

立爪式装渣机有轨行、履带和轮胎三种走行方式，采用电力驱动和液压控制，装渣能力强。

二、运输

隧道施工的洞内运输(出渣和进料)可以分为有轨运输和无轨运输两种方式。

有轨运输为铺设小型轨道，用轨道式运输车出渣和进料。有轨运输多采用蓄电池车或内燃机车牵引，斗车或梭式矿车运渣。

无轨运输为采用各种运输车出渣和进料。其特点是机动灵活，不需铺设轨道，能适用于弃渣场离洞口较远、道路坡度较大的场合。缺点是由于多采用内燃驱动，在整个洞内排出废气，污染空气，因此应注意加强通风。

双线隧道,掘进长度在3 000m以下时,可采用无轨运输。单线隧道,长度在1 000m以下时,宜采用无轨运输;长度大于1 500m时,宜采用有轨运输。

1. 有轨运输设备

(1)牵引电力机车

铁路隧道施工有轨运输的牵引电力机车,一般又称为蓄电池车。

以前常用的为直流蓄电池工矿机车,如图3-4-7所示。最近两年,中铁隧道股份有限公司开发出直交流变频电机车(图3-4-8),克服了直流机车换挡时的扭矩波动大、制动结构复杂、串激电机碳刷与换向器日常维保工作量大等不足。机车吨位有8t、12t、15t、18t、25t、35t、45t等系列产品,每种吨位的机车有762mm和900mm两种轨距规格。

图3-4-7　直流蓄电池工矿机车　　　图3-4-8　直交流变频电机车

(2)梭式矿车

梭式矿车是放在两个转向架上的大斗车(图3-4-9),车底设有链板式或刮板式输送带,石渣从前端装入,依靠输送带传递到后端,石渣就可布满整个矿车的底部。

图3-4-9　梭式矿车

梭式矿车具有的在长车厢内输渣功能,是专门为配合带有转载设备的装渣机使用的,例如配合耙斗式、立爪式装渣机。

梭式矿车还可串列转渣,由一辆机车牵引两辆梭式矿车。

梭式矿车由机车牵引,与凿岩台车、装渣机等配套使用,组成隧道机械化作业线。由于梭式矿车本身具有自卸料功能,所以在卸料场不需配置辅助卸料设备,但需在料堆的上方卸渣。

梭式矿车近年来向大型化发展,由过去的$8m^3$、$12m^3$发展到现在的$16m^3$和$20m^3$。采用大容量的梭式矿车增大了运输量。

(3)侧卸式矿车

小型($6m^3$以下)侧卸式矿车一般用于斜井施工,由提升机牵引,运行速度不超过1m/s,装料后经牵引动力引至专用的曲轨卸料机构,当车厢翻至与水平成最大角度时,车侧门也开到最大限度,这时矿车卸料得以全部完成。返回时,矿车通过曲轨,侧门又自动关闭到位。如图3-4-10所示。

图3-4-10 侧卸式矿车

2. 有轨运输作业要求

（1）线路铺设标准和要求

①钢轨类型:轨距宜为900mm,钢轨宜选择43kg/m。

②道岔型号:宜选择不小于6号的道岔,并安装转辙器。

③轨枕:宜采用I20或I40的槽钢制作钢枕,间距不应大于700mm。

④道床:厚度不应小于20cm。

⑤有轨运输设单道时,每间隔300m应设一个会车道。

（2）有轨运输作业规定

①机动车牵引不得超载。

②列车连接必须良好,机车摘挂后调车、编组和停留时,应备有刹车装置。

③车辆在同方向行驶时,两组列车的间距不得小于100m。

④轨道旁临时堆放的材料,距钢轨边缘不得小于80cm,高度不得大于100cm。

⑤卸渣场线路应设置安全线,并设置1%~3%的上坡道,卸渣码头应搭设牢固,并设有挂钩、栏杆及车挡装置,注意防止溜车。

⑥车辆运行时,必须鸣笛或按喇叭,并注意瞭望,严禁非专职人员开车、调车和搭车,以及在运行中进行摘挂作业。施工作业地段的行车速度不大于15km/h,成洞地段不大于25km/h。

⑦长隧道施工上下班的载人列车,应制订保证安全的措施。

3. 无轨运输设备

隧道无轨运输装运示意如图3-4-11所示。

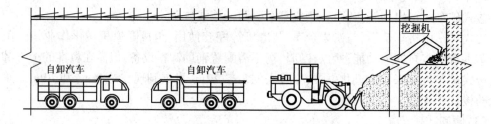

图3-4-11 隧道无轨运输装运示意图

（1）自卸汽车

自卸汽车主要用于洞内无轨运输（图3-4-12），它是燃油动力、轮胎走行，载质量为5～25t，还有铰接式双向驾驶车辆，与装载机或装渣机配合。

（2）仰拱栈桥

仰拱栈桥是为了满足客运专线仰拱施工和填充，解决仰拱施工与隧道内运输的矛盾，桥上通行运输车辆，桥下修筑仰拱，而开发的一种专用的配套设备，如图3-4-13所示。

图3-4-12　自卸汽车　　　　　　　　图3-4-13　仰拱栈桥

以前隧道的仰拱施工一般是分两个半幅交替施工，一幅浇筑，另一幅通行车辆。但客运专线隧道仰拱要求必须是整体一次施工，不得分幅施工，不得留纵向施工缝。

仰拱栈桥主要是为了解决仰拱施工和隧道内运输的矛盾，桥上通行运输车辆，桥下修筑仰拱。

仰拱栈桥所使用的电器设备必须采用"一机一闸一漏"制，线路上禁止带负荷接电或断电；机械设备通过栈桥的行车速度不得大于5km/h，严禁在栈桥上瞬间加、减速。

4. 无轨运输作业要求

(1)运输道路应铺设路面，与仰拱、底板混凝土配合施工，并做好排水及路面的维修工作。

(2)行车速度，施工作业地段不得大于10km/h，成洞地段不得大于20km/h。

(3)洞内应加强通风，洞内环境应符合劳动卫生标准。

(4)单线隧道采用无轨运输时，应在每间隔150～300m处设一个会车道。

(5)单线隧道采用无轨运输时，宜采用轮式正铲侧卸装载机等小型装渣设备；当采用立爪轨行装岩机时，应在距开挖面70～80m范围内铺设轨道，轨枕采用120型槽钢代替，并与钢轨焊接成整体。

(6)隧道采用无轨运输时，严禁汽油机进洞，内燃机械宜采用尾气净化装置并加强通风。

第五节　初期支护

一、概述

1. 初期支护

隧道开挖后，除围岩完全能够自稳而无需支护外，在围岩稳定能力不足时必须加以支护才能使其进入稳定状态，并作为永久承载结构的一部分，称为初期支护。

初期支护具体体现的形式为锚喷支护，一般由锚杆、喷射混凝土、钢架、钢筋网等及它们的组合组成,是现代隧道工程中最常用的支护形式和方法。

初期支护施作后即成为永久性承载结构的一部分,它与围岩共同构成了永久的隧道承载体系。初期支护和二次模筑混凝土衬砌构成隧道内的复合式衬砌。

2.锚喷支护工程特点

(1)灵活性

锚喷支护是由锚杆、喷射混凝土、钢架、钢筋网等进行适当组合的支护形式,它们既可以单独使用,也可以组合使用;既可以用于局部加固,也易于实施整体加固;既可以一次完成,也可以分次完成。充分体现了"先柔后刚、按需提供"的原则。

(2)及时性

锚喷支护能在施作后迅速发挥其对围岩的支护作用。这不仅表现在时间上,即喷射混凝土和锚杆都具有早强性能,需要它时,它就能起作用;而且表现在空间上,即喷射混凝土和锚杆可以紧跟开挖而施工。

(3)密贴性

喷射混凝土能与坑道周边的围岩全面、紧密地黏结,因而可以抵抗岩块之间沿节理的剪切和张裂。

(4)深入性

锚杆能深入围岩体内部一定深度,对围岩起约束作用,这种作用尤其是以适当密度的径向锚杆的效果最为明显,径向锚杆又叫做系统锚杆。

(5)柔性

锚喷支护属于柔性支护,它可以较便利地调节围岩变形,允许围岩作有限的变形,以发挥围岩的自承能力。

(6)封闭性

喷射混凝土能全面及时地封闭围岩,这种封闭阻止了洞内潮气和水对围岩的侵蚀作用,减少了膨胀性岩体的软化和膨胀。

二、锚杆

锚杆是用金属或其他高抗拉性能的材料制作的一种杆状构件,使用某些机械装置和黏结介质,通过一定的施工操作,将其安设在地下工程的围岩中。

锚杆的种类很多,按其锚固形式可分为端头锚固式、全长黏结式及摩擦式三种。

1.水泥砂浆锚杆

水泥砂浆锚杆,是以水泥砂浆作为黏结剂、螺纹钢筋作为杆体的全长黏结式锚杆,又叫钢筋灌浆锚杆,如图 3-5-1 所示。

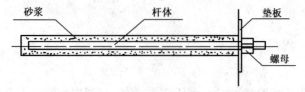

图 3-5-1 水泥砂浆锚杆

钢筋灌浆锚杆是隧道内使用最多的一种锚杆,其施工工艺和施工要点如下。

(1)施工工艺

钢筋灌浆锚杆施工工艺如图3-5-2所示。

(2)施工要点

①杆体材料宜用直径14~22mm的螺纹钢筋(图3-5-3),抗拉力不小于180kN,长度一般在2~3.5m左右。锚杆应按设计要求的尺寸截取,并整直、除锈和除油。

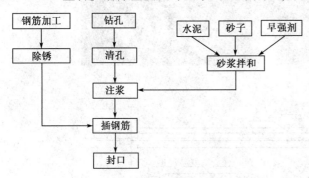

图3-5-2 钢筋灌浆锚杆施工工艺

图3-5-3 螺纹钢筋锚杆

②水泥一般选用42.5级的普通硅酸盐水泥,砂子的粒径不大于3mm,并严格过筛,砂浆等级不低于M20,保证锚杆钢筋保护层不小于8mm。

③钻孔可用普通风钻或液压台车完成,一般孔径比杆径大15mm,孔钻好后用高压水冲洗干净,如图3-5-4所示。

④砂浆应拌和均匀,并调整其和易性,随拌随用,一次拌和的砂浆必须在初凝前用完。

⑤注浆时,注浆管应先插到钻孔底,开始注浆后,徐徐均匀地将注浆管往外抽出,并始终保持注浆管口埋在砂浆内,以免浆中出现空洞。

⑥注浆体积应略多于需要体积,将注浆管抽出后,应立即插入杆体。可以用锤击或用风钻冲击,使杆体强行插入钻孔。

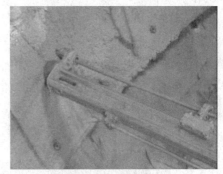

图3-5-4 钻设锚杆孔

⑦杆体插入孔内的长度不得短于设计长度的95%,砂浆是否饱满,可以根据孔口是否有砂浆挤出来判断。

⑧杆体到位后要用木楔或小石子在孔口卡住,防止杆体滑出。砂浆未达到设计强度的70%时,不得随意碰撞,一般规定三天内不得悬挂重物。

2. 药包锚杆

所谓的药包,指的是树脂卷、快硬水泥卷或早强砂浆卷,又叫做锚固剂,如图3-5-5、图3-5-6所示。但树脂卷比较昂贵,实际中常用的是快硬水泥卷或早强砂浆卷。

药包锚杆,是以快硬水泥卷或早强砂浆卷作为内锚固剂的内锚头锚杆,属于端头锚固式,如图3-5-7所示。树脂锚杆如图3-5-8所示。

药包锚杆施工要点如下:

(1)用锥子在快硬水泥卷端头扎两个排气孔,然后将水泥卷竖立放于清洁水中,保持水面高出水泥卷10cm。浸水时间以不冒气泡为准,但不能超过水泥的初凝时间。

(2)将浸好水的水泥卷用锚杆送至眼底,并轻轻捣实。将锚杆外端装上连接套筒和搅拌机,然后开动搅拌机,带动钻杆旋转,搅拌水泥浆,并用人力推进锚杆至眼底,再保持10s的搅拌时间。

图3-5-5 锚固剂外包装

图3-5-6 锚固剂

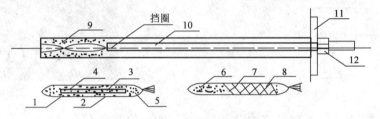

图3-5-7 药包锚杆

1-树脂;2-纤维纸;3-固化剂;4-玻璃管;5-堵头;6-快硬水泥;7-滤纸筒;8-纱网;9-锚固剂;10-麻花杆体;11-垫板;12-螺母

(3)轻轻卸下搅拌机,用木楔楔住杆体,使其位于钻眼中心。

3. 自钻式锚杆

自钻式锚杆是集钻孔、注浆、锚固于一体的新型锚杆,施工时可用一般风钻钻孔,一次安装成功,目前广泛应用于铁路隧道中,如图3-5-9所示。

图3-5-8 树脂锚杆

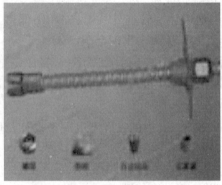

图3-5-9 自钻式锚杆

自钻式锚杆是钻杆与锚杆合二为一,锚杆可任意切割或接长,将钻进灌浆和锚固有机地结合为一体,当钻进到设计深度时,由于钻杆即锚杆,因而不存在退出钻杆、插入锚杆的工序,可避免塌孔而造成返工。

自钻式锚杆中空,因而锚杆作为注浆管,砂浆从锚杆末端进入,通过锚杆空腔及中空钻头,从锚杆前端溢出,可保证砂浆饱满。

杆体表面螺纹使它比一般锚杆有更强的黏结能力,采用专用压力注浆阀,提高了注浆效果,采用旋进式止浆塞,可更好地达到止浆效果,边钻进边加长,可在狭窄空间内施工。

另外,需要注意的是锚杆必须安装垫板,而且垫板应与喷混凝土面密贴。在现场,锚杆不加垫板是普遍存在的问题,甚至已经被误认为是正确的做法。事实上这是造成塌方的主要原因。

垫板一般用 10mm 厚的钢板制成，规格一般为 200mm×200mm，且固定垫板的螺母应拧紧。如图 3-5-10、图 3-5-11 所示。

图 3-5-10　锚杆垫板

图 3-5-11　拧紧垫板

4. 锚杆的布置形式

锚杆的布置一般采用局部和系统两种形式。

（1）局部锚杆

在硬岩中，由于岩层倾斜或呈水平状，常用锚杆进行局部加固。这种锚杆的布置是不规则的，锚杆的方向按实际需要布置。

有一种局部锚杆叫做锁脚锚杆，数量少但很重要，它是为了阻止钢拱架的掉落而设置的，如图 3-5-12 所示。如果其掉落，将直接威胁到施工人员的安全。

（2）系统锚杆

系统锚杆是指沿着隧道开挖周边纵横方向有规则布置的锚杆，其目的是将锚杆有系统地深入岩层内部，改善围岩的承载能力，如图 3-5-13 所示。

图 3-5-12　锁脚锚杆

图 3-5-13　系统锚杆

系统锚杆的布置形式有两种，即矩形和梅花形，如图 3-5-14 所示。梅花形布置比较均匀，效果较好，因此多以梅花形布置为主。

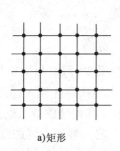

a) 矩形　　　　　　　　　b) 梅花形

图 3-5-14　系统锚杆的布置形式

三、喷射混凝土

使用混凝土喷射机,按一定的混合程序,将掺有速凝剂的细石混凝土喷射到岩壁表面上,并迅速固结成一层支护结构,从而对围岩起到支护作用。

1. 混凝土喷射工艺

常见混凝土喷射工艺有干喷、潮喷、湿喷三种。它们之间的主要区别是各工艺的投料程序不同,尤其是添加水和速凝剂的时机不一样。

(1) 干喷和潮喷

干喷是将骨料、水泥和速凝剂按一定比例干拌均匀,然后装入喷射机,用压缩空气使干拌料在软管内呈悬浮状态压送到喷枪,再在喷嘴处与高压水混合,以较高速度喷射到岩面上。如图 3-5-15 所示。

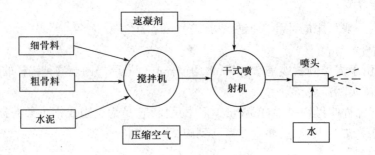

图 3-5-15　干喷和潮喷工艺流程

干喷的缺点是产生的粉尘量大,回弹量大。加水是由喷嘴的阀门控制的,水灰比的控制精度取决于喷射手操作的熟练程度。但干喷使用的机械比较简单,且机械清洗和故障处理容易。

潮喷是将骨料预加少量水,使之呈潮湿状,再加水泥拌和,从而降低上料、拌和及喷射时的粉尘。但大量的水仍是在喷嘴处加入和喷出的,其喷射工艺流程和使用机械同干喷。

(2) 湿喷

湿喷是将骨料、水泥和水按设计配合比拌和均匀,用湿式喷射机送到喷嘴处,再在喷嘴处添加液体速凝剂后喷出,其工艺流程见图 3-5-16。

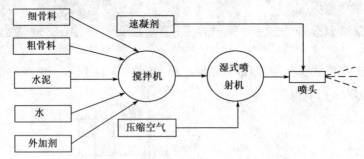

图 3-5-16　湿喷工艺流程

湿喷混凝土质量容易控制,喷出过程中的粉尘和回弹量很少;但对喷射机械要求较高,机械清洗和故障处理较麻烦,且喷射时液体速凝剂呈雾状,对人体伤害比较大,要注意劳动保护。

另外,由于喷射工艺不同,喷射混凝土强度也有差别,干喷和潮喷混凝土的强度较低,一般只能达到 C20,而湿喷则可达到 C35,所以应优先采用湿喷工艺。客运专线的隧道施工必须采用湿喷工艺。

2. 素喷混凝土

(1)性能特点

①喷射混凝土具有强度增长快、黏结力强、密度大、抗渗性好等特点。

②与普通模筑混凝土相比,喷射混凝土施工将输送、浇注、捣固几道工序合而为一,更不需模板,因而施工快速、简捷。

③喷射混凝土能及早发挥承载作用,它能在 10min 左右终凝,一般 2h 后即具有强度,一天后强度可达到 8MPa 左右。

(2)设计要点

①喷射混凝土设计的最低强度不应低于 15MPa,一般设计强度为 20MPa,一天龄期的抗压强度不应低于 5MPa。

②喷射混凝土的设计厚度,若为防止围岩风化,不得小于 30mm;若为支护结构,不得小于 50mm;若围岩含水,不得小于 80mm;喷射混凝土的最大厚度不宜超过 200mm。

③喷射混凝土含有较多的大小适中、分布均匀、彼此不串通的气泡,故提高了抗渗性。水灰比不超过 0.55 时,抗渗性一般可以达到 P8。

(3)原料

①水泥:为保证喷射混凝土的凝结时间与速凝剂有较好的相容性,应优先采用 32.5 级以上的普通硅酸盐水泥,这是因为它含有较多的铝酸三钙 C_3A 和硅酸三钙 C_3S,凝结时间快,特别是与速凝剂有良好的相容性;也可采用矿渣硅酸盐水泥。

②砂:为保证喷射混凝土的强度和减少施工操作时的粉尘,应采用坚硬耐久的中粗砂,细度模数宜大于 2.5,不宜采用细砂;砂的含水率一般应控制在 5%~7% 之间,这主要是为了减少粉尘,也有利于水泥的充分水化。

③石子:为防止喷射混凝土过程中的堵管和减少回弹量,应采用坚硬耐久的细石,粒径不宜大于 16mm,以细卵石为好。

④速凝剂:它是喷射混凝土必须使用的外加剂,应根据水泥品种、水灰比等,通过试验选择最佳掺量,一般情况下可采用水泥质量的 2%~4%;使用前应做速凝效果试验,要求初凝不应大于 5min,终凝不应大于 10min。

速凝剂有粉状速凝剂和液体速凝剂两种,干喷混凝土一般用粉状的,湿喷一般用液体的。如图 3-5-17、图 3-5-18 所示。

图 3-5-17　粉状速凝剂

⑤水:为保证喷射混凝土的正常凝结、硬化,饮用水可用于喷射混凝土,但不能使用污水、pH 值小于 4 的酸性水和含硫酸盐按 SO_4^{2-} 计超过水质量 1% 的水。

(4)配比

①干拌料中水泥与砂石的质量比,一般为1:4,每立方米干拌料中,水泥用量约为400kg。

②砂率一般为45%~55%。实践证明,砂率过小或过大,均易造成堵管,且回弹大,强度降低,收缩加大。

③水灰比一般为0.4~0.45,否则强度降低,回弹量增大。

(5)喷射混凝土机械设备

①喷射机:如图3-5-19所示,它是喷射混凝土的主要设备,国内已有多种鉴定定型产品,可以由施工的具体情况选用。

图3-5-18　液体速凝剂

②搅拌机:如图3-5-20所示。因干拌料拌和时,易产生粉尘,所以要用密封的强制式搅拌机。

图3-5-19　喷射机

图3-5-20　搅拌机

③皮带运输机:如图3-5-21所示。小型皮带运输机用于自砂石场将配合好的干拌料运送到搅拌机或将干拌料装入喷射机。

④油水分离器:高压风因含有油气和水汽,在进入喷射机之前,必须通过油水分离器,把油和水滤掉,否则易使混凝土结块、堵管或影响混凝土质量。油水分离器一般安装在高压风管比较低的位置,定期放出油和水。

⑤振动筛:如图3-5-22所示,设在皮带运输机和喷射机的受料口处,能防止大于20mm的石子和杂物进入喷射机中。

图3-5-21　皮带运输机

图3-5-22　振动筛

⑥机械手:喷头的移动和喷射方向、距离的控制,可采用人力直接控制,也可以用机械手代替人力,如图3-5-23、图3-5-24所示。

(6)喷射混凝土准备工作

①检查开挖断面净空尺寸,清除松动岩块和拱、墙脚处的岩屑等杂物。

②用高压水冲洗受喷面,当受喷岩面遇水容易潮解、泥化时,应改用高压风吹净岩面。

③设置控制喷射混凝土厚度的标志,一般是在石缝处钉铁钉或用快硬水泥安设钢筋头,并

记录外露长度。

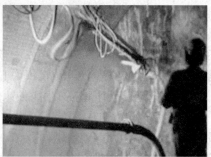
图3-5-23 机械手喷射混凝土

图3-5-24 人力喷射混凝土

④检查机具设备和风、水、电等管线路,并试运转,保证作业区内具有良好通风和照明条件。

⑤当受喷面有滴水、淋水、集中出水点时,应先治水再喷射混凝土,采用凿槽、埋管等方法引导疏干。

(7)喷射混凝土作业要求

①喷射作业应分段、分片、分层,由下而上顺序进行,先边墙、后拱脚、最后喷拱顶,这样可避免先喷上部时的回弹物污染下部未喷射的岩面,且喷好下部喷层对上部喷层起支托作用,可减少或防止喷层松脱;岩面有较大凹洼时,应先用混凝土填平。边墙、拱部喷射分区和顺序如图3-5-25、图3-5-26所示。

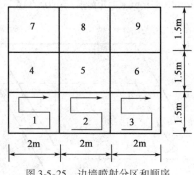
图3-5-25 边墙喷射分区和顺序

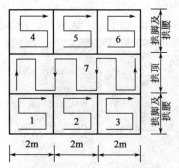
图3-5-26 拱部喷射分区和顺序

②喷射时,喷头应缓慢呈螺旋形均匀移动,一圈压半圈,绕圈直径约为30cm,如图3-5-27所示,以保证喷射均匀和表面光滑平顺。

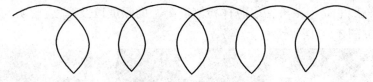
图3-5-27 喷头螺旋形均匀移动

③一次喷射混凝土厚度要适当。过薄,则粗骨料不易黏结牢固,增加回弹量;过厚,则不易保证喷层致密和混凝土强度。一次喷射厚度一般不应小于最大骨料粒径的1.5倍,对于边墙为15cm,拱部为10cm。

④为了保证喷射混凝土质量,在喷射后4h内不得进行爆破作业。

⑤干拌料应随拌随喷,不掺速凝剂的干拌料,存放时间不应大于2h;掺有速凝剂的干拌料,存放时间不应大于20min。

⑥速凝剂掺量准确,添加均匀,不得随意增加或减少。掺量增加,回弹会减少,早期强度

高,但超过一定限度后,凝结时间并不一定缩短,后期强度却显著降低,因此速凝剂掺量要严格根据初凝和终凝时间控制。初凝和终凝时间要经常测定,即每进一批水泥和速凝剂时都必须测定,存放时间长了也要测定。

⑦喷嘴应与岩面垂直,同时应保持适当的距离和喷射压力,如图3-5-28所示。喷嘴垂直岩面时,喷射效果最好,斜向喷射时,易产生分离、回弹增加、剥离多。喷射距离一般情况下为1.2m左右。

喷射时,喷嘴处风压宜保持在0.1MPa左右,而且水压应较风压稍高,才能使水泥充分水化;水压低于风压,不但水泥不能充分水化,反而会造成水环孔堵塞。

⑧为保证水泥充分水化及喷射混凝土强度均匀增长,减少或防止喷混凝土发生开裂,做好养护工作是十分必要的。喷混凝土终凝后2h开始浇水养护,特别是初期应加强浇水。

隧道内湿度一般在90%以上,对于普通硅酸盐水泥,养护时间不少于14d,每8h喷水一次,标准养护试件的龄期为28d。

(8)喷射混凝土强度检查

喷射混凝土的强度检查,主要是检查抗压强度。强度合格的条件是:同批,也就是同一配合比试块的抗压强度平均值不低于20MPa。

试块的制作一般采用喷射大板切割法。如果用喷射大板切割法测出强度不合格或对强度有怀疑时,则用钻芯取样法。

①喷射大板切割法:是在施工的同时,把混凝土喷射到45cm×20cm×12cm的模型内(图3-5-29),在混凝土达到一定强度后,切割加工成3个10cm×10cm×10cm的立方体试块,在标准条件下养护28d进行抗压试验,精度要求为0.1MPa。

图3-5-28 喷嘴垂直岩面

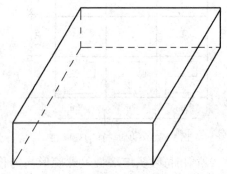

图3-5-29 喷射大板切割法所用的方盒子

②钻芯取样法:它是用钻机钻取芯样检测混凝土的强度以及厚度、密实性和连续性的方法。如图3-5-30、图3-5-31所示。

图3-5-30 钻机钻取芯样

图3-5-31 芯样

用钻芯取样法检测混凝土抗压强度,是一种微破损的直接检测技术。一般将芯样切割打磨成直径为10cm、高为10cm的圆柱体试块,然后进行抗压试验。

(9)回弹物及其处理

回弹物是一种缺水泥、少砂子、多石子的松散潮湿混合物,其配合比约为1:3:6。

回收后适当掺以水泥、砂及速凝剂并与新鲜混凝土料掺和后,仍可重新用于喷射,但掺量不能大于新鲜骨料总量的30%,且不能用于喷射拱顶。

此外,也可用回弹物重新配料后灌注隧道仰拱、铺底、修筑水沟和电缆槽等。

(10)防尘

水泥和速凝剂对人体有害。尽管干喷法采用密封干拌,但喷射时仍会产生大量粉尘,必须采取以下防尘措施:

①将混合料的湿度控制在4%~6%,加强通风,适当增加拢料管的长度,将喷嘴改为两路进水等。

②将干喷改为湿喷,可大量减少粉尘量,这是根本的办法。干喷的特点是干料在喷头处与水瞬间混合后,通过短拢料管喷出,因此水泥颗粒并未能充分水化而产生大量粉尘;湿喷法是用混凝土湿喷机,并在喷头处加入液体速凝剂的办法,其效果较好。

3.钢纤维喷射混凝土

在喷射混凝土中加入钢纤维,可增强混凝土的抗拉、抗剪、抗裂等物理力学性能。

钢纤维一般用碳素薄钢板切割加工而成,长度宜为20mm左右,抗拉强度不得小于380MPa,不得有油渍和明显的锈蚀。钢纤维一般加工成麻花形,并采用矩形断面,如料源有困难,可采用圆形断面。如图3-5-32、图3-5-33所示。

图3-5-32 钢纤维喷射混凝土

图3-5-33 钢纤维的加工

可以用钢纤维喷射混凝土代替挂钢筋网喷射混凝土,作为隧道的初期支护。

钢纤维喷射混凝土的主要问题,是要防止钢纤维结团堵管。其操作同素喷混凝土,但输料管的磨耗大,一般要高于普通喷射混凝土的30%~40%。

四、钢筋网

在喷射混凝土之前,在岩面上挂设钢筋网,然后再喷射混凝土。如图3-5-34所示。

先铺设钢筋网,再喷射混凝土,硬化以后相当于钢筋混凝土,可以增加混凝土的抗拉、抗剪、抗裂等物理力学性能,以适应更差的地层。

钢筋网材料宜采用Q235钢,钢筋直径宜为6~12mm,一般不大于12mm,过粗易使喷层产生裂纹;网格尺寸一般为20cm×20cm,搭接长度应为1~2个网格。

施工要点如下：

(1) 为便于挂网安装,常常在洞外用点焊的办法,将钢筋先加工成网片(图3-5-35),长、宽一般为1~2m。

图3-5-34 钢筋网

图3-5-35 网片

(2) 开挖后,应先喷一层混凝土后挂网,既可保证作业安全,又可使岩面平整,便于使钢筋网与围岩表面保持适宜的间隙。混凝土厚度不小于4cm。钢筋网搭接采取焊接方式,搭接长度不小于15cm。

(3) 砂层地段应铺挂钢筋网,沿环向压紧后再喷射混凝土。

(4) 采用双层钢筋网时,第二层钢筋网应在第一层钢筋网被混凝土覆盖后铺设,其覆盖厚度不应小于3cm,这样有利于减少喷射中的回弹,增加混凝土的密实性。

(5) 锚杆尾作为钢筋网的支点时,钢筋网应与锚杆端头焊接牢固。喷射混凝土时,喷射料应力求避开锚杆和钢筋,以防增加回弹量。

(6) 开始喷射时,应减小喷头至受喷面的距离,并调整喷射角度,钢筋保护层厚度不得小于2cm。

五、钢拱架

钢拱架一般有两种:一种是由型钢制成的,型钢一般是H型钢、槽钢或工字钢;另一种是由钢筋焊接而成的,叫做格栅钢架,施工现场又称之为花拱。如图3-5-36、图3-5-37所示。

图3-5-36 钢拱架

图3-5-37 型钢拱架

型钢拱架的刚度和强度大,安设以后能够立即承受很大的荷载,故在软弱破碎围岩中施工或处理塌方时使用较多。但它与混凝土的黏结不好,与围岩间的空隙难用喷射混凝土紧密填充,导致钢架附近喷射混凝土出现裂缝。

采用钢筋焊接而成的格栅钢架,是近几年来吸取国外经验而使用的一种新型钢架,它与型钢架相比,有受力好、质量轻、刚度可调节、省钢材、易制造、易安装等优点,应大力推广使用。待喷射混凝土硬化以后,即相当于钢筋混凝土梁的作用。如图3-5-38所示。

图3-5-38 格栅钢架的加工制作

施工要点如下:

(1)钢架宜选用钢筋、型钢、钢轨等制成。格栅钢架的主筋直径不宜小于18mm。

(2)为防止钢架下沉,安装前应清除底脚下的虚渣和杂物。钢架安装的允许偏差:横向和高程为±5cm,垂直度为±2°。

(3)钢架应在开挖或喷混凝土后及时架设,可在开挖面人工进行,各节钢架之间宜用螺栓、钢板连接。如图3-5-39、图3-5-40所示。

图3-5-39 格栅钢架的节与节的连接　　图3-5-40 格栅钢架的安装

(4)钢架应与混凝土形成一体,钢架与围岩间的空隙必须用喷射混凝土充填密实。钢架应全部被喷射混凝土覆盖,保护层厚度不得小于40mm。

六、超前支护和预加固处理

隧道在开挖后,自稳时间小于完成支护所需时间的地段,应根据围岩情况、开挖方式、进度要求、机械配套情况,选择以下一种或几种措施进行超前支护和预加固处理。

1. 超前锚杆

超前锚杆是指沿开挖轮廓线,以一定的外插角,向开挖面前方钻孔安装锚杆,形成对前方围岩的预锚固,在提前形成的围岩锚固圈的保护下进行开挖等作业,如图3-5-41所示。

当围岩自稳时间小于24h时,必须采用先超前支护后开挖的措施,通常是采用超前锚杆支护。

其材料要求、施工方法同一般的锚杆,另需注意:

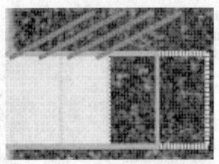 

图 3-5-41　超前锚杆

(1) 一般超前长度应大于循环进尺的 2 倍，而 YT-28 风钻只能打 3.5m 深孔，所以超前锚杆的长度通常为 3.5m；环向间距采用 0.3~1.0m，外插角宜为 10°~20°；纵向两排锚杆应有 1m 以上的搭接。

(2) 超前锚杆宜用早强砂浆全长黏结式锚杆，材料可用镇静不小于 $\phi 22$mm 的螺纹钢筋。

(3) 超前锚杆的尾端尽可能多的与系统锚杆、钢筋网、格栅钢架焊连，以形成整体的刚架效应。

2. 超前注浆小导管

在开挖前，沿坑道周边，向前方围岩钻孔并安装带孔小导管，或直接打入带孔小导管，并通过小导管向围岩压注起胶结作用的浆液，待浆液硬化后，坑道周围围岩体就形成了有一定的加固圈，如图 3-5-42 所示。

图 3-5-42　超前注浆小导管

若小导管前端焊一个简易钻头，则可钻孔、插管一次完成，就成为上面所讲的自进式注浆锚杆。其施工要点如下：

(1) 小导管一般采用 $\phi 42$mm 的焊接管或无缝钢管制作，长度宜为 3.5m，前端做成尖锥形，前段管壁上每隔 10~20cm 交错钻眼孔，眼孔直径宜为 6~8mm，如图 3-5-43 所示。

 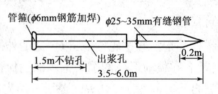

图 3-5-43　小导管

(2)小导管环向间距一般为35~50cm,外插角应控制在3°~15°之间。小导管纵向搭接长度一般为1m。

(3)小导管插入后外露一定长度,以便连接注浆管,并用塑胶泥将导管周围孔隙封堵密实。

(4)一般对于无水的松散地层,宜优先选用单液水泥浆,水灰比可采用1:1;对于有水的地层,则宜选用水泥—水玻璃双液浆,水玻璃浓度一般为40°Be′,水泥与水玻璃的体积比宜为1:1。

(5)注浆压力一般为0.5MPa左右。要控制注浆量,即每根导管内已达到规定量时就可结束。

(6)小导管钻孔安装前,应对开挖面及5m范围内的坑道喷射5~10cm厚的混凝土,作为止浆墙。止浆墙的作用是封闭工作面,以防浆液从工作面流出。如图3-5-44所示。

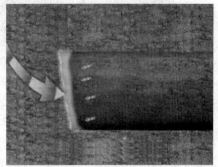

图3-5-44 止浆墙

小知识:水玻璃

南方多称水玻璃,北方多称泡花碱,有钠水玻璃和钾水玻璃两种,主要成分为硅酸钠或硅酸钾,其分子式分别为$Na_2O \cdot nSiO_2$和$K_2O \cdot nSiO_2$,式中的系数n称为水玻璃模数,是水玻璃的重要参数,一般在1.5~3.5之间。

水玻璃模数n越大,固体水玻璃越难溶于水,n为1时常温水即能溶解,n加大时需热水才能溶解,n大于3时需4个大气压以上的蒸汽才能溶解。水玻璃模数越大,氧化硅含量越多,水玻璃黏度增大,易于分解硬化,黏结力增大。

水玻璃有液体和固体两种状态,如图3-5-45、图3-5-46所示。固体为无色、略带色的透明或半透明玻璃块状体。

图3-5-45 液体水玻璃

图3-5-46 固体水玻璃

3.管棚

管棚是指利用钢拱架沿开挖轮廓线以较小的外插角,向开挖面前方打入钢管构成的棚架来形成对开挖面前方围岩的预支护,如图3-5-47~图3-5-49所示。

因为管棚的长度一般比较大,所以外插角不能像超前锚杆、小导管的那么大。另外,它所用的钢管直径也都比较大。

采用长度小于10m的钢管,称为短管棚;采用长度为10~45m且较粗的钢管,称为长管棚。

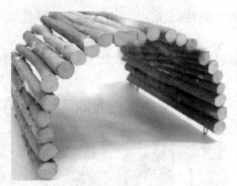
图 3-5-47　管棚示意图

图 3-5-48　管棚(洞口)

设计和施工要点如下：

(1)长管棚长度不宜小于 10m，一般为 10～45m，管径 70～180mm，孔径比管径大 20～30mm，环向间距 0.2～0.8m，外插角 1°～2°。

(2)两组管棚间的纵向搭接长度应大于 3m。钢拱架常常采用工字钢拱架或格栅钢架。

(3)钢管不得侵入开挖轮廓线，第一节钢管前端要加工成尖锥状，以利导向插入。要打一眼，装一管，由上而下顺序安装。

(4)长钢管应采用 4～6m 的管节逐段接长，打入一节后，再连接后一节。连接头应采用厚壁管箍，上满丝扣，丝扣长度不小于 15cm。为保证受力均匀，钢管接头在纵向上应相互错开。

(5)当需增加管棚刚度时，可在安装好的钢管内注入水泥砂浆。一般在第一节钢管的前端管壁上交错钻孔若干，以利排气和出浆。

管棚施工技术复杂，精度要求高，速度较慢，纵向搭接设置第二排管棚的难度较大，在特殊地段，通过长度小于 50m 的不良地层时可以采用，造价较高。

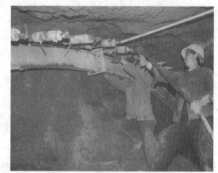
图 3-5-49　管棚(洞内)

管棚的施工多用钻机钻孔，如图 3-5-50、图 3-5-51 所示。钻孔时有设套管钻孔和不设套管钻孔，设套管钻孔的精度较高。

图 3-5-50　钻机

图 3-5-51　钻孔

有些土质地层则不用钻孔，而是直接将钢管顶入，又叫夯管。此种多用在处理塌方及山岭隧道通过松软地层等，要求精度不高地段，因其导向很难控制，多配合注浆进行加固。

4. 超前注浆

超前注浆即在隧道开挖前,为了固结围岩,填充空隙或堵水而预先进行的深孔注浆,注浆后即可形成较大范围的筒状封闭加固区。常用的注浆工艺有以下三种:

(1)分段前进式注浆:是从工作面钻孔至含水层开始,钻一段孔,注一段浆,反复交替进行,直至通过含水层。

(2)全孔一次性注浆:是将注浆孔打到终孔位置后,全孔一次性注浆,这种方式一次钻孔,一次完成注浆工作,用于含水层厚度不大、裂隙比较均匀的情况。

(3)分段后退式注浆:是注浆孔一次钻到最终位置,使用止浆塞从最前方向后退逐段注浆,优点是无复钻过程,可以加快注浆速度,缩短工期,用于含水层较弱、裂隙不很发育的坚硬岩层中。

深孔预注浆一般可超前开挖面30~50m,形成有相当厚度和较长区段的筒状加固区,从而使堵水的效果更好,也使得注浆作业次数减少,它更适用于地下水丰富的地层中。如图3-5-52、图3-5-53所示。

图3-5-52 注浆示意

图3-5-53 开挖面预注浆

如果隧道埋深浅,则可进行地表超前注浆(图3-5-54);对于深埋隧道,可利用平行导坑对正洞进行预注浆(图3-5-55);无条件时,可进行洞内超前注浆(图3-5-56),但这样与洞内施工有干扰。

施工要点如下:

图3-5-54 地表超前注浆

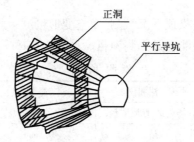
图3-5-55 平导超前注浆

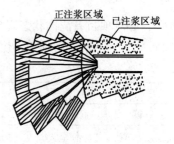
图3-5-56 洞内超前注浆

(1)深孔注浆时,孔内可用注浆管或不用;分段式注浆时,则需用注浆管。注浆管一般采用带孔眼的钢管或塑料管;将止浆塞固定在注浆管设计位置,一起放入钻孔,然后用压缩空气或注浆压力使其膨胀,其作用是堵塞注浆管与钻孔之间的空隙。

(2)注浆顺序:应先上方后下方,或先内圈后外圈,先无水孔后有水孔。

(3)结束条件:应根据注浆压力和单孔注浆量两个指标来判断确定,单孔结束注浆的条件是注浆压力达到设计终压,浆液注入量已达到计算值的80%。

注浆及其检查见图3-5-57、图3-5-58。

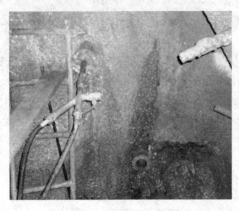

图 3-5-57　正在注浆

图 3-5-58　注浆检查

第六节　监控量测

量测是对围岩动态监控的重要手段,是新奥法的重要组成部分。如果不进行量测,不根据量测修改设计及施工,即使采用了控制爆破、喷锚支护、二次衬砌等施工技术,也不能算是新奥法。

隧道开挖过程中使用各种类型的仪表和工具,对围岩和支护、衬砌的力学行为进行观察,并对其稳定性进行评价,统统称为监控量测,简称量测。

监控量测应提供二次衬砌合理的施作时间。

一、量测项目分类

量测项目分为必测项目和选测项目。

1. 必测项目——A类量测

必测项目有洞内状态观察、拱顶下沉量测、净空变形量测。此三项对各级围岩均属必测项目。对于浅埋隧道,地表下沉量测也是必测项目。见表3-6-1。

必 测 项 目　　　　　　　　　　　表3-6-1

序号	监测项目	测试方法和仪表	测试精度	备注
1	洞内状态观察	现场观察、地质罗盘		
2	净空变化	收敛计	0.1mm	一般进行水平收敛
3	拱顶下沉	水准仪、钢尺	1mm	
4	地表下沉	水准仪、塔尺	1mm	浅埋隧道必测

注:浅埋隧道 $H_0 \leqslant 2b$, H_0 为隧道的埋深,b 为隧道宽度。

2. 选测项目——B类量测

选测项目应根据工程规模、地质条件、隧道埋深、开挖方法及其他特殊要求,有选择地进行。见表3-6-2。

选 测 项 目   表3-6-2

序号	监测项目	测试方法和仪表	测试精度	备注
1	隧底隆起	水准仪、塔尺	1mm	
2	围岩内部位移	位移计	0.1mm	
3	围岩压力	压力盒	0.001MPa	
4	二次衬砌接触压力	压力盒	0.001MPa	
5	钢架受力	钢筋计	0.1MPa	
6	喷混凝土受力	混凝土应变计	$10\mu\varepsilon$	
7	锚杆体应力	钢筋计	0.1MPa	
8	二次衬砌内应力	混凝土应变计	$10\mu\varepsilon$	
9	爆破震动观察	爆破震动记录仪		临近建筑物

二、量测的主要内容和方法

1. 洞内状态观察

此项工作主要是以肉眼对开挖地段和支护地段进行观察,并做好记录,依此来直接判断围岩的级别、隧道的稳定性和支护结构的合理性。

(1) 未支护地段的观察内容

①围岩级别及分布状态,节理、裂隙发育程度和方向性,裂隙内充填物的性质和状态等。

②工作面的稳定状态,顶部有无剥落现象等。

③是否有涌水,水量大小、位置和压力等。

(2) 已支护地段的观察内容

①有无锚杆被拉断或垫板陷入围岩内部的现象。

②喷射混凝土是否产生裂缝或剥离,钢拱架有无被压屈的现象,隧道底部是否有底鼓现象。

③锚杆注浆质量、喷射混凝土施工质量是否达到规定要求。

洞内状态观察是直接判断围岩级别、隧道稳定性和支护结构合理性的重要手段。已施工地段的观察至少每天应进行一次。观察中,如果发现异常现象,要详细记录其时间、地点,并采取相应的措施,确保施工安全。

2. 拱顶下沉量测

拱顶下沉量测,即测出拱顶的绝对下沉量。

由已知高程的水准点,使用精密水准仪,就可观察出拱顶点的下沉量随时间的变化情况,如图3-6-1所示。

地表下沉和隧道底鼓也是用此法观察。

(1) 测量仪器和测点布置

拱顶下沉量测一般用水准测量的方法,观察仪器要用精密水准仪,又因拱部一般较高,常常用钢尺代替塔尺。

一般是在隧道开挖后的洞内拱顶布点,原则上测点应设在拱顶的中心点,如果风管妨碍测

图 3-6-1　拱顶下沉量测

量工作,也可将测点设于拱顶中心点之外。

在现场,测点一般是埋设废、短钢筋头。

(2) 测点间距

拱顶下沉量测与净空变形量测原则上设置在同一断面进行。其量测的间距一般为:Ⅱ级围岩 150m,Ⅲ级围岩 100m,Ⅳ级围岩 50m,Ⅴ、Ⅵ级围岩 20m;洞口附近及施工初期的测点间距应适当缩短,一般为 10～20m。

(3) 量测频率

越"新鲜"的点,量测频率应越大。见表 3-6-3。

拱顶下沉与净空变形量测频率　　　　　　　　表 3-6-3

开挖后天数(d)	距开挖面距离(m)	量测频率(次/d)
0～5	(0～1)D	2
6～15	(1～3)D	1
16～30	(3～5)D	1
31d 以后	>5D	1

注:D 为隧道的跨度,单位为 m。

(4) 数据整理

根据量测资料应绘制出下沉量随时间变化的曲线、下沉速度随时间变化的曲线、下沉量与开挖面之间距离关系的曲线。

3. 净空变形量测

净空变形量测,即测出隧道周边相对方向两个固定点连线上的相对位移值。它可给出判断围岩动态最直观和最重要的量测信息。

(1) 测量仪器

净空变形一般采用收敛计进行量测。目前国内使用的收敛计种类很多,但应用最广泛的是弹簧式收敛计,以前是读数的,现在已有数显的。如图 3-6-2 所示。

(2) 量测方法

用收敛计测净空变形的原理是:采用一根在弹簧作用下被拉紧的钢尺,通过百分表读出隧道周边两测点间的距离,从而计算出两测点连线方向上的相对位移值,如图 3-6-3 所示。

具体方法如下:

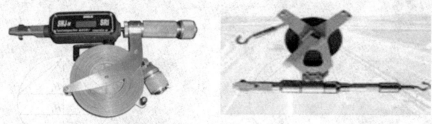

图 3-6-2　收敛计

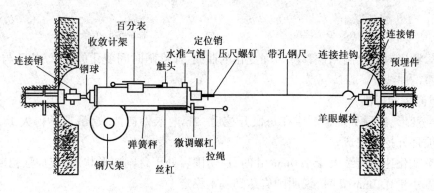

图 3-6-3　弹簧式收敛计示意图

①先在隧道周边围岩表面凿两个孔,在孔内填塞水泥砂浆后插入测杆作为今后量测的基准点,设置时尽量使两测杆轴线在连线方向上。

②将收敛计架和钢尺一端分别用销子连接到两测杆端头上,安装好收敛计。

③摇动手柄至合适刻度测,重复测试 3 次,取其平均值作为初始观察值 R_0。

④经过一定时间后,重复上述步骤测其观察值,并取其平均值 R_t。

则这段时间内的收敛值为:

$$U_t = R_t - R_0$$

净空变形量测如图 3-6-4 所示。

图 3-6-4　净空变形量测

(3)测线布置

净空变形量测的测线布置原则是:围岩越好,测线越少;围岩越差,测线越多。一般视围岩条件,可选 1 条、2 条或 3 条,最多选 6 条测线,如图 3-6-5、图 3-6-6 所示。

拱顶下沉量测的测点,一般可与净空变形量测的测点共用,这样既减少了安设工作量,更重要的是使测点统一,测试结果可以互相校验。

(4)数据整理

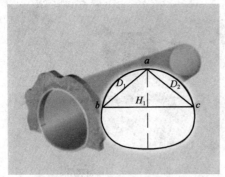
图 3-6-5　3 条测线

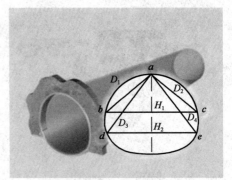
图 3-6-6　6 条测线

根据量测资料应绘制出位移随时间变化的曲线、速度随时间变化的曲线、位移与开挖面之间距离关系的曲线。

(5)量测控制标准

①净空变形、拱顶下沉量测应在每次开挖后 12h 内取得初读数,最迟不得大于 24h,且必须在下一循环开挖前完成。

②净空变化速度持续大于 1.0mm/d 时,说明围岩处于急剧变形状态,应加强初期支护;净空变化速度小于 0.2mm/d 时,说明围岩达到基本稳定。

③待围岩达到基本稳定,再以 1 次/7d 的量测频率测 2~3 周后,可结束量测。

④对于膨胀性、流变性围岩,位移长期没有减缓趋势,应适当延长量测时间,直到位移速率小于 0.5mm/d 时,方可结束量测。

4. 地表下沉量测

浅埋隧道或隧道的浅埋段,多为土质或软弱围岩,一般会产生较大的地表下沉。为了评判隧道的围岩稳定性和支护效果,地表下沉量测尤为重要,是必不可少的必测项目。特别对于城市地区隧道,地表下沉量测为主要项目。

地表下沉量测方法与拱顶下沉量测的方法一样,均是水准测量的方法。

地表下沉量测范围按下式计算:

$$D = B + 2h\tan(45° - \varphi/2)$$

式中:D——开挖影响范围;

　　B——隧道开挖宽度;

　　h——隧道开挖高度;

　　φ——围岩内摩擦角。

5. 围岩内部位移

围岩内部各点的位移同隧道周边位移一样,也是围岩动态的表现。它不仅反映了围岩内部的松弛程度,而且更能反映围岩松弛范围的大小,这也是判断围岩稳定性的一个重要参考指标。

围岩内部位移属于选测项目,所用仪器为位移计,位移的单位为长度单位,其量测精度为 0.1mm,如图 3-6-7 所示。

在实际量测工作中,先是向围岩钻孔,然后用位移计量测钻孔内即围岩内部各点相对于孔口一点的相对位移。

6. 锚杆杆体受力、钢拱架受力

锚杆、钢拱架的工作状态好坏主要以其受力后的应力—应变来反映。

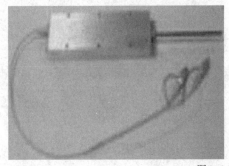 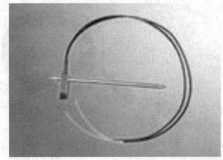

图 3-6-7　位移计

锚杆杆体受力、钢拱架受力(图 3-6-8)都属于选测项目。量测仪器:钢筋计,应力的单位为 MPa,其量测精度为 0.1MPa,如图 3-6-9 所示。

图 3-6-8　钢拱架受力

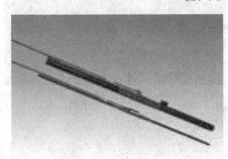 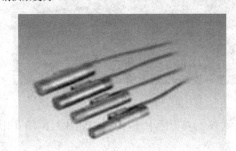

图 3-6-9　钢筋计

实际量测工作中,采用与设计锚杆、钢拱架强度相等,且刚度基本相等的各式钢筋计来观察锚杆的应力—应变。

7. 围岩压力量测

喷射混凝土或模筑混凝土与围岩之间的接触应力大小,既反映了支护的工作状态,又反映了围岩施加于支护的压力情况。围岩压力量测属于选测项目,按其获得压力的方法,可分为直接量测法和间接量测法。

(1)直接量测法

直接量测法是指采用各种压力盒量测作用在衬砌或支护结构上的压力方法。该方法主要是利用各种土压力盒,将其置于衬砌与围岩之间,使二者之间的压力由压力盒上直接读出来。如图 3-6-10 ～ 图 3-6-12 所示。

量测仪器:压力盒,压力的单位为 MPa,其量测精度为 0.001MPa。

图 3-6-10　压力盒

压力盒其实就是一种土压力传感器，有电阻式、电容式、电压式及振弦式等形式。其中振弦式压力盒是电测压力盒中最普遍的一种。

(2) 间接量测法

间接量测法是指通过对衬砌或支护及围岩的应力或应变的量测来推算围岩压力的方法。

①内部埋设法：这种方法是衬砌或支护施工时，先将测量应变的元件埋设在支护与围岩之间，以测出支护内外表面的应变变化，进而反推出围岩压力。

图 3-6-11　压力盒埋设　　　　　　　　图 3-6-12　压力量测

量测仪器：应变计、应力计，如图 3-6-13 和图 3-6-14 所示。

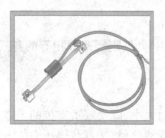
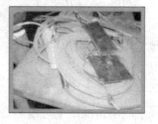

图 3-6-13　应变计　　　　　　　　　图 3-6-14　应力计

②电测锚杆法：电测锚杆是一种特制的空心锚杆，在其内部贴有应变元件。在隧道施工中，可将其锚固在围岩中，随围岩的变形而变形，通过应变元件测出这种变形，依此来推算围岩压力。如图 3-6-15 所示。

随着全站仪的发展，现代隧道量测技术也在更新，因为全站仪可以测出空间一点三维坐标,不用钢尺和塔尺,所以又称无尺量测。如图 3-3-16 所示。

图 3-6-15　电测锚杆　　　　　　　图 3-6-16　全站仪无尺量测

第七节　防排水施工

高速铁路隧道要求二次衬砌表面无湿渍,即符合《地下工程防水技术规范》(GB 50108)规定的一级防水标准。通常在复合式衬砌中设防水板,用防水混凝土灌注二次衬砌,施工缝和变形缝中设止水带。

一、隧道防水施工流程

隧道防水施工流程见图 3-7-1。

图 3-7-1　隧道防水施工流程

二、防水板施工

对于按新奥法设计和施工的隧道,在初期支护与二次衬砌之间铺设土工布、防水板,如图 3-7-2、图 3-7-3 所示,不仅可以达到防水的目的,而且可以减小喷射混凝土的初期支护和模筑混凝土的二次衬砌之间的剪力,防止它们互相拉裂。变形缝、施工缝处应采用止水带、止水条等材料防水。

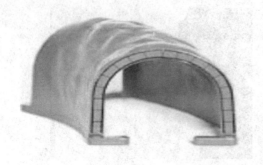

图3-7-2 防水板示意

图3-7-3 土工布与防水板

1. 基面处理

（1）喷射混凝土基面应平整，2mm直尺检查平整度允许偏差为100mm。钢筋头、锚杆等尖锐物应切除锤平，并用砂浆抹成圆曲面，如图3-7-4和图3-7-5所示。

图3-7-4 切除钢筋头

图3-7-5 砂浆抹成圆曲面

（2）隧道断面变化或突然转弯时，阴角应抹成半径大于10cm的圆弧，阳角应抹成半径大于5cm的圆弧，如图3-7-6所示。

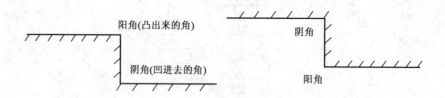

图3-7-6 阳角和阴角

（3）检查各种预埋件是否完好，喷射混凝土强度要达到设计要求。

2. 缓冲层的铺设

常用的缓冲层材料主要是土工布，又称无纺布。顾名思义，缓冲就是防止防水塑料板被喷射混凝土表面的不平整所伤害。

无纺布就是不经过纺织的布，多采用聚丙烯粒料为原料，经高温熔融、喷丝、铺纲、热压、卷取生产而成，因具有布的外观和某些性能而称其为布，虽为布而不经纺织故称其为无纺布。

（1）将土工布的中心线同隧道中心线对齐，由拱顶向两侧铺设。

（2）采用与防水板同材质的 ϕ80mm 专用塑料垫圈压在土工布上，使用射钉枪和射钉进行锚固，如图 3-7-7 所示。

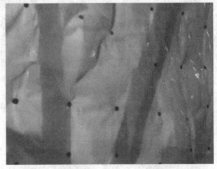

图 3-7-7　土工布的锚固

锚固点应垂直基面，呈梅花形布置。锚固点间距：拱部为 0.5m，边墙为 1m，凹凸处应适当增加锚固点。土工布缝搭接宽度不小于 5cm。

3. 防水板的铺设

防水板的材料种类很多，目前用的主要有：

（1）LDPE 膜——聚乙烯。其特点是抗拉强度大，比较柔软，易于施工，价格低，且电绝缘性好，耐酸碱，但不耐阳光照射。厚度一般为 0.8mm。

（2）EVA 膜——乙烯、醋酸乙烯的共聚物。

（3）EBC 板——乙烯、醋酸乙烯、沥青的共聚物。厚度一般为 1.0～2.0mm。

图 3-7-8　防水卷材

因防水板都是成卷供应，像卖布一样，所以它们又被称为防水卷材，如图 3-7-8 所示。

防水板的铺设应采用无钉铺设工艺，如图 3-7-9 所示。无钉铺设，即先将与防水板同材质的 ϕ80mm 专用塑料垫圈压在土工布上，使用射钉将土工布固定在喷混凝土基面上，然后将防水板热焊粘贴在垫圈（图 3-7-10）上。无钉的意思是防水板上没有钉孔。

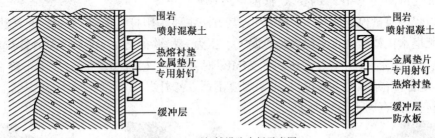

图 3-7-9　无钉铺设防水板示意图

但是，称该法为暗钉铺设法似乎更加合适。其要点如下：

（1）防水板需环向铺设，相邻两幅接缝错开。

（2）防水板铺设应自上而下进行，铺设时应留出足够的富余，以防止浇注混凝土衬砌时因防水板绷得太紧而拉坏防水板。

（3）在检查焊接质量时，严禁在加热的情况下进行，更不能用手撕。

（4）防水板铺设可采用自制的作业台架进行，如图 3-7-11 所示。

图 3-7-10 防水板焊在垫圈上

图 3-7-11 自制的作业台架

图 3-7-12 防水板焊接

4. 防水板搭接

防水板通常是采用自动爬行热合机双焊缝焊接在热融的塑料垫圈表面,如图 3-7-12 所示。

焊接防水板时,要严格掌握焊接速度、焊接时间,防止过焊或焊穿防水材料。防水板之间的搭接宽度为 10cm,双焊缝的每条焊缝宽 1cm,两条焊缝间留不小于 1.5cm 的空腔作充气检查用,焊缝处不允许有露焊、假焊,凡烤焦、焊穿处必须用同种材料片补焊。

5. 防水板质量检查

防水板厚度≥1.2mm,幅宽≥2m,断裂抗拉强度≥18MPa,撕裂强度≥60kN/m,不透水性应满足 24h 无渗漏(0.3MPa)的要求,低温 -20℃下不开裂。

防水板焊接质量检查如图 3-7-13 所示,其方法主要是用打气筒、压力表做充气法检验,简易的可用肥皂水代替压力表来检查是否漏气。压力表检验的方法:将 5 号注射针与压力表连接,用打气筒进行充气,当压力表达到 0.25MPa 时停止充气,保持 15min,压力下降在 10% 以内,说明焊缝合格;如压力下降过快,说明焊缝不严。修补办法:用肥皂水涂在焊缝上,有气泡的地方重新补焊,直到不漏气为止。

图 3-7-13 防水板焊接质量检查

6. 混凝土施工时防水板的保护

底板防水层可使用细石混凝土保护；衬砌结构钢筋绑扎时不得划伤或戳穿防水板，钢筋头采用塑料帽保护，焊接钢筋时，用非燃物如石棉板隔离。

浇注混凝土时，振动棒不得接触防水层。

三、衬砌防水混凝土

隧道衬砌防水混凝土既是外力的承载结构，也是防水的最后一道防线，因此要求衬砌既要有足够的强度，还要具有一定的抗渗性。

电气化铁路隧道属于二级防水结构，普通铁路隧道为三级防水结构，但鉴于电气化铁路的日益增多，普通铁路隧道衬砌的防水等级亦提高到二级防水，即 P8。

P8 的含义是当衬砌背后的水压力为 0.8MPa，即 8 个大气压时，衬砌外表面不能出现渗漏现象。

防水混凝土一般都是在混凝土中掺减水剂、膨胀剂一类的外加剂形成的。有关防水混凝土的具体施工将在下一节讲解。

四、变形缝、施工缝的防水

变形缝、施工缝是防水的薄弱环节，因此必须按规范规定和设计要求认真施作。

施工缝是由于施工间隙造成的，因为用台车浇注衬砌时，一环接着一环施工，不可避免地会产生施工缝。

变形缝是由于考虑结构不均匀受力和混凝土结构胀缩而设置的允许变形的缝隙，有伸缩缝和沉降缝两种形式。

1. 防水材料

变形缝、施工缝所用的防水材料主要是止水条和止水带，目前种类较多，但安装方法大同小异。

止水条和止水带一般应设置在结构厚度的 1/2 处，也就是中间。

2. 止水带

止水带一般用于施工缝部位，为防止因混凝土施工未连续浇注而导致的隙缝，水见缝就会渗透，特别是地下水，有一定压力，因此在这些部位进行防水处理。

（1）止水带种类

按所用材料，可将止水带分为橡胶止水带（图 3-7-14）、塑料止水带（图 3-7-15）、钢边止水带（图 3-7-16）、钢板止水带（图 3-7-17）等。

一般水平向缝用钢板止水带，竖向缝用橡胶或塑料止水带，当然也不是固定的，应根据设计要求选用。

（2）止水带的安装

止水带的安装形式一般有两种：中埋式止水带和背贴式止水带。

①中埋式止水带。可用钢筋或模板对止水带进行定位。施工缝间隙止水带一般一半先浇注于混凝土中，另一半在二期施工中埋入混凝土内。

用钢筋固定时，需要在挡头模板上每隔 1.5m 左右钻孔，以用来穿钢筋，然后利用特制的 U 形钢筋卡卡住止水带，如图 3-7-18 所示。

用模板固定时，可利用两块挡头模板将止水带牢牢卡住，如图 3-7-19 和图 3-7-20 所示。

图 3-7-14　橡胶止水带

图 3-7-15　塑料止水带

图 3-7-16　钢边止水带

图 3-7-17　钢板止水带

a) 钢筋卡穿过模板　　　　b) 拆模板后将钢筋卡弯好

图 3-7-18　用钢筋卡固定止水带

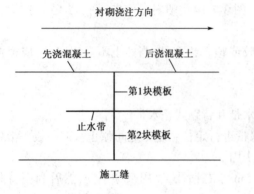

图 3-7-19　用挡头模板固定止水带

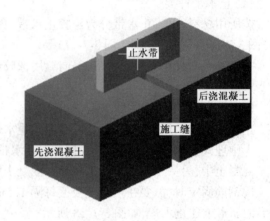

图 3-7-20　止水带安装示意

因此,不管用什么方法,止水带固定必须可靠,避免发生移位。二期混凝土施工前,另一半止水带应注意保护。止水带不得打孔或用铁钉固定。

拆模板和进行施工缝凿毛处理时,应仔细保护止水带,以防被破坏;后施工的结构混凝土灌注前,必须对止水带加以清洗。

在浇注混凝土的过程中,应注意捣浇压力和方法,以避免混凝土中尖角石子和锐利的钢筋刺破止水带。

②背贴式止水带。背贴式止水带设置在衬砌结构施工缝、变形缝的外侧,紧靠防水板,而不是在衬砌厚度的中间。如果止水带的材质与防水板相同,则采用热焊机将止水带固定在防水板上;如设计为橡胶止水带时,则采用黏结法将其与防水板黏结。

3. 止水条

止水条一般为橡胶材料的,大多做成遇水微膨胀型,所以又叫遇水膨胀橡胶止水条,如图3-7-21所示。它应牢固地安装在缝表面或预留槽内,如图3-7-22所示。

图3-7-21　止水条

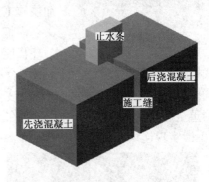
图3-7-22　止水条安装示意

(1)施工缝部位,在先浇混凝土施工之前埋设与膨胀止水条宽度、厚度尺寸相对应的"八"字形方木,一般宽度比膨胀止水条小2mm,深度为膨胀止水条厚度的一半。

(2)待混凝土凝结后剔出木方,将凹槽清洗干净,然后涂一层胶黏剂,将膨胀止水条嵌入槽内,并用钢钉固定。固定后可浇注后浇混凝土。

(3)止水条连接应采用搭接方法,搭接长度大于50mm,搭接头要用水泥钉钉牢。

(4)止水条应沿施工缝回路形成闭合回路,不得有断点。

橡胶止水带硬度(邵氏硬度A)为60度,抗拉强度≥15MPa,扯断伸长率≥380%,抗裂强度≥30kN/m;橡胶止水条硬度(邵氏硬度A)为45度,抗拉强度≥3.5MPa,扯断伸长率≥450%,体积膨胀率≥200%。

第八节　二次衬砌

在永久性隧道及地下工程中,常用的衬砌形式有整体式衬砌、复合式衬砌、喷锚衬砌三种。本节的二次衬砌施工主要指复合式二次衬砌。

一、二次衬砌施工方法

按照新奥法施工原则,二次衬砌是在围岩与初期支护基本稳定后施作的,要想知道围岩何时稳定,必须采用监控量测的手段。此时隧道已经成型,为保证衬砌施工质量,应按先仰拱、后墙拱,即由下到上的顺序连续灌注衬砌。

在隧道纵向,一般按照台车的长度,分段进行衬砌施工,分段长度一般为9m或12m。

二、模板台车的类型

常用的模板台车类型有整体式、穿行式及组合台架式。

1. 整体式

整体式模板台车(图3-8-1),主要由大块钢模板、机械或液压脱模装置(图3-8-2)、背附式振捣器等设备组成,在轨道上走行(图3-8-3)。

整体式模板台车有自行的,也可以由别的动力牵引走行。因此,可以缩短立模时间,墙拱一次性连续灌注,加快施工速度。

模板台车的长度即一次模筑衬砌的长度,现场称为一环长度,大多是9m或12m两种。

图3-8-1 整体式模板台车

整体式模板台车的生产能力大,一般配合混凝土输送泵联合作业,是较先进的模板设备。

整体式模板台车只有一套模板,与移动装置固定在一起,在台车就位灌注完混凝土后,混凝土衬砌的重量一直由整个台车承担,只有在经过一般为12h的养护后,才能脱模进行下一循环的衬砌,不能实现连续作业。

图3-8-2 液压脱模装置

2. 穿行式

穿行式模板台车(图3-8-4)是将走行机构与整体模板分离,因此一套走行机构可以配备3~4套模板,如图3-8-5所示。

穿行式模板台车在灌注完混凝土时,混凝土衬砌的重量是由模板承担,这时可以分开走行机构与模板,而再和另外的模板组合到一起,进行另一环衬砌。因为有数套模板,所以可以实现多段衬砌同时施作(图3-8-6),进而实现连续作业,可以大大提高衬砌速度。

图3-8-3 轨道上走行(自行)

因其衬砌速度很快,所以主要适用于开挖速度很快,也要求衬砌速度跟得上的场合。它主要与TBM相配套,如西康铁路秦岭隧道,首次采用TBM掘进配套此种台车衬砌,当时的衬砌速度是900m/月,这发生在1998年。

图3-8-4 穿行式模板台车

图3-8-5 穿行式模板台车的模板　　图3-8-6 穿行式模板台车施作衬砌

3. 组合台架式

组合台架式模板台车由墙架、拱架与很多小块钢模板组合而成,如图3-8-7所示。墙架、拱架现场是用型钢或钢筋加工成桁架的。

图3-8-7 组合台架式模板台车

组合台架式模板台车所用模板大多采用厂制定型钢模板,其厚度均为5.5cm,宽度有10cm、15cm、20cm、25cm、30cm,长度有90cm、120cm、150cm等。

因其安装架设较费时费力,故生产能力较以上两种模板台车低。它主要用在中小型隧道,传统矿山法隧道中大多用此,现已很少见。

除以上所讲的台车外,尚需提一下:有衬砌仰拱专门用的模板,如图3-8-8所示;在台车端部的模板叫挡头板,也叫堵头板,简称堵头号,如图3-8-9所示。

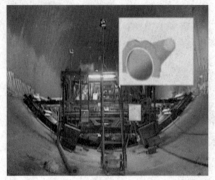
图 3-8-8　仰拱专用模板

图 3-8-9　挡头板

三、衬砌准备工作

1. 断面检查

根据隧道中线和水平测量,检查开挖断面是否符合设计要求,欠挖部分按规范要求进行修凿。墙脚地基应挖至设计高程,并清除废渣,排除积水,找平支承面。

2. 放线定位

根据隧道中线和水平、断面设计尺寸,测量确定衬砌立模位置,并放线定位。采用台车时,实际就是确定轨道的铺设位置,轨道中线应与隧道中线重合,误差不能大于 3cm。

施工误差量一般是考虑到放线测量误差和模板就位误差,为了保证衬砌净空尺寸,一般将衬砌内轮廓尺寸扩大 5cm。

3. 模板整备

使用组合台架式模板时,立模前应在洞外样台上将拱架和模板进行试拼,检查尺寸、形状,不符合要求的应予修整。

使用整体移动式模板台车时,应在洞外组装并调试好各机构的工作状态,检查好各部尺寸,保证进洞后投入正常使用,每次脱模后应予检修,配齐配件,模板表面要涂抹脱模剂,如图 3-8-10 和图 3-8-11 所示。

图 3-8-10　台车钢模板

图 3-8-11　涂抹脱模剂

4. 立模

当采用整体式移动模板台车时,其走行轨道应铺设稳定,轨枕间距要适当,道床要振捣密实,必要时可先施作隧道底板,防止过量下沉。

挡头模板应同样安装稳固,挡头板常用木板加工,现场拼铺,这主要是为了便于与围岩壁之间的缝隙嵌堵严密。

设有各种防水卷材、止水带时,应先行安装好,并注意挡头板不得损伤防水材料,以免影响防水效果。

5. 混凝土制备与运输

拌制混凝土时,原材料称量应采用自动计量,衡器应定期检定。由于洞内空间狭小,混凝土一般在洞外拌和楼拌好,如图 3-8-12 所示,最好用强制式搅拌机,混凝土搅拌要达到色泽一致后方可出料,拌和时间不应小于 3min。

图 3-8-12　混凝土拌和楼

混凝土采用拌和车运输,运输车辆有轮胎式(图 3-8-13)和轨道式(图 3-8-14)两种,运输过程中要避免出现离析(指混凝土砂浆与骨料分离)、漏浆,并要求浇筑时有良好的和易性。

图 3-8-13　轮胎式混凝土运输车　　　　　图 3-8-14　轨道式混凝土运输车

6. 混凝土灌注

混凝土灌注应尽量在围岩和初期支护基本稳定后进行,因为二次衬砌是作为安全储备而设计的。

混凝土运到洞内后,采用混凝土输送泵,通过胶皮软管经作业窗口输送入模(图 3-8-15),每层应有 4～5 个窗户,其净空不宜小于 45cm×45cm。施工前,应先用同等强度的水泥砂浆湿润管道,并将水泥砂浆摊铺到施工接茬面上,摊铺厚度 20～25mm,以促使施工缝处新旧混凝土有效结合。

如图 3-8-16 所示,混凝土泵送入模时,左右侧对称灌注,每一循环应连续灌注,以减少新旧混凝土接缝造成的渗漏现象。

为了控制混凝土的自由倾落高度,应将混凝土输送管接到离浇筑面不大于 2m 的位置,并随着模板内混凝土浇筑高度的上升而经常提升管口,模板台车和组合钢模板按作业窗口先下后上、由后向前有序进行,防止混凝土砂浆与骨料分离。

图 3-8-15　作业窗口

图 3-8-16　输送混凝土入模

边墙部位的混凝土采用高频振捣棒振捣。振捣棒(图 3-8-17)经由模板上面的作业窗口伸进去的,它应等距离地插入,均匀地捣实全部混凝土,插入点间距应小于振捣半径,避免漏振、欠振、超振,振捣时间宜为 10~30s,并严禁触及钢筋和模板。

拱顶部浇注混凝土时,采用附着式振捣器捣固。附着式振捣器(图 3-8-18)安装在台车的模板上,通过模板的振动来振动混凝土,混凝土的振捣时间宜为 10~30s,以混凝土表面开始出浆和不冒气泡为准。

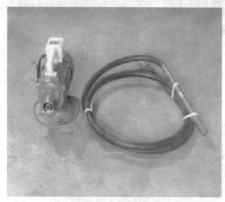
图 3-8-17　振捣棒

图 3-8-18　附着式振捣器

隧道拱顶混凝土灌注采用泵送挤压混凝土施工工艺,拱顶模板上一般设置三个封顶灌注孔,由后向前。为便于拱顶浇注混凝土,可在衬砌台车顶部加工一方便纵向移动的浇注平台车。

由于客观原因,拱顶混凝土往往会产生不密实、灌不满的情况,根据工程经验,可在拱顶最高位置贴近防水板面预埋注浆管。其目的,一是作为排气孔,排除拱部附近空气,减小泵送压力;二是通过灌注过程观察灌浆情况,检查混凝土饱满程度;三是作为注浆管,对二次衬砌实施回填注浆。

混凝土灌注完毕,待终凝后及时采用喷、洒水养护。由于模板台车不能及时拆除,初期养护洒水至模板表面和挡头板进行降温,待拆模后,对衬砌表面及时进行洒水养护,保持混凝土表面湿润,养护期不短于 14d,以防止混凝土在硬化期间产生干裂,形成渗水通道。

对于拆模时间的规定:在初期变形稳定后施作的,二次衬砌混凝土强度达到 8.0MPa 以上方可拆模;初期支护未稳定时施作的,二次衬砌混凝土强度达到设计强度的100%后方可拆模。

仰拱超前拱墙衬砌,其超前距离宜保持 3 倍以上衬砌循环作业长度;仰拱混凝土达到 5MPa 后行人方可通行,达到设计强度的100%后车辆方可通行;隧道仰拱每 500m 应采用同条件养护试件检测结构实体强度一次;仰拱混凝土应分段连续浇筑,一次成型,不留纵向施工缝。

第九节 辅助坑道

当隧道较长时,可选择设置适当的辅助坑道,如横洞、斜井、平行导坑等,用以增加施工工作面,实现长隧短打的目的,加快施工速度,改善施工条件,如排水和通风等。

因为它们只是在施工主要隧道时临时修建的,并不用来过火车或汽车,目的是为了更好、更快地建设主隧道,所以叫辅助坑道;而一般称主隧道为主洞或正洞。

所以,在无特殊要求时,辅助坑道的支护一般只要求能够保证施工期间的稳定和安全即可。

一、横洞

横洞是在隧道侧面修筑的与正洞相交的坑道。当隧道傍山沿河、侧向覆盖层较薄时,就可以考虑设置横洞。

横洞布置如图 3-9-1 所示。为便于车辆运输,与正洞相交处可用圆曲线相连。运输方式可采用无轨运输或有轨运输。但应注意,横洞纵坡因考虑到便于排水及重车下坡运输方便,有轨运输时应向外设 0.3%~0.6% 的下坡,以防洞外车溜进来。

一般情况下,横洞不长,故较经济,因此在地形条件允许时,宜优先考虑采用横洞来增辟工作面。

横洞与下洞的交角一般不小于 60°。交角太小,则锐角段围岩较易坍塌。斜交时最好朝向隧道主洞方向。

二、平行导坑

平行导坑是与隧道平行修筑的坑道,简称平导,如图 3-9-2 所示。对于长大越岭隧道,由于地形限制,无法选用横洞、竖井、斜井等辅助坑道时,为加快施工速度,便于超前地质勘察,可采用平导方案。如图 3-9-3 和图 3-9-4 所示。

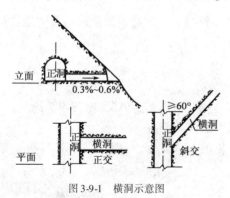

图 3-9-1 横洞示意图

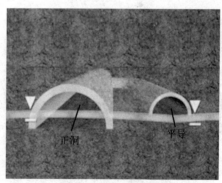

图 3-9-2 平行导坑示意图

1. 平导的作用

(1)平导超前正洞掘进,可进行超前地质勘察,充分掌握前方的地质状况。

(2)平导通过横通道与正洞联络,可以增加正洞工作面,这是其主要作用,从而加快施工速度,并且构成巷道式通风系统、排水系统、进料出渣系统。

(3)在测量上,平导还可以与正洞构成洞内测量导线网,提高隧道的测量精度。

2. 平导设计与施工要点

(1)平导的平面位置一般设于地下水来源的一侧,以利用平导截走地下水,使正洞干燥。

图 3-9-3 侯月铁路云台山隧道平导　　　　图 3-9-4 南昆铁路米花岭隧道平导

(2) 平导与正洞的净距一般约为 20m；平导底面高程应低于正洞底面高程 0.2~0.6m，以有利于正洞的排水和运输。

(3) 平导的纵坡原则上应与正洞一致，或向出洞方向设 0.3% 的下坡。

(4) 在平导与正洞之间，应每隔 120~180m 设一个横通道，以便于运输，为方便运输调车作业，每隔 3~4 个横通道设置一个反向横通道，如图 3-9-5 所示。

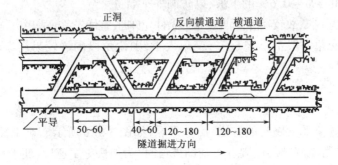

图 3-9-5 平导与正洞布置示意图（尺寸单位：m）

(5) 为更好地发挥平导增辟工作面的作用，以及利用平导超前预测正洞前方的地质情况，平导超前正洞的距离应在两个横通道间距以上，但也不宜过大，以减少平导施工通风的困难。

三、斜井

斜井是在隧道侧面上方开挖的与之相连的倾斜坑道，如图 3-9-6 和图 3-9-7 所示。当隧道洞身一侧有较开阔的山谷且覆盖层不太厚时，可考虑设置斜井。

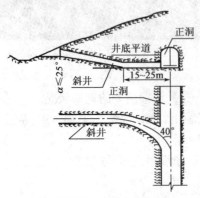

图 3-9-6 斜井示意图　　　　图 3-9-7 斜井实物图（送人班车）

当隧道埋深不大,地质条件较好,隧道侧面有沟谷等低洼地形时,可采用斜井作为辅助坑道。

斜井井口位置不应设在洪水淹没处。斜井仰角 α 的大小,主要考虑斜井长度及施工方便,一般以不大于 25°为宜,且井身不宜设变坡。

斜井与隧道中线的夹角不宜小于 40°,并在与隧道连接处宜用 15~25m 的井底平道相连,以便于运输作业和保证运输安全。井口场地通常设有向洞外的不小于 0.3% 的下坡,以防车辆溜向洞内造成事故,且有利于排水。

提升机械一般用卷扬机牵引斗车(图 3-9-8),坡度很小时亦可采用皮带输送或无轨运输(图 3-9-9),斜井内的轨道数视出渣量而定。

施工期间应做好井口防排水工程,严防洪水淹没隧道。卷扬机(图 3-9-10)牵引斗车时,需防止钢丝绳断裂或脱钩等事故。图 3-9-11 为卷扬机井架。

图 3-9-8 卷扬机牵引斗车

图 3-9-9 无轨运输

图 3-9-10 卷扬机

图 3-9-11 卷扬机井架

井口应设置安全木闸(图 3-9-12),在斗车出洞后及时安好安全木闸以防溜车。为防止斗车在坡道上因脱钩或钢丝绳断裂而下滑,可在斗车或坡道上设置止溜沟,以阻止斗车继续下滑。

图 3-9-12 安全木闸

也可以在斜井坡道终点或坡道中间适当位置设置安全缆绳(图 3-9-13),由专人负责看守,在斗车经过后,即在坑道的两侧岩壁间缆以钢丝绳,万一斗车脱钩也不致冲入井底车场而发生严重事故。

如果斜井的平面是曲线,而且用卷扬机提升斗车出渣,这时可用一种叫五花地滚的设施来实现转弯,如图 3-9-14 和图 3-9-15 所示。

图 3-9-13　安全缆绳

图 3-9-14　五花地滚

图 3-9-15　五花地滚帮助斗车转弯

四、竖井

对于覆盖层较薄的长隧道或在中间适当位置覆盖层不厚,具有提升设备,施工中又需增加工作面时,则可采用竖井增加工作面,如图 3-9-16 所示。

竖井可设在隧道一侧,与隧道的距离一般为 15～25m,或设置在隧道的正上方。竖井设置在隧道一侧时,施工安全、干扰少,但通风效果差;竖井设在隧道正上方时,通风效果好,不需另设水平通道,但施工干扰大,施工中不太安全。

竖井中应设置人行步梯(图 3-9-17),保障安全。

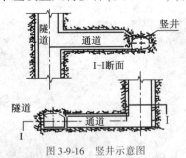
图 3-9-16　竖井示意图

图 3-9-17　人行步梯

竖井可采用人工开挖或下沉沉井的方法进行施工,如图 3-9-18 所示。施工中,在井口、井底需有必要的安全措施,以防施工时发生事故。井口要注意防洪,加强排水防洪设施。井口与井底间应设置联系用的通信信号设备。

图 3-9-18　竖井开挖示意图

此外,在有条件和必要时,可设置投料孔(即一种小断面简易竖井),用于向洞内投放砂、石材料或混凝土等。

第四章　土压平衡盾构

> **学习目标**
>
> 本章介绍了隧道施工中的四项主要辅助作业,即隧道施工通风与防尘、施工供水与排水、施工供电与照明、压缩空气供应。应重点掌握通风的种类和适用条件、通风计算方法和意义;了解压缩空气的作用,施工排水的种类和方法,施工供电与照明的意义。

在隧道施工中,将开挖、支护、出渣、衬砌称为基本作业。为基本作业提供必要的施工条件,并直接为基本作业服务的作业,称作辅助作业,其内容主要有施工通风与防尘、施工供水与排水、施工供电与照明、压缩空气供应等。

第一节　施工通风与防尘

一、施工通风

隧道施工中,凿岩、爆破、装运石渣、喷射混凝土等作业,不仅会产生大量的粉尘,而且炸药爆炸还会分解释放出大量的 CO、CO_2、NO_2、SO_2、H_2S 等有害气体;含煤地层中还有瓦斯等有害气体;洞内施工人员的呼吸要消耗氧气,呼出 CO_2 等。这些都导致洞内工作环境的空气恶化,降低了洞内施工效率,甚至会造成安全事故。因此,隧道施工时要采取通风措施,向洞内不断送入足够的新鲜空气,冲淡和更换洞内的有害气体,降低粉尘浓度和洞内温度。

因此,隧道施工通风的基本任务是:

(1)向施工区域的工作人员提供足够数量的新鲜空气。

(2)稀释和排除各种有毒、有害气体和矿岩粉尘,使其含量符合国家标准。

(3)改善施工地点的空气质量,使之能保持一定的温度和湿度,为施工人员创造良好的劳动气候条件。

隧道施工基本上是独头施工的巷道,独头巷道是指只有一个出入口的巷道。隧道一般都是从两端洞口向中间开挖,即使用斜井或竖井将长隧道分割短打的情况,各工区在没有贯通前都是独头巷道施工。

独头巷道不可能形成贯通风流。所以,其施工通风的特点,是必须用风管等设备,将污风与新风分开,构成通风回路,进行送风或排风。这种通风方式称风管式通风,是隧道施工通风方式的一种基本方式。

隧道施工的开挖工作面,是随着开挖进尺经常移动的。为向工作面提供新鲜空气,风管必须不断地接长,因而动力消耗逐渐增加,直至隧道贯通时,风管长度、动力消耗达到最大。

根据以往的经验,施工初期通风都不成问题,故引不起重视,发现通风不良时,已到了施工的中期或后期,这时进行改善就要牵涉既成的管路布置,可往往由于计划进度的要求,下不了决心。这是许多隧道施工现场通风效果不好的一个重要原因。因此,施工通风必须从开始就要抓紧、抓好。

隧道施工受许多因素的影响,施工方法、施工进度、机具和人员等是经常变化的。施工条件变化,通风就要及时调整,这也是施工通风的特点之一。为了给这种调整提供可能性,就要求在做通风设计时,留有富余量。

为确保良好的通风效果,必须要有保证安装质量和维护质量的管理措施与方法,把风管漏风减少到最小。长距离风管通风,为克服管网阻力,动力消耗是很大的,其用电量占整个用电量的50%,因此,做好施工通风有利于节能。

1. 施工作业环境

按照现行《铁路隧道施工规范》(TB 10204—2002)要求,洞内作业环境应符合下列卫生标准:

(1)洞内空气中含氧量不得少于20%,并保证洞内施工人员每人有$3m^3/min$的新鲜空气;当洞内采用内燃机作业时,供风量不宜小于$3m^3/(min \cdot kW)$。

瓦斯地段通风,应将新鲜空气送至开挖面,将开挖面附近的瓦斯含量稀释到1.0%以下,并用排风管将瓦斯气体排除到洞外。

(2)$1m^3$空气中含有10%以上的游离SiO_2的粉尘为2mg。

(3)有害气体最高容许浓度:CO为$30mg/m^3$,CO_2按体积记不得大于0.5%,氮氧化物(换算成NO_2)为$5mg/m^3$以下。

(4)洞内气温不得超过28℃,噪声不得大于90dB。

我国在隧道施工通风设计中,无论是排除炮烟还是内燃的废气,均以CO为对象。

2. 通风方式

隧道施工通风方式一般是指机械通风方式。自然通风方式对独头施工的巷道来说,其作用是很小的,不能满足需要。

隧道长度不足300m或离洞口100m范围地段或坑道贯通后的施工,一般无需通风设备,依靠洞内外温差(或高差)产生的空气对流形成自然通风,即可满足施工需要。

但对于长隧道或离洞口100m以上的施工面,依靠自然通风不能满足施工需要时必需采取机械通风。按照通风类型、通风机安装位置的不同,机械通风可分为风管式通风和巷道式通风。

1)风管式通风

此种通风形式的风流经由管道输送,可分为三种形式。

(1)压入式通风

如图4-1-1所示。开动风机,将洞外新鲜空气通过风管压送到工作面,而工作面的污浊空气沿巷道排出洞外,形成人为的空气对流,达到通风的目的。

对于长度在100~400m的独头巷道,一般一台风机即可满足要求。对于长度在400~800m的独头巷道,可用多台风机串联供风,此种方式最为常用。

(2)压出式通风

如图 4-1-2 所示。开动风机,将工作面的污浊空气经风管排出洞外,此时工作面处于低压状态,而洞外新鲜空气必然流向洞内,形成空气对流,达到通风的目的。

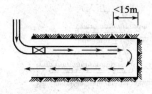

图 4-1-1 压入式通风

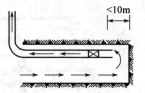

图 4-1-2 压出式通风

这种通风方式的特点为:巷道内空气新鲜而工作面附近空气污浊;风机离工作面距离较近时,易被爆破飞起的石块砸坏,而且随着开挖面向前推进,风机需要随时移动。

这种方式适用于长度在 400m 以内的独头巷道,但一般不单独使用,常用压入式风机配合组成混合式通风。

(3)混合式通风

如图 4-1-3 所示。该种通风形式布置两种风管,一种为压入式风管,向工作面压送新鲜空气;另一种为压出式风管,将污浊空气排出洞外。

这种通风方式的特点是:整个坑道及工作面的空气新鲜、可视度高,是施工现场常用的通风方式,适用于长度为 800~1000m 的独头巷道。

为了提高混合式通风效果,必须注意如下几个问题:

①压入和压出两台风机必须同时启动;

②压出风机的通风能力应比压入风机的大 20%~30%,以免污浊空气不能全部排出洞外。

③两个风机的位置布置最小要搭接 30m,以免在洞内形成风流短路;

④压入风机的风管端部与工作面间的距离应在风流有效射程之内,一般为 15~20m。

⑤压出风管出口端必须伸出洞口并弯向上侧,以免污浊空气回流进洞。

隧道全断面法施工,前后只有掘进、衬砌两个工序,干扰较少,净空较大,但放炮集中,一次爆破炸药用量多。为了在放炮后短时间即能进行正常作业,常采用混合式通风。

利用软风管通过衬砌台车进入工作面(图 4-1-4),目前长大隧道采用全断面法或半断面法的施工中,均采用大直径风管。

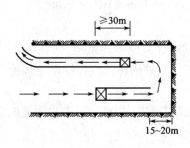

图 4-1-3 混合式通风

图 4-1-4 软风管通过衬砌台车

2）巷道式通风

设有平行导坑为辅助坑道的长大隧道,可布置成巷道式通风。它由主风流循环系统和局部风流循环系统相互配合而达到良好的通风目的,如图4-1-5所示。

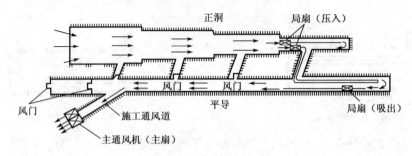

图4-1-5　巷道式通风

（1）主风流循环系统

利用平行导坑与正洞的横向联络通道作为风道,在平行导坑口侧面的风道口处设置主风机,又叫主扇,通风时关闭平行导坑的挡风门(图4-1-6)。

当主扇向外吸风时,平行导坑内产生负压,洞外新鲜空气就向洞内补充。由于平导口及各横通道的风门全部关闭,新鲜空气只能由正洞进入,直至最前端横通道,带动污浊气体经平导进入通风道排出洞外,形成循环风流。

以上形成以坑道为通风道的主风流循环系统,使主风流范围内的污浊空气很快被排出洞外。

挡风门是巷道式通风的关键之一,为此必须做到:不作运输的横通道应及时关闭挡风门,以减少风流损失,如图4-1-7所示。

图4-1-6　平行导坑的挡风门

图4-1-7　横通道挡风门关闭

（2）局部风流循环系统

正洞及平行导坑开挖作业区,必须配置风扇,以形成局部风流循环系统,如在图4-1-5中,正洞开挖作业区布置一台压入式风机,压入新鲜空气,工作面处的污浊气体即随主风流系统经横通道、平行导坑排出洞外。

为了提高平行导坑开挖作业区的通风效果,可布置成以压出式为主、压入式为辅的混合式通风。

3. 通风计算

通风计算的目的是选择风机,确定通风机型号和轴功率的主要依据是风量和风压。

(1)风量计算

①按洞内同时工作的最多人数所需要的风量 $Q(\mathrm{m}^3/\mathrm{min})$ 计算。

$$Q = kmq$$

式中：k——风量备用系数，取 $1.1\sim1.2$；

m——洞内同时工作的最多人数；

q——每人每分钟所需的新鲜空气量，通常取 $3\mathrm{m}^3/(人\cdot\min)$。

②按稀释洞内同时爆破采用的最多炸药量所产生的有害气体需要的风量 $Q(\mathrm{m}^3/\mathrm{min})$ 计算。

巷道式通风：

$$Q = \frac{5Ab}{t}$$

式中：A——洞内同时爆破的最多炸药量(kg)；

b——1kg 炸药折合成 CO 的体积，一般取 40L/kg；

t——通风时间(min)。

管道式通风：

压入式通风

$$Q = \frac{0.13}{t}\sqrt[3]{AS^2L^2}$$

式中：S——坑道的开挖断面面积(m^2)；

L——坑道的通风长度(m)；

其他符号含义同前，此式又称沃洛宁公式。

压出式通风

$$Q = \frac{0.3}{t}\sqrt{ASL_{散}}$$

式中：$L_{散}$——爆破后炮烟的抛掷距离(m)，如用电雷管起爆或塑料导爆管起爆，$L_{散}=15+A/5$；

其他符号含义同前。

③按冲淡内燃机产生的有害气体所需的风量 $Q(\mathrm{m}^3/\mathrm{min})$ 计算。

$$Q = NE$$

式中：N——洞内同时使用内燃机作业的总功率(kW)；

E——内燃机 1kW 所需的风量，可取 $3\mathrm{m}^3/(\min\cdot\mathrm{kW})$。

④按最小风速验算风量 $Q(\mathrm{m}^3/\mathrm{min})$。

$$Q = 60v_{\min}S_{\max}$$

式中：$v_{\min}$——保证洞内稳定风流的最小风速，全断面开挖时为 0.15m/s，导坑开挖时为 0.25m/s；

$S_{\max}$——开挖面的最大面积(m^2)。

按上述四种情况计算后，取其中最大者为计算风量。要求通风机提供的风量 $Q_{供}$($\mathrm{m}^3/\mathrm{min}$)为：

$$Q_{供} = PQ$$

式中：Q——计算所需风量；

P——管道漏风系数。

P 值与风管直径、长度、接头质量、风压、风管材料等因素有关，是一个大于 1 的系数，可按有关设计手册查用。

对于长距离通风，一般采用 PVC 塑料、拉链式软管(图 4-1-8)，管路直径大于 1m。

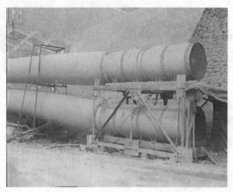 

图 4-1-8 PVC 塑料、拉链式软管

对于高山地区,由于压强的降低,供风量需要进行修正,即:

$$Q_{高} = 100 \frac{Q_{正}}{P_{高}}$$

式中:$Q_{高}$——高度修正后的供风量;
$Q_{正}$——正常条件下的供风量(m^3/min);
$P_{高}$——高山地区的大气压(kPa),见表 4-1-1。

海拔高度与大气压的关系 表 4-1-1

海拔高度(m)	1 500	2 000	2 500	3 000	3 500	4 000	4 500	5 000
大气压(kPa)	82.9	77.9	73.2	68.8	64.6	60.8	57.0	53.6

(2)风压的计算

在通风过程中,风流必须要有一定的风压,才能克服沿途的各种阻力,将风送到洞内,并保证具有一定的风速。因此,风压计算的目的就是要确定通风机本身应具备多大的压力,才能满足通风需要。

风流所受的阻力主要有摩擦阻力、局部阻力和正面阻力,即:

$$h_z \geq \sum h_{阻} = \sum h_{摩} + \sum h_{局} + \sum h_{正}$$

①摩擦阻力 $h_{摩}$(mmH_2O):

$$h_{摩} = \alpha \frac{Lu}{S^3} Q^2$$

式中:α——阻力系数,可查阅相关手册;
L——风管的长度(m);
u——风管的周长(m);
Q——所需的供风量(m_3/s);
S——风管的断面积(m^2)。

②局部阻力 $h_{局}$(mmH_2O)。局部阻力指的是当风流断面发生变化、分岔、拐弯时所产生的阻力。

$$h_{局} = \xi \frac{Q^2}{2gS^2}$$

式中:ξ——局部阻力系数,可查阅《铁路工程施工技术手册 隧道》;
其他符号含义同前。

③正面阻力 $h_{正}$(mmH_2O):

$$h_{正} = 0.0612\varphi \frac{S}{(S - S_m)^2}Q^2$$

式中：$h_{正}$——风流所遇到的正面阻力，它是由坑道中的斗车等阻塞物引起的，显然，只有在计算巷道式风压时，才需考虑；

φ——正面阻力系数，当斗车行走时，$\varphi = 1.15$，当斗车停放时 $\varphi = 0.5$，如两列车（或斗车）停放间距超过1m时，则逐一相加；

S_m——阻塞物最大迎风面积（m^2）。

小知识：

mmH$_2$O 是表示压强的一种办法，一个大气压为100kPa，相当于10 000mm 的水柱产生的压强。那么1mmH$_2$O 的水柱产生的压强约为10Pa。

4. 通风机的选择

根据所得的风量 $Q_{供}$ 及风压 $h_{总}$，计算应采用的通风机功率。

$$N_z = \frac{BQ_{供}h_z}{102\eta}$$

$$N_d = \frac{N_z B_1}{\eta_1}$$

式中：N_z——通风机的轴功率（kW）；

B——通风机的安全系数，取1.05；

η、η_1——通风机、电机的效率，取0.95；

N_d——电动机的功率（kW）；

B_1——电动机的安全系数，取1.15；

$Q_{供}$——计算供风量，注意此式中其单位应为 m^3/s。

通风机的类型，有轴流式和射流式两种，如图4-1-9和图4-1-10所示，隧道施工通风主要使用轴流式通风机。隧道机械通风中要求压头不高，所需风量大，轴流式通风机具有此种特点。轴流式通风机一般要和通风管一起使用，射流式通风机则不用通风管。

图4-1-9 轴流式通风机

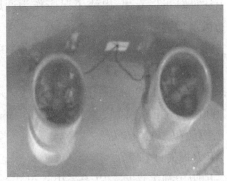

图4-1-10 射流式通风机

对于风管式通风，当管道较长，需要较高风压时，可将数台风机串联使用。对于巷道式通风，当需要较大风量时，可将数台风机并联使用。为方便记忆，可简述为"串压并量"。通风机应有备用，数量一般为计算能力的50%。

5. 通风管理

隧道施工通风要取得良好的效果，除合理选择通风设备外，还必须加强通风管理，并要求

做到以下几点:

(1)定期测试通风量、风速、风压,检查通风设备的供风能力和动力消耗。

(2)发现风管、风门、封闭的通道等处漏风时,必须立即堵塞。

(3)通风巷道中,避免停放闲置的车辆、堆积料具和废渣。

(4)采用平行导坑作通风巷道时,除最后一个横通道外,其余均应设置风门,通风时及时关闭风门。

6. 通风计算示例

京珠高速公路上的洋碰隧道左右线全长分别为2 053m、2 110m,右线出口独头掘进距离为各洞口中最长的,独头掘进1 290m。隧道通风断面面积为107m²。对洋碰隧道施工通风进行如下设计。

(1)风量计算

①根据同一时间洞内工作人数计算。同时在洞内工作人数按68人考虑,即$m=68$,则:

$$Q_1 = 1.5 \times 68 \times 3 = 306 \text{ m}^3/\text{min}$$

②按爆破工作确定风量,按沃洛宁公式进行计算。爆破施工中,每次炸药量以180kg计,换气长度以1 290m计,通风所需时间为15min,隧道通风截面面积为107 m²,则:

$$Q_2 = \frac{0.13}{15} \sqrt[3]{180 \times (107 \times 1\,290)^2} = 131 \text{ m}^3/\text{min}$$

③按最小风速计算。按稳定状态风流,最小风速取0.15 m/s,隧道最大开挖面积为125m²,则:

$$Q_3 = 0.15 \times 60 \times 125 = 1\,125 \text{ m}^3/\text{min}$$

④按内燃机所需风量计算。出渣工况为同时作业的内燃机械有履带式挖掘机(87kW)、轮式装载机(118 kW)、15t自卸汽车(191kW),出渣时安排3台15t汽车,洞内内燃机同步效率按65%考虑,则:

$$Q_4 = 3 \times 65\% \times (87 + 118 + 191 \times 3) = 1\,517 \text{ m}^3/\text{min}$$

从上述计算可以看出,出渣工况应作为通风量设计的控制工况。出渣时,洞内按20人计,则计算通风量应为:

$$Q = 1\,517 + 90 = 1\,607 \text{ m}^3/\text{min}$$

(2)通风方式、设备的拟定

考虑独头掘进1 290m,采用压入式通风。初步选用MFA125P-SCHS型通风机(动力规格22 kW、2000 m³/min)。风管采用直径150cm的拉链式软管,其单节风管长20m,周长为4.71m,断面面积为1.767 m²。

(3)阻力损失计算

①各种阻力损失计算。由于采用管道式通风,正面阻力损失不计,则:

$$h_{摩} = 0.000\,15 \times \frac{1\,290 \times 4.71}{1.763^3} \times \left(\frac{1\,607}{60}\right)^2 = 119 \text{ mmH}_2\text{O}$$

$$h_{局} = 2 \times 0.15 \times \frac{\left(\frac{1\,607}{60}\right)^2}{2 \times 9.8 \times 1.767^2} = 4 \text{ mmH}_2\text{O}$$

计算中,考虑两处弯管损失,则:

$$h_z = 123 \text{ mmH}_2\text{O}$$

②主管漏风系数。经查阅《铁路工程施工技术手册 隧道》得出主管漏风系数为1.027。

(4)供风量计算

$$Q_{供} = 1.027 \times 1607 = 1650 \text{ m}^3/\text{min}$$

(5)通风机的选型

根据计算 $Q_{供}$、通风系统的总阻力 h_z，计算通风机应采用的功率。

$$N_z = \frac{1.05 \times \left(\frac{1607}{60}\right) \times 123}{102 \times 0.95} = 36 \text{ kW}$$

$$N_d = \frac{36 \times 1.15}{0.95} = 44 \text{ kW}$$

(6)通风设计

通过上述计算,可知拟定的通风机电动机功率不能达到要求。实际施工中采用MFA125P-SCHS + MFA100P-SCHS 风机组,压入式布置；采用直径为150cm 的拉链式软管。通风布置如图 4-1-11 所示。

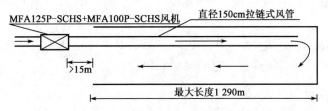

图 4-1-11　洋碰隧道出口右线通风布置示意图

二、防尘

在隧道施工中,凿岩、装渣、喷射混凝土等作业都有粉尘产生,特别是粒径小于 $10\mu\text{m}$ 的粉尘,极易被人吸入体内,或沉附于支气管内,或吸入肺泡而造成矽肺病。

为了使坑道内的含尘量降低到 2mg/m^3 以下,必须采取综合防尘措施,做到防尘"四化"：湿式凿岩标准化,机械通风正规化,喷雾洒水经常化,劳动保护普遍化。归纳起来有如下几个方面：

(1)采用湿式凿岩,用高压水冲洗孔眼使岩粉变成浆液流出。

(2)使用机械通风也是降低洞内粉尘浓度的重要手段。在主要作业(钻眼、装渣等)时间内,应始终开动风机保持机械通风。

(3)喷雾洒水不仅可以清除爆破、出渣所产生的粉尘,而且可溶解少量有害气体,并能降低坑道温度,使空气变得明净清爽。

(4)工作面作业人员在装渣前要先行喷雾洒水,冲洗工作面附近的岩壁,以防止粉尘扬起。

(5)工作人员应戴防尘口罩、闭目镜等劳动保护用品,防止粉尘吸入体内,这也是有效防尘方法之一。如图 4-1-12 和图 4-1-13 所示。

此外,喷射混凝土采用半湿式或湿式喷射作业,可减少或消除混合料在拌和、运送及喷射时所产生的粉尘。

图 4-1-12 防尘口罩

图 4-1-13 闭目镜

第二节 压缩空气的供应

隧道施工中的开挖、支护和衬砌三条主要作业线所采用的机械设备,均应向电气化、液压化、自动化方向发展。但在现阶段,以压缩空气为动力的风动机械设备仍广泛应用于隧道施工。

压缩空气俗称高压风,即经空气压缩机压缩后的具有一定压力的空气。要保证风动机械设备正常运转,压缩空气必须具有一定的风量和风压。

一、供风量的计算

空气压缩机一般简称空压机,空压机站应提供能满足各种风动机械设备正常运转及输送损耗所需要的风量。如图4-2-1 和图4-2-2 所示。

图 4-2-1 小型内燃式空气压缩机

图 4-2-2 大型电动式空气压缩机

供风量可根据下式计算:

$$Q = (1 + K_{备})(\sum qK + q_{漏})k_m$$

式中:$K_{备}$——空压机的备用系数,一般取 75% ~ 90%;

$\sum q$——风动机具所需的风量(m^3/min);

$q_{漏}$——管路及附件的漏耗损失,$q_{漏} = \alpha \sum L$;

α——每公里漏风量,平均为 $1.5 \sim 2.0 m^3/(min \cdot km)$;

$\sum L$——管路总长(km);

K——同时工作系数,见表4-2-1;

k_m——空压机所处海拔高度对空压机工作效率的影响系数,见表4-2-2。

根据计算的风量选择合适的储风罐。多台空压机同时工作时,一般采用相同的机器型号,以方便操作和维修。

同 时 工 作 系 数　　　　　　　　　4-2-1

机具类型	凿岩机		装渣机		锻钎机	
同时工作系数	1~10	11~30	1~2	3~4	1~2	3~4
K	0.85~1.00	0.75~0.85	0.75~1.0	0.50~0.70	0.75~1.0	0.50~0.65

海拔高度对空压机工作效率的影响系数　　　　表4-2-2

海拔(m)	0	305	610	914	1 219	1 524	1 829
k_m	1.00	1.03	1.07	1.10	1.14	1.17	1.20

二、空压机站

空压机站主要由空压机、配电设备、储风罐(俗称风包)、送风管及配件、循环水池(用于冷却空压机)等组成。

空压机按动力源可分为电动和内燃两种。短隧道可采用移动式内燃空压机,长隧道可采用固定式大型电动空压机。

空压机站一般应靠近洞口,与铺设的高压风管同侧,并注意防洪、防火、防爆破。机房要求地形宽敞,通风良好,地基坚固。两空压机之间的净距不小于1.5m。此外,还应考虑空压机出入、调换、加油、加水等方便。

三、高压风管管径的选择

高压风管管径的选择,应满足工作风压不小于0.5MPa的要求。

空压机产生的压缩空气的压力一般为0.7~0.8MPa。为保证工作风压,钢管终端的风压不得小于0.6MPa,通过胶皮管输送至风动机具的工作风压不小于0.5MPa。

压缩空气在输送过程中,由于管壁摩擦、接头、阀门等产生阻力,其压力会减小,一般称压力损失。

若压力损失值过大,则须选用较大管径的风管,从而减小压力损失值,使钢管末端风压不得小于0.6MPa。

胶皮风管用于连接钢管与风动机具,由于其压力损失较大,一般应尽量缩短其使用的长度,从而保证压缩空气的工作压力不小于0.5MPa。

四、高压风管管路铺设要求

(1)管道铺设要求平顺、接头密封、防止漏风,凡有裂纹、凹陷等现象的钢管不能使用。如图4-2-3和图4-2-4所示。

(2)在洞外地段,风管长度超过500m,温度变化较大时,宜安装伸缩器;靠近空压机150m以内,风管的法兰盘接头宜用耐热材料制成垫片,如石棉衬垫等。

(3)在总输出管道上,必须安装总闸阀,以便控制和维修管道;主管上每隔300~500m应

 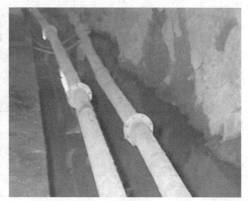

图 4-2-3　高压风管　　　　　　图 4-2-4　高压风管法兰盘接头

装分闸阀。

按施工要求,在适当地段(一般每隔 60m)加设一个三通接头备用;管道前端至开挖面距离保持在 30m 左右,并用高压软管接分风器。

分部开挖法通往各工作面的软管长度不宜大于 50m,与分风器连接的胶皮软管长度不宜大于 10m。

(4)主管长度大于 1 000m 时,应在管道最低处设置油水分离器,定期放出管中积聚的油水,以保持管内清洁与干燥。

(5)管道安装前应进行检查,钢管内不得留有残杂物和其他污物;各种闸阀在安装前应拆开清洗,并进行水压强度试验,合格者方能使用。

(6)管道在洞内应铺设在电缆、电线的另一侧,并与运输轨道有一定的距离,管道高度一般不应超过运输轨道的轨面。若管径较大而超过轨面,则应适当增大两者距离。如与水沟同侧时,不应影响水沟排水。

(7)管道使用时,应有专人负责检查、养护。

第三节　施工供水与排水

隧道施工中的凿岩、防尘、喷射混凝土、灌注混凝土、混凝土养护及空压机冷却等需要大量用水,施工人员生活(饮水及洗澡)也要用水,因此要有供水设施。

为了保持洞内有一个良好的施工环境,洞内施工所用的水、渗漏出来的地下水都必须及时排到洞外。

一、施工供水

1. 水质要求

凡无臭味、不含有害矿物质的洁净天然水都可以作施工用水,但应做水质试验分析。对混凝土拌制用水,要求硫酸盐含量不大于 1 500mg/L,氢离子含量(pH 值)不小于 4,且无油、糖、酸等杂质。

作为防尘用水,要求大肠杆菌指数每升水中不超过 3 个。生活用水要求新鲜清洁。

2. 用水量估算

用水量与隧道工程的规模、施工进度、施工人员数量、机械化程度等条件有关,变化幅度较大,一般可参照表 4-3-1 来估算 1d 的用水量,再加一定的储备量。

1d 的用水量(单位:t) 表 4-3-1

用水项目	单 位	耗水量	说 明
手持式凿岩机	t/(台×h)	0.20	
喷雾洒水	t/min	0.03	爆破后喷雾 30min
衬砌	t/h	1.50	包括混凝土养护
机械	t/(台×h)	5.00	循环冷却
浴池	t/次	15.0	
生活	t/(人×d)	0.02	

3. 供水方式

供水方式主要根据水源情况而定。在选择水源时,要根据当地季节变化,要求有充足的水量,保证不间断供水。

通常应尽量利用自流水源,以减少抽水机械设备。一般是把山上流水或泉水,河水或地下水(打井)用水管或抽水机引或扬升到修建于山顶的蓄水池中,然后利用地形高差形成水压,通过管路送达使用地点。

蓄水池一般为开口式,水池容量根据最大计算用水量、水源及抽水机等情况而定。为防止抽水机发生故障或偶尔停电,还应考虑备用水量。

蓄水池位置应选在基底坚固的山坡上,避开隧道洞顶,以防水池下沉开裂后漏水渗入隧道,造成山体滑动或洞内塌方。

水从水池出水口到达隧道开挖面,其水压应不小于 0.3MPa,又因为 10m 高的水柱可以产生 0.1 MPa 的水压,所以水池与隧道开挖面间应有一定的高差值,即:

$$H \geqslant 1.2(30 + h_{损})$$

式中:1.2——水压储备系数;

$h_{损}$——管路全部水头损失,其值为 $h_{损} = \sum h_{摩} + \sum h_{局}$,其中 $\sum h_{摩}$ 为管路摩擦损失,$\sum h_{局}$ 为管路局部损失。

4. 供水管道的布置

(1)供水管道主管直径一般为 75~150mm,支管直径为 50mm。

(2)管道铺设要求平顺、短直且弯头少,干路管径尽可能一致,接头密不漏水。

(3)管道沿山顺坡铺设悬空跨距大时,应根据计算来设立支柱承托,支撑点与水管之间加木垫;严寒地区应采用埋置或包扎等防冻措施,以防水管冻裂。

(4)水池的输出管应设总闸阀,干路管道每隔 300~500m 安装闸阀一个,以便维修和控制管道。

(5)给水管道应安设在电线路的异侧,不应妨碍运输和行人,并设专人负责检查养护。

(6)管道前端至开挖面一般保持 30m 的距离,用直径 50mm 高压软管接分水器,中间预留三通,至其他工作面供水使用软管连接,其长度不宜超过 50m。

(7)如利用高山水池,其自然压头超过所需水压时,应进行减压,一般是在管路中段设中间水池作过渡站,也可利用减压阀来降低管道中水流的压力。

二、施工排水

洞内施工排水方式,根据线路坡度情况可分为两种情况。

1. 顺坡排水

即进洞为上坡,一般只需按线路设计坡度,在坑道一侧挖出纵向排水沟,水即可沿沟自然排出洞外,如图4-3-1所示。此种情况不需要抽水机。

2. 反坡排水

即进洞为下坡,此时水向工作面汇集,需要抽水机排水。一般是在侧沟每一分段上设一集水坑,用抽水机把水排出洞外,如图4-3-2所示。此种情况需要抽水机。

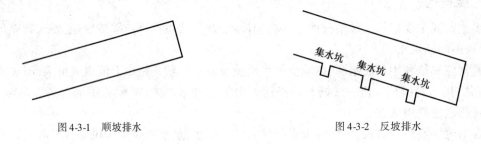

图4-3-1 顺坡排水　　　　　图4-3-2 反坡排水

第四节 施工供电与照明

随着隧道施工机械化程度的提高,隧道施工的耗电量也越来越大,且负荷集中。同时为保证施工质量和安全,对隧道施工供电的可靠性要求也越来越高,因而施工供电显得越来越重要。

一、供电线路

隧道供电电压一般是三相四线400V/230V,动力机械电压标准是380V,成洞地段照明用220V,工作地段照明用24～26V。

对于长隧道考虑到低压输电,因线路过长而使末端电压降得太多,故用6～10kV高压电缆进洞,然后在洞内适当地点设变电站,将高压电变为400V/230V,再送至工作地点。

洞内220V照明线均应使用防潮绝缘导线,并架设在离地面2.2m以上高的瓷瓶上。高压电缆的架设高度应高出地面3.5m。

隧道施工供电有自设发电站和地方电网供电两种方式。一般应尽量采用地方电网供电,只有在地方供电不能满足施工用电需要或距离地方电网太远时,才自设发电站。

此外,自发电还可作为备用,当地方电网供电不稳定时,在有些重要施工场所还应设置双回路供电网,以保证供电的稳定性。

在成洞地段用400V/230V供电线路,一般采用塑料绝缘铝绞线或橡皮绝缘铝芯线架设;开挖未衬砌地段及手提灯应使用铜芯橡皮绝缘电缆。

布置线路时应注意以下几点:

(1)输电干线或动力、照明线路安装在同一侧时,必须分层架设。其原则是:高压在上,低压在下;干线在上,支线在下;动力线在上,照明线在下。且应在风、水管路相对的一侧。

(2)隧道内配电线路分低压进洞和高压进洞两种。隧道在1 000m以下,一般采用低压进洞,电压为400V,配电变压器设在洞外。当隧道在1 000m以上,则采用高压进洞,以保证线路终端电压不致过低。高压进洞电压一般为10kV,配电变压器设在洞内。

(3)根据隧道作业特点,供电线路架设分两次进行。在进洞初期,先用橡套电缆装设临时电路,随着工作面的推进,在成洞地段用胶皮绝缘线架设固定线路,换下电缆供继续前进的工作面使用。

(4)不允许将通电的多余电缆盘绕堆放,以免引起电缆过热发生燃烧。

二、施工照明

隧道施工采用电灯照明,照明光线要充足均匀。以往施工照明采用白炽灯,既费电,亮度又差,且易造成事故。近年来已开始采用高压钠灯、低压卤钨灯、钠铊铟灯、镐灯等新光源。另外,在隧道内还应设置避难紧急照明用灯,采用电池供电。如图4-4-1和图4-4-2所示。

图4-4-1 隧道内照明

图4-4-2 避难紧急照明用灯

1. 高压钠灯

此种灯的发光效率为20～30lm/W,透雾性能好,没有眩光。尽管洞内放炮后烟雾弥漫,但灯下物体仍清晰可见,此灯能经受爆破冲击波的振动,诱虫少,使用寿命长,可达2 000～5 000h,是洞内施工较理想的照明光源。

2. 低压卤钨灯

这种灯的发光效率为20～30lm/W,通常使用的有两种:一种为36V、300W或36V、500W卤钨灯,寿命大于600h,亮度为白炽灯的2倍;另一种是36V、500W溴钨灯,使用寿命大于500h,亮度为白炽灯的3倍,适用于作业面的照明。

3. 钠铊铟灯

它是一种新型气体放电灯,发光效率为60～80lm/W,光色好,适用于大面积照明,灯的使用寿命为1 000～2 000h。但在洞内使用时透烟雾性能差,悬挂高度在15m以下时有眩光。

4. 镐灯

镐灯是一种高强度气体放电灯,发光效率在70lm/W以上,显色性能好,光色洁白,清晰宜人,灯的使用寿命大于500h,适用于洞外场地照明。

随着新型照明灯具的出现,隧道内应该积极采用照明效果更为理想的光源。

第五章 硬岩掘进机(TBM)

学习目标

本章介绍了特殊地质条件下隧道施工所应采取的对策,其中涉及膨胀土、黄土、溶洞、塌方、松散地层、流沙、高地温、瓦斯等特殊地质,学生应作简单了解。

第一节 概 述

在修建隧道时,常会遇到一些不利于施工的特殊地质地段,如膨胀土围岩、黄土、溶洞、断层、松散地层、流沙、岩爆等。在隧道开挖、支护和衬砌过程中,由于各种因素的影响都可能发生土石坍塌,坑道受压支撑变形,衬砌结构断裂和各种特殊施工问题,严重影响施工进度、安全和质量。尤其在穿越含有瓦斯的地层时,施工安全更易受到威胁。

隧道通过特殊地质地段时应注意以下几点:

(1)施工前应对设计所提供的工程地质和水文地质资料进行详细分析了解,深入细致地作施工调查,制订相应的施工方法和措施,备足有关机具材料,认真编制和实施施工组织设计,使工程达到安全、优质、高效的目的。反之,即便地质并非不良,也会因准备不足、施工方法不当或措施不力导致施工事故,延误施工进度。

(2)特殊地质地段隧道施工,以"先治水、短开挖、弱爆破、强支护、早衬砌、勤检查、稳步前进"为指导原则。选择隧道施工方法时,应以安全为前提,综合考虑隧道工程地质及水文地质条件、断面形式、尺寸、埋置深度、施工机械装备、工期和经济可行性等因素。同时应考虑围岩变化时施工方法的适应性及其变更的可能性,以免造成工程失误和增加投资。

(3)隧道开挖方式,无论是采用钻爆开挖法、机械开挖法,还是采用人工和机械混合开挖法,应视地质、环境、安全等条件合理选用。如采用钻爆法施工时,应优先采用光面爆破和预裂爆破技术,既能使开挖轮廓线符合设计要求,又能减少对围岩的扰动破坏。爆破应严格按照钻爆设计进行施工,如遇地质变化应及时修改完善设计。

(4)隧道通过自稳时间短的软弱破碎岩体、浅埋软岩和严重偏压、岩溶、流泥地段、砂层、砂卵(砾)石层、断层破碎带以及大面积淋水或涌水地段时,为保证洞体稳定,可采用超前锚杆、超前小钢管、管棚、地表预加固地层和围岩预注浆等辅助施工措施,对地层进行预加固、超前支护或止水。

(5)采用新奥法施工的隧道,为了掌握施工中围岩和支护的力学动态及稳定程度,以及确定施工工序,保证施工安全,应实现现场监控量测,充分利用监控量测指导施工。对软岩浅埋隧道须进行地表下沉观测,这对及时预报洞体稳定状态,修正施工都十分重要。

(6)特殊地质地段隧道,除大面积淋水地段、流沙地段,穿过未胶结松散地层和严寒地区的冻胀地层等,施工时应采取相应的措施外,均可采用锚喷支护施工。

爆破后如开挖工作面有坍塌可能时,应在清除危石后及时喷射混凝土护面。如围岩自稳性很差,开挖难以成形,可沿设计开挖轮廓线预打设超前锚杆。锚喷支护后仍不能提供足够的支护能力时,应及早装设钢架支撑加强支护。

(7)当采用构件支撑作临时支护时,支撑要有足够的强度和刚度,能承受开挖后的围岩压力。围岩出现底部压力,产生底膨现象或可能产生沉陷时应加设底梁。当围岩极为松软破碎时,应采用先护后挖,暴露面应用支撑封闭严密。

根据现场条件,可结合管棚或超前锚杆等支护,形成联合支撑。支撑作业应迅速、及时,以充分发挥构件支撑的作用。

(8)对于极松散的未固结围岩和自稳性极差的围岩,当采用先护后挖法仍不能开挖成形时,宜采用压注水泥砂浆或化学浆液的方法,提高其自稳性。

(9)特殊地质地段隧道衬砌,采用模筑混凝土衬砌施工时,除遵守有关隧道施工技术规范的有关规定施工外,还应注意:当拱脚、墙基松软时,灌注混凝土前应采取措施加固基底。

衬砌混凝土应采用强度等级高的水泥或早强水泥,或掺速凝剂、早强剂等,提高衬砌的早期承载能力。

仰拱施工,应在边墙完成后抓紧进行,或根据需要在初期支护完成后立即施作仰拱,也就是所谓的仰拱超前,使衬砌结构尽早封闭,构成环形改善受力状态,以确保衬砌结构的长期稳定坚固。

第二节 膨 胀 土

膨胀土如图 5-2-1 所示,系指土中黏土矿物成分主要由亲水性矿物组成,同时具有吸水显著膨胀软化和失水收缩硬裂两种特性,是具有湿胀干缩往复变形的高塑性黏性土。决定膨胀性的亲水矿物主要是蒙脱石黏土矿物。

图 5-2-1 膨胀土

我国是世界上膨胀土分布面积最广的国家之一。现已发现有膨胀土发育的地区达20多个省、市、自治区，遍及西南、西北、东北、长江与黄河中下游及东南沿海地区。其中，云南、贵州、四川、湖北、安徽、广东、广西、陕西、山西、河南、山东和河北等省区，膨胀土分布十分广泛。

一、膨胀土围岩的特性

隧道穿过膨胀土地层，在隧道开挖后不久，常常可以见到围岩因开挖而产生变形，或者因浸水而膨胀，或因风化而开裂等现象，使坑道的顶部及两侧向内挤入，底部鼓起，随时间的增长出现导致围岩失稳，支撑、衬砌变形和破坏等现象。

这些现象说明膨胀土围岩性质是极其复杂的。它与一般土质的围岩性质有着根本的区别。

膨胀土围岩的基本特性，主要有以下三方面：

(1)膨胀土围岩大多具有原始地层的超固结特性，土体中储存有较高的初始应力。隧道开挖，引起围岩应力释放，强度降低，产生卸荷膨胀。因此，膨胀土围岩常常具有明显的塑性流变特性，开挖后将产生较大的塑性变形。

(2)膨胀土中发育有各种形态的裂隙，形成土体的多裂隙性。膨胀土围岩实际上是土块与各种裂隙和结构面相互组合形成的膨胀土体。

由于膨胀土体在天然原始状态下具有高强度特性，隧道开挖后洞壁土体失去边界支撑而产生胀缩，同时因风干脱水使原生隐裂隙张弛，使围岩强度急剧衰减。因此，隧道施工开挖过程中，常有初期围岩变形大，发展速度快等现象。

(3)膨胀土围岩因吸水而膨胀，失水而收缩，土体中干湿循环产生胀缩效应。一是使土体结构破坏，强度衰减或丧失，围岩压力增大；二是造成围岩应力变化，无论是膨胀压力还是收缩压力，都将破坏围岩的稳定性。

二、膨胀土围岩对隧道施工的危害

由于膨胀土围岩的特殊工程地质性质及其围岩压力特性，使膨胀土的隧道围岩具有普遍开裂、内挤、坍塌和膨胀等变形现象。

膨胀土隧道围岩变形常具有速度快、破坏性大、延续时间长和整治较困难等特点。施工中常见的几种情况简述如下：

1. 围岩裂缝

隧道开挖后因开挖面上土体原始应力释放而产生胀裂；此外，还会因表层土体风干而脱水，产生收缩裂缝。

2. 坑道下沉

由于坑道下部膨胀土体的承载力较低，加之上部围岩压力过大，而产生坑道下沉变形。坑道的下沉，往往造成支撑变形、失效，进而引起土体坍塌等现象。

3. 围岩膨胀凸出和坍塌

膨胀土隧道开挖过程中或开挖后，围岩产生膨胀变形，周边土体向洞内膨胀凸出，开挖断面缩小。

在土体丧失支撑或支撑力不够的状态下，由于围岩压力和膨胀压力的综合作用，使土体产生局部破坏，由裂缝发展到出现溜塌，然后逐渐牵引周围土体连续破坏，形成坍塌。

4. 底鼓

隧道底部开挖后,洞底围岩的上部压力解除,在无支护约束的条件下,由于应力释放,洞底围岩产生卸荷膨胀;加之坑道积水,使洞底围岩产生浸水膨胀,造成洞底围岩鼓出变形。

5. 衬砌变形和破坏

由于围岩膨胀压力,常常产生拱脚内移,同时发生不均匀下沉,拱脚支撑受力大,发生扭曲、变形或折断。拱顶受挤压下沉,也有向上凸起。

拱顶外缘经常出现纵向贯通拉裂缝,而拱顶内缘出现挤裂、脱皮、掉块现象。在拱腰部位出现纵向裂缝,这些裂缝有时可发展到张开、错台。

当采用直墙时,边墙常受膨胀侧压而开裂,甚至张开、错台,少数曲墙也有出现水平裂缝的情况。当底部未做仰拱,仅做一般铺底时,有时会出现底部鼓起,铺底被破坏的现象。

三、膨胀土围岩隧道的施工要点

1. 加强调查、量测围岩的压力和变形

在膨胀土地层中开挖隧道,除了认真实施设计文件所提出的技术要求外,在施工过程中应对围岩压力及其变形情况进行充分的调查和量测,分析其变化规律。

对地下水亦应探明分布范围及规律,了解水对施工的影响程度,以便根据围岩动态采取相应的施工措施。如原设计难以适应围岩动态情况,也可据此作适当修正。

2. 合理选择施工方法

膨胀土隧道围岩的压力,是导致隧道变形病害的主要原因。采用合理的施工方法,对隧道的稳定性有着十分重要的作用。

因此,在施工中应以尽量减少对围岩的扰动和防止水的浸湿为原则,宜采用无爆破掘进法,如采用掘进机、风镐、液压镐等开挖。在开挖过程中尽可能缩短围岩暴露时间,并及时衬砌,以尽快恢复洞壁因土体开挖而解除的部分围岩应力,减少围岩膨胀变形。

开挖方法宜不分部或少分部,多采用正台阶法、侧壁导坑法和"眼镜法"。正台阶法适用于跨度小的隧道,它分部少,相互干扰小,且能较早地使支护闭合。侧壁导坑法和"眼镜法"较适用于跨度较大的隧道,具有防止上半断面支护下沉的优点,但全断面闭合时间较迟。

3. 防止围岩湿度变化

隧道开挖后,膨胀土围岩风干脱水或浸水,都将引起围岩体积变化,产生胀缩效应。因此,隧道开挖后应及时喷射混凝土,封闭和支护围岩。

在有地下水渗流的隧道,应采取切断水源并加强洞壁与坑道防、排水措施,防止施工积水对围岩的浸湿等。如局部渗流,可采用注浆堵水阻止地下水进入坑道或浸湿围岩。

4. 合理进行围岩支护

膨胀土围岩支护必须适应围岩的膨胀特性。施工时应注意以下几点:

(1) 喷锚支护稳定围岩

喷锚支护作为开挖膨胀土围岩的施工支护,可以加强围岩的自承能力,允许有一定的变形而又不失稳。采用喷锚支护,应紧跟开挖,必要时在喷射混凝土的同时,采用钢筋网。也可采用钢纤维混凝土,以提高喷层的抗拉和抗剪能力。

当膨胀压力很大时,可用锚喷及钢架或格栅联合支护,在隧道底部打设锚杆,也可以在隧

道顶部打入超前锚杆或小导管支护。膨胀土围岩隧道的支护,尽可能使其在开挖面周壁上迅速闭合。如果是台阶开挖,可在上半部开挖后尽快作出半部闭合,使围岩尽早受到约束。

(2)衬砌结构及早闭合

膨胀土围岩隧道开挖后,围岩向内挤压变形一般是在四周同时发生,所以施工时要求隧道衬砌及早封闭。

从理论上讲,拱部、边墙及仰拱宜整体完成,衬砌受力条件最好。但受施工条件的限制往往难以实现。

因此,在灌注拱圈混凝土时,应在上台阶的底部先设置临时混凝土仰拱或喷射混凝土作临时仰拱,以使拱圈在边墙、仰拱未完成前,自身形成临时封闭结构。在进行下部台阶施工时,再拆除临时仰拱,并尽快灌注永久性仰拱混凝土。

第三节 黄 土

黄土在我国分布较广。黄河中游的河南西部、山西南部、陕西和甘肃的大部分地区为我国黄土和湿陷性黄土的主要分布区,河北、山东、内蒙和东北各地以及青海、新疆等地亦有分布,如图 5-3-1 所示。

图 5-3-1 黄土

一、黄土分类

黄土是在干燥气候条件下形成的一种具有褐黄、灰黄或黄褐等颜色,并有针状大孔、垂直节理发育的特殊性土。

黄土按其形成的年代,可分为老黄土和新黄土。

二、黄土对隧道施工的影响

1. 黄土节理

在红棕色或深褐色的古土壤黄土层,常具有各方向的构造节理。在隧道开挖时,土体容易顺着节理张松或剪断。如果这种地层位于坑道顶部,则极易产生"塌顶"。如果位于侧壁,则普遍出现侧壁掉土,若施工时处理不当,常会引起较大的坍塌。

2. 黄土冲沟地段

在黄土冲沟地段施工时,当隧道在较长的范围内沿着冲沟平行走向,而覆盖层较薄或偏压很大,则容易发生较大的坍塌或滑坡现象。

3. 黄土溶洞与陷穴

黄土溶洞与陷穴,是黄土地区经常见到的不良地质现象。隧道若修建在其上方,则有基础下沉的危害。隧道若修建在其下方,常有发生冒顶的危险。隧道若修建在其邻侧,则有可能承受偏压。

4. 水对黄土隧道施工的影响

在含有地下水的黄土层中修建隧道,由于黄土在干燥时很坚固,承压力也较高,施工可顺利进行,当其受水浸湿后,呈不同程度的湿陷性,会突然发生下沉现象,使开挖后的围岩迅速丧失自稳能力,如果支护措施满足不了变化后的情况,极容易造成坍塌。

施工中洞内排水不良,洞内道路会形成泥泞难行,不论是无轨还是有轨运输都会给道路的维护、机械的使用与保养、隧道的铺底或仰拱施工作业等方面带来很大的困难。

三、黄土隧道的施工方法

(1)黄土隧道施工,应做好黄土中构造节理的产状与分布状况的调查。对因构造节理切割而形成的不稳定部位,在施工时应加强支护措施,防止坍塌,以策安全。

(2)施工中应遵循"短开挖、少扰动、强支护、实回填、严治水、勤量测"的施工原则,紧凑施工工序,精心组织施工。

(3)开挖方法宜采用短台阶法或分部开挖法(预留核心土法),初期支护应紧跟开挖面施作。

(4)黄土围岩开挖后暴露时间过长,围岩周壁风化至内部,围岩体松弛加快,进而发生塌方。因此,宜采用复合式衬砌,开挖后以喷射混凝土、锚杆、钢筋网和钢支撑作初期支护,形成严密的支护体系。必要时可采用超前锚杆、管棚支撑加固围岩。在初期支护基本稳定后,进行二次衬砌。衬砌背后回填要密实,尤其是拱顶回填。

(5)做好洞顶、洞门及洞口的防排水系统工程,并妥善处理好陷穴、裂缝,以免地面积水侵蚀洞体周围,造成土体坍塌。在含有地下水的黄土层中施工时,洞内应施作良好的排水设施。

水量较大时,应采用井点降水(图5-3-2)等法将地下水位降至隧道衬砌底部以下,以改善施工条件,加快施工速度。在干燥无水的黄土层中施工,应管理好施工用水,不使废水漫流。

图5-3-2 井点降水

四、黄土隧道施工注意事项

（1）施工中如发现工作面有失稳现象，应及时喷射混凝土封闭、加设锚杆、架立钢支撑等加强支护，如图5-3-3所示。

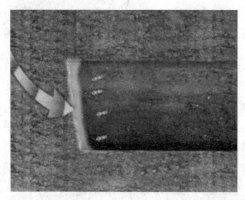 

图5-3-3 喷射混凝土封闭工作面

试验表明，在黄土隧道中喷射混凝土和加设砂浆锚杆作为施工临时支护效果良好。

（2）施工时特别注意拱脚与墙脚处断面，如超挖过大，应用浆砌片石回填。如发现该处土体承载力不够，应立即采取相应措施进行加固。

（3）黄土隧道施工，宜先作仰拱。如果不能先作仰拱，则可在开挖与灌注仰拱混凝土前，加设横撑，以防止边墙向内位移。

（4）施工中如发现不安全因素，应暂停开挖，加强临时支护，以便采取适应性的工序安排。

第四节　溶　洞

溶洞是以岩溶水的溶蚀作用为主，间有潜蚀和机械塌陷作用而造成的基本水平方向延伸的通道。溶洞是岩溶现象的一种。

岩溶是指可溶性岩层，如石灰岩、白云岩、白云质灰岩、石膏、岩盐等，受水的化学和机械作用产生沟槽、裂缝和空洞以及由于空洞的顶部塌落使地表产生陷穴、洼地等现象和作用。

我国石灰岩分布极广，溶洞较多。因此，在这些地区修建隧道，必须予以注意。

一、溶洞的类型

溶洞一般有死、活、干、湿、大、小几种。死、干、小的溶洞比较容易处理，而活、湿、大的溶洞，处理方法则较为复杂。

二、溶洞对隧道施工的影响

当隧道穿过可溶性岩层时，有的溶洞岩质破碎，容易发生坍塌。有的溶洞位于隧道底部，充填物松软且深，使隧道基底难于处理。有时遇到填满饱含水分的充填物溶槽，当坑道掘进至其边缘时,含水充填物不断涌入坑道,难以遏止,甚至使地表开裂下沉,山体压力剧增。

有时遇到大的水囊或暗河,岩溶水或泥砂夹水大量涌入隧道。有的溶洞、暗河迂回交错,分支错综复杂、范围宽广,处理十分困难。

三、隧道遇到溶洞的处理措施

(1)隧道通过岩溶区,应查明溶洞分布范围和类型,岩层的完整和稳定程度、填充物和地下水情况,据以确定施工方法。对尚在发育或穿越暗河、水囊等地质条件复杂的岩溶区,应查明情况审慎选定施工方案。对有可能发生突然大量涌水、流石流泥、崩坍落石等地段,必须事先制订措施,确保施工安全。

(2)隧道穿过岩溶区,如岩层比较完整、稳定,溶洞已停止发育,有比较坚实的填充,且地下水量小,可采用探孔或物探等方法,探明地质情况,如有变化及时采取相应的措施。

如溶洞尚在发育或穿越暗河、水囊等岩溶区时,则必须探明地下水量大小、水流方向等,先要解决施工中的排水问题,一般可采用平行导坑的施工方案,以超前钻探方法,向前掘进。当出现大量涌水、流石流泥、崩坍落石等情况时,平导可作为泄水通道,正洞堵塞时也可利用平导在前方开辟掘进工作面,不致正洞停工。

(3)岩溶地段隧道常用处理溶洞的方法有"引、堵、越、绕"四种。

①引。遇到暗河或溶洞有水流时,宜排不宜堵。应在查明水源流向及其与隧道位置的关系后,用暗管、涵洞、小桥等设施宣泄水流或开凿泄水洞将水排出洞外,如图5-4-1所示。

②堵。对已停止发育、跨径较小、无水的溶洞,可根据其与隧道相交的位置及其充填情况,采用混凝土、浆砌片石或干砌片石予以回填封闭;或加深边墙基础,加固隧道底部,如图5-4-2和图5-4-3所示。

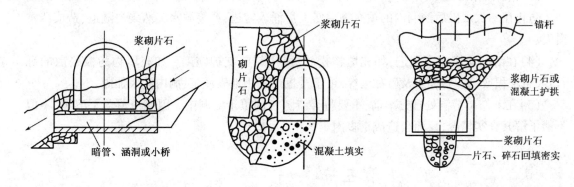

图5-4-1 桥涵宣泄水流示意图　　图5-4-2 溶洞堵填示意图　　图5-4-3 喷锚加固与护拱示意图

③越。当隧道一侧遇到狭长而较深的溶洞,可加深该侧的边墙基础通过,如图5-4-4所示。

隧道底部遇有较大溶洞并有流水时,可在隧道底部以下砌筑圬工墙,支承隧道结构,并在墙内套设涵管引排溶洞水,如图5-4-5所示。

当隧道中部底部遇有深狭的溶洞时,可加强两边墙基础,并根据情况设置桥台架梁通过,即所谓的"洞中桥"。

④绕。在岩溶区施工,个别溶洞处理耗时且困难时,可采取迂回导坑绕过溶洞,继续进行隧道前方施工,并同时处理溶洞,以节省时间,加快施工进度。绕行开挖时,应防止洞壁失稳。

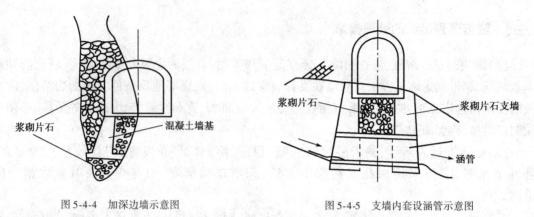

图 5-4-4　加深边墙示意图　　　　　图 5-4-5　支墙内套设涵管示意图

四、溶洞地段隧道施工的注意事项

(1)当施工到达溶洞边缘,各工序应紧密衔接,支护和衬砌超前。同时,应利用探孔或物探作超前预报,设法探明溶洞的形状、范围、大小、充填物及地下水等情况,据以制订施工处理方案及安全措施。

(2)施工中注意检查溶洞顶部,及时处理危石。当溶洞较大、较高且顶部破碎时,应先喷射混凝土加固,再在靠近溶洞顶部附近打入锚杆,并应设置施工防护架或钢筋防护网。

(3)溶蚀地段的爆破作业应尽量做到多打眼、打浅眼,并控制爆破药量,减少对围岩的扰动。防止在一次爆破后溶洞内的填充物突然大量涌入隧道,或溶洞水突然袭击隧道,造成严重损失。

(4)在溶洞充填体中掘进,如充填物松软,可用超前支护施工。如充填物为极松散的砾石、块石堆积或流塑状黏土及砂黏土等,可于开挖前采用地表注浆、洞内注浆加固。

(5)在未作出溶洞处理方案前,不要将弃渣随意倾填于溶洞中。因弃渣覆盖了溶洞,不但不能了解其真实情况,反而会造成更多困难。

第五节　塌　方

导致隧道塌方的原因有多种,概括起来可归结为:①自然因素,即地质状态、受力状态、地下水变化等;②人为因素,即不适当的设计,或不适当的施工作业方法等。

由于塌方往往会给施工带来很大困难和很大经济损失。因此,需要尽量注意排除导致塌方的各种因素,尽可能避免塌方的发生。

塌方及人员营救如图 5-5-1 和图 5-5-2 所示。

图 5-5-1　隧道塌方

图 5-5-2　隧道塌方后人员营救

一、发生塌方的主要原因

1. 不良地质和水文条件

(1)隧道穿过断层及其破碎带,一经开挖,潜在应力释放快、围岩失稳,小则引起围岩掉块、坍落,大则引起塌方。

当通过各种堆积体时,由于结构松散,颗粒间无胶结或胶结差,开挖后易发生坍塌。软弱结构面发育或泥质充填物过多,也易引发较大的坍塌。

(2)隧道穿越地层覆盖过薄地段,如在沿河傍山、偏压地段、沟谷凹地浅埋和丘陵浅埋地段极易发生塌方。

(3)水是造成塌方的重要原因之一。地下水的软化、浸泡、冲蚀、溶解等作用加剧岩体的失稳和坍落。在地下水的作用下,软弱面的强度大为降低,因而易发生滑坍。

2. 隧道设计考虑不周

(1)隧道选定位置时,地质调查不细,没有绕开可以绕避的不良地质地段。

(2)缺乏较详细的地质和水文资料,引起施工方案的失误。

3. 施工方法和措施不当

(1)施工方法与地质条件不相适应。地质条件发生变化,没有及时改变施工方法;工序安排不当;支护不及时,地层暴露过久,引起围岩松动、风化,导致塌方。

(2)喷射混凝土的质量、厚度不符合要求。

(3)按新奥法施工的隧道,没有量测,或信息反馈不及时,决策失误,措施不力。

(4)爆破用药量过多,因振动引起坍塌。

(5)对危石检查不重视、不及时,处理危石措施不当,引起岩层坍塌。

二、预防塌方的施工措施

(1)隧道施工预防塌方,选择安全合理的施工方法和措施至关重要。在掘进到地质不良围岩破碎地段,应采取"先排水、短开挖、弱爆破、强支护、早衬砌、勤量测"的施工方法。必须制订出切实可行的施工方案及安全措施。

(2)加强塌方的预测。为了保证施工作业安全,及时发现塌方的可能性及征兆,并根据不同情况采用不同的施工方法及控制塌方的措施,需要在施工阶段进行塌方预测。预测塌方常用的几种方法如下:

①观察法。在掘进工作面采用探孔对地质、水文情况进行探察,分析判断掘进前方有无可能发生塌方的超前预测。

观察洞内围岩的受力及变形状态;检查支护结构是否发生了较大的变形;观察是否岩层的层理、节理裂隙变大、坑顶或坑壁松动掉块;喷射混凝土是否发生脱落;以及地表是否下沉等。

②一般量测法。按时量测,观测点的位移、应力,测得数据进行分析研究,及时发现不正常的受力、位移状态及有可能导致塌方的情况。

加强初期支护,控制塌方:当开挖出工作面后,应及时有效地完成喷锚网联合支护,并应考虑采用早强喷射混凝土、早强锚杆和钢支撑支护措施等。这对防止局部坍塌具有重要的作用。

三、隧道塌方的处理措施

(1)隧道发生塌方,应及时迅速处理。处理时必须详细观测塌方范围、形状、坍穴的地质构造,查明塌方发生的原因和地下水活动情况,经认真分析,制订处理方案。

(2)处理塌方应先加固未坍塌地段,防止继续发展,并可按下列方法进行处理:

①小塌方,纵向延伸不长、坍穴不高,首先加固坍体两端洞身,并抓紧喷射混凝土或用锚喷联合支护封闭坍穴顶部和侧部,再进行清渣。

在确保安全的前提下,也可在坍渣上架设临时支架,稳定顶部,然后清渣。临时支架待灌注衬砌混凝土达到要求强度后方可拆除。

②大塌方,坍穴高、坍渣数量大,坍渣体完全堵住洞身时,宜采取先护后挖的方法。

在查清坍穴规模和穴顶位置后,可采用管棚法和注浆固结法稳固围岩体和渣体,待其基本稳定后,按自上而下的顺序清除渣体,采取短进尺、弱爆破、早封闭的原则开挖坍体,并尽快完成衬砌。

③塌方冒顶,俗称"通天塌"。在清渣前应支护陷穴口,地层极差时,在陷穴口附近地面打设地表锚杆,洞内可采用管棚支护和钢架支撑。

④洞口塌方,一般易坍至地表,可采取暗洞明作的办法处理。

(3)在处理塌方的同时,应加强防排水工作。塌方往往与地下水活动有关,治坍应先治水。防止地表水共渗入坍体或地下,引截地下水防止其渗入塌方地段,以免塌方扩大。具体措施如下:

①地表沉陷和裂缝,用不透水土壤夯填紧密,开挖截水沟,防止地表水渗入坍体。

②塌方通顶时,应在陷穴口地表四周挖沟排水,并设雨篷遮盖穴顶。穴口回填应高出地面并用黏土或圬工封口,做好排水。

③坍体内有地下水活动时,应用管槽将水引至排水沟排出。

(4)塌方地段的衬砌,应视坍穴大小和地质情况予以加强。衬砌背后与坍穴洞孔壁间必须紧密支撑。当坍穴较小时,可用浆砌片石或干砌片石将坍穴填满;当坍穴较大时,可先用浆砌片石回填一定厚度,其以上空间应采用钢支撑等顶住稳定围岩;特大穴应作特殊处理。

(5)采用新奥法施工的隧道或有条件的隧道,塌方后要加设量测点,增加量测频率,根据量测信息及时研究对策。浅埋隧道,要进行地表下沉测量。

四、塌方实例:宝成铁路复线新会龙场隧道

新会龙场隧道全长 4 275m,单线隧道,围岩主要由页岩、板岩组成,地表有 2~5m 的黏土层,围岩级别为 III~V,其中 IV、V 级围岩占 67.5%,岩层节理发育,十分破碎,有较大的地下水,最大水量达 1 000~7 000t/d,另有 4 条断层,局部有泥岩夹层。

施工方法:采用正台阶法施工,锚喷支护,V 级围岩设有格栅,IV 级围岩设有钢筋网,喷射混凝土 10~20cm,锚杆 2~2.5m。

1. 塌方情况

塌方长 24m,距洞口 986m,塌方宽度 8~25m,塌方于 1995 年 5 月 13 日早上 5 时 30 分发生,在右侧拱部首先出现局部的坍塌、掉块,喷射混凝土呈小块掉下来,大约 15min 后,出现了大规模的塌方,整个上半断面的初期支护全部坍下来,并一直坍塌至地表(冒顶)形成一个半径约 10m 的圆形凹槽,塌方高度 26m,塌方数量 8 100m^3。

2. 塌方的主要原因

(1)该塌方地段主要是板岩,厚度较薄,一般为 0.12~0.15m,且节理裂隙十分发育,层理呈压扭性,层间结合力低,且有大量地下水活动,导致围岩的整体稳定性低。

(2)塌方地段正好处在断层破碎带之中,从坍体的组成来看,几乎呈碎石状,类似于第四纪的松散堆积层,说明该断层为挤压性断层。

(3)施工方法不当,当时采用长台阶法施工,因台阶太长,二次衬砌施作时间太晚。

(4)由于施工单位计划采用衬砌台车施作二次衬砌,而衬砌台车又迟迟未进场,使初期支护维持的时间达 9 个月。换句话说,开挖并施作初期支护的时间太长,导致围岩及初期支护整体失稳,从而引发了大规模的塌方。

3. 塌方的处理情况

(1)地表处理

塌方发生后,先用雨篷遮盖塌方口,并做好周围的排水措施。

(2)洞内塌方处理

①采用注浆对整个坍体进行固结。

②设置止浆墙,采用 1m 厚的素混凝土。

③安设注浆导管,直径 70mm,长 3m。

④循环注浆,其注浆配合比:水:水泥:砂 =1:2:1.86,注浆压力 0.8~2.5MPa,注浆长度每一循环 4.0m,注浆扩散半径 1.5m,注浆顺序从下至上,最后注拱部以上的整个坍体。

⑤洞内开挖,相当于 III 级围岩的全断面光面爆破法开挖。

⑥洞内支护,以喷锚支护为主,局部设超前小导管、超前锚杆以及钢筋网。喷射混凝土厚 10~15cm,锚杆的直径为 22m,长 3.0m,间距 1.0m×1.0m。

⑦洞内开挖支护完成以后,二次衬砌采用简易台车紧跟,每次混凝土灌注长度为 4.0m。

4. 塌方的处理效果

整个塌方处理耗时 3 个月,然后才恢复正常掘进。通过对本次塌方的治理,发现在坍体为碎石状的情况下注浆固结效果良好,浆液的渗透半径较大,在拱部以上的坍体注浆时,浆液顺着坍腔一直上升至地表坍口。一般情况下,采用 2.5MPa 的压力,注浆高度可以达到 30m 左

右,且像素混凝土一样固结强度可达 10MPa 左右,相当于岩层均匀的Ⅲ级围岩,在开挖时周边光爆眼的半边眼保留率可达 60%~70%。

第六节 松散地层

松散地层结构松散,胶结性弱,稳定性差,施工时极易发生坍塌。如极度风化破碎已失岩性的松散体、漂卵石地层、砂夹砾石和含有少量黏土的土壤以及无胶结松散的干沙等。隧道穿过这类地层时,应减少对围岩的扰动,一般采取先护后挖,密闭支撑,边挖边封闭的施工方法,必要时可采用超前注浆改良地层和控制地下水等措施。下面简述几种主要的施工方法。

一、超前支护

隧道开挖前,先向围岩内打入钎、管、板等构件,用以预先支护围岩,防止坑道掘进时岩体发生坍塌。

1. 超前锚杆或超前小钢管

采用这种方法是爆破前,将超前锚杆或小钢管打入掘进前方稳定的岩层内,末端支撑在锚杆或格栅拱支撑上。使其起到支护掘进进尺范围内拱部上方,有效约束围岩在爆破后的一定时间内不发生松弛坍塌等作用。超前锚杆宜采用早强型砂浆锚杆,以尽早发挥超前支护作用。

2. 超前管棚法

此法适用于围岩为砂黏土、黏砂土、亚黏土、粉砂、细砂、砂夹卵石夹黏土等非常散软、破碎的土壤,钻孔后极易塌孔的地层。在采用此法时,管棚长度应按地质情况选用,但应保证开挖后管棚有足够的超前长度。

为增加管棚刚度,可在钢管内灌入混凝土或设置钢筋笼,注入水泥砂浆。于是在地层中建立起一个承载棚,在其防护下施工。

二、超前小导管预注浆

超前小导管预注浆是沿开挖外轮廓线,以一定角度打入管壁带孔的小导管,并以一定压力向管内压注水泥或化学浆液的措施。它既能将洞周围岩体预加固,又能起超前预支护作用。此法适用于自稳时间很短的砂层、砂卵(砾)石层等松散地层施工。

三、降水、堵水

松散地层中的水,对隧道施工的危害极大。排除施工部位的地下水,有利于施工。降水、堵水的方法较多,如可在洞内或辅助坑道内井点降水。在埋深较浅的隧道中,可用深井泵降水,在洞外地面隧道两侧布点进行。

在地下水丰富,排水条件或排水费用太高时,经过技术、经济比选,可采用注浆堵水措施。注浆堵水又分地面预注浆和洞内开挖工作面预注浆两种。

第七节 流　　沙

流沙是沙土或粉质黏土在水的作用下丧失其黏聚力后形成的,多呈糊浆状,如图5-7-1所示,可引起围岩失稳坍塌,支护结构变形,甚至倒塌破坏,对隧道施工的危害极大。治理流沙必先治水,以减少沙层的含水量为主。隧道施工中,宜采取以下措施进行治理。

一、加强调查,制订方案

施工中应调查流沙特性、规模,了解地质构成、贯入度、相对密度、粒径分布、塑性指数、地层承载力、滞水层分布、地下水压力和透水系数等,并制订出切实可行的治理方案。

二、因地制宜,综合治水

隧道通过流沙地段,处理地下水的问题,是解决隧道流沙、流泥施工难题中的首要关键技术。施工时,应因地制宜,采用"防、截、排、堵"的治理方法。

(1)防——建立地表沟槽导排系统及仰坡地表局部防渗处理,防止降雨和地表水下渗。

(2)截——在正洞之外水源一侧,采用深井降水,如图5-6-2所示,将储藏丰富构造裂隙水通过深井抽水排走,减少正洞的静水和动水压力,对地下水起到拦截作用。

图5-7-1　流沙

图5-7-2　深井降水

(3)排——有条件的隧道在正洞水源上游一侧开挖一条洞底低于正洞仰拱的泄水洞(图5-7-3、图5-7-4),用以降排正洞的地下水。

图5-7-3　泄水洞平面示意图

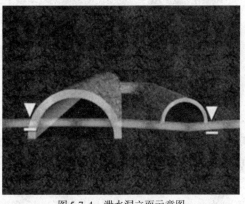

图5-7-4　泄水洞立面示意图

(4)堵——采用注浆方法充填裂隙,形成止水帷幕,减少或堵塞渗水通道。

三、先护后挖,加强支护

开挖时必须自上而下分部进行,先护后挖,密闭支撑,边挖边封闭,遇缝必堵,严防沙粒从支撑缝隙中逸出。也可超前注浆,将以水泥浆或水泥—水玻璃为主的注浆材料注入地层,然后开挖。

施工时应观测支撑和衬砌的实际沉落量的变化,及时调整预留量。架立支撑时应设底梁并纵横、上下连接牢固。拱架应加强刚度,架立时设置底梁并垫平楔紧,拱脚下垫铺牢固。支撑背面用木板或槽型钢板遮挡,严防流沙从支撑间逸出。在流沙逸出口附近较干燥围岩处,应尽快打入锚杆或施作喷射混凝土,加固围岩,防止逸出扩大。

四、尽早衬砌,封闭成环

流沙地段,拱部和边墙衬砌混凝土的灌注应尽量缩短时间,尽快与仰拱形成封闭环。这样,即使围岩中出现流沙也不会对洞身衬砌造成破坏。

第八节 岩 爆

埋藏较深的隧道工程,在高地应力、脆性岩体中,由于施工爆破扰动原岩,岩体受到破坏,使掌子面附近的岩体突然释放出潜能,产生脆性破坏,这时围岩表面发生爆裂声,随之有大小不等的片状岩块弹射剥落出来,这种现象称之为岩爆。如图 5-8-1 所示。

图 5-8-1 岩爆

岩爆不仅直接威胁作业人员与施工设备的安全,而且严重地影响施工进度。

一、隧道内岩爆的特点

(1)岩爆在发生前并无明显的预兆,一般认为不会掉落石块的地方,也会突然发生岩石爆裂声响,石块有时应声而下,有时暂不坠落。这与塌顶和侧壁坍塌现象有明显的区别。

(2)岩爆时,岩块自洞壁围岩母体弹射出来,一般呈中厚边薄的不规则片状,块度大小多呈几厘米长宽的薄片,个别达几十厘米长宽。严重时,上吨重的岩石从拱部弹落,造成岩爆性塌方。

(3)岩爆发生的地点,多在新开挖工作面及其附近,个别的也有距新开挖工作面较远处。岩爆发生的频率随暴露时间的延长而降低。一般岩爆发生在16天之内,但是也有滞后一个月甚至数月还有发生岩爆。

二、岩爆产生的主要条件

国内外专家研究结果表明,地层的岩性条件和地应力的大小是岩爆产生与否的两个决定性因素。

从能量的观点来看,岩爆的形成过程是岩体中的能量从储存到释放直至最终使岩体破坏而脱离母岩的过程。

因此,岩爆是否发生及其表现形式主要取决于岩体中是否储存了足够的能量,是否具有释放能量的条件及能量释放的方式等。

三、岩爆的防治措施

防治岩爆发生的措施主要是弱化围岩,释放应力。

(1)微弱岩爆地段,可直接在开挖面上洒水,软化表层,促使应力释放和调整。

(2)中等岩爆地段,在隧道开挖断面轮廓线外 10~15cm 范围内,在边墙及拱部,打设注水孔,并向孔内喷灌高压水,软化围岩,加快围岩内部的应力释放。

(3)强烈岩爆地段,除采用以上办法外,在浅埋地段,可采用在地面钻孔注水的方法,大范围软化围岩。对大断面隧道,可先掘进一个断面为 $30m^2$ 的小导洞,使高地应力得以部分释放,再进行隧道的开挖。

四、岩爆地段隧道施工要求

岩爆地段隧道施工应遵守"短进尺、多循环"的原则,具体应符合下列要求。

(1)采用短进尺,一般情况下,每循环进尺宜控制在 1.0~1.5m,最大不得大于 2m。

(2)采用光面爆破技术,使隧道周边圆顺,降低岩爆发生的强度。

(3)采用网喷钢纤维混凝土。

(4)施作超前锚杆。对于岩爆强烈的地段,可采用超前锚杆,对开挖面前方的围岩进行锁定。

(5)在拱部和边墙布置预防岩爆的短锚杆,长度一般为 2m 左右,并宜与钢纤维喷射混凝土联合使用。

五、岩爆的处理措施

隧道施工中,一旦发生岩爆,应立即采取下列处理措施:

(1)彻底停机待避,同时进行工作面的观察记录,如岩爆的位置、强度、类型、数量等。

(2)在工作面、边墙和拱部,每一循环内进行 2~3 次找顶。

(3)采用能及时受力的摩擦型锚杆。

(4)喷射钢纤维混凝土,厚度宜为 5~8cm。

第九节 高 地 温

高温、高热地段,会给隧道施工带来极大困难。一般在火山地带修建隧道或地下工程会遇到比较高温、高热的情况,如日本某地发电厂工程隧道,其围岩温度高达175℃。

更甚者,在高温隧道中发生过施工人员由于地层喷出热水或硫化氢等有害气体,而烫伤或中毒的事故。

一、高地温的热源

地热的形成按热源分类,可分为三大类,即地球的地幔对流、火山岩浆集中处的热及放射性元素的裂变热。其中,对隧道施工造成影响的,主要是火山的热源和放射性元素的裂变热源。

1. 火山的热源

由于火山供给的热是地下的岩浆集中处的热能而产生热水,这种热水成为热源又将热供给周围的岩层。隧道或地下工程穿过这种岩层时,将出现高温、高热的现象。

2. 放射性元素的裂变热源

由于地壳内岩石中含有放射性物质,其裂变热产生地温,地下增温率以所处的深度不同而异,其平均值为3℃/100m。

二、高地温地段隧道施工的措施

(1)为保证隧道施工人员正常的安全生产,我国有关部门对隧道施工作业环境的卫生标准有所规定。如铁道部规定,隧道内气温不得超过28℃。

(2)为达到规定的标准,施工中一般采取通风和洒水的措施。地温较高时,可采用大型通风设备予以降温。或在正洞开挖工作面前方的一段距离,利用平导超前钻探,如有热水涌出,可在平导内增建降水、排水设施和排水钻孔,以降低正洞的水位。如正洞施工中仍有热水涌出,可采用水泥—水玻璃系药液注浆,以发挥截水及稳定围岩的作用。

(3)高温地段的衬砌混凝土:在高温(如70℃)的岩体及喷混凝土上浇筑二次衬砌混凝土时,即使厚度很薄,水化热也不易逸出。由于混凝土里面和表面的温差,在早龄期有可能存在裂缝。因此,为防止二次混凝土衬砌出现裂缝,应采取下述措施:

①为了防止高温时的强度降低,应选定合适的水灰比,并考虑对温泉水的耐久性,宜采用高炉矿渣水泥。混凝土配合比和掺和剂应做试验优选。

②在防水板和混凝土衬砌之间设置隔热材料,可隔断从岩体传播来的热量,使混凝土内的温度应力降低。

③把一环衬砌混凝土的浇筑长度适当缩短。

④用防水板和无纺布组合成缓冲材料,由于与喷混凝土隔离,因此混凝土衬砌的收缩可不受到约束。

(4)在高温条件下施工,除采用降温措施外,还应注意中暑症的防治工作。

(5)合理安排高温作业时间:根据坑道内的高温程度、劳动强度和劳动效率,确定劳动工时,以策施工人员的健康和安全。

(6)加强健康管理:高血压、心脏病患者高温作业易引起症状恶化,疲劳、空腹、睡眠不足、酒醉等易诱发中暑症,对此类人员应禁止参加劳动。

高温作业时,易发生维生素、水分、盐类的不足,对此需进行充分的补充。为消除疲劳,在合适的温度、湿度的环境下休息,或充分地进行卧床休息。

第十节 瓦 斯

瓦斯是地下坑道内有害气体的总称,其成分以沼气(甲烷 CH_4)为主,一般习惯称沼气为瓦斯,如图 5-10-1 所示。

图 5-10-1 瓦斯

隧道穿过煤层、油页岩或含沥青等岩层时,可能会遇到瓦斯。洞内空气中达到爆炸限度的瓦斯,一旦与火源接触,将引发爆炸,危害和损失巨大。所以,在有瓦斯的地层中修建隧道,必须采取相应处治措施,以安全顺利施工。

一、瓦斯的性质

(1)瓦斯为无色、无臭、无味的气体,但有时可以闻到类似苹果的香味,这是由于芳香族的碳氢气体同瓦斯一起涌出的缘故,由于空气中瓦斯浓度增加,氧气相应减少,很容易使人窒息或发生死亡事故。

(2)瓦斯对空气的相对密度为 0.554,所以在隧道内,瓦斯容易集聚在坑道顶部,其扩散速度比空气大 1.6 倍,很容易透过裂隙发达、结构松散的岩层。

(3)瓦斯不能自燃,但极易燃烧,其燃烧的火焰颜色,随瓦斯浓度的增大而变淡,空气中含有少量瓦斯时火焰呈蓝色,浓度达 5% 左右时,火焰呈淡青色。

二、瓦斯的燃烧和爆炸性

当坑道中的瓦斯浓度小于 5%,遇到火源时,瓦斯只是在火源附近燃烧而不会爆炸;瓦斯浓度在 6% ~ 16% 之间时,遇到火源具有爆炸性;瓦斯浓度大于 16% 时,一般不爆炸,但遇火能平静地燃烧。

瓦斯燃烧时,遇到障碍而受压缩,即能转燃烧为爆炸。爆炸时产生高温,可达 1 850 ~ 2 650℃。

坑道发生瓦斯爆炸后，坑道中完全无氧，而充满氮气、二氧化碳及一氧化碳。这些有害气体很快传到邻近的坑道和工作面，凡是来不及躲避的人，都会中毒窒息，甚至死亡。

三、瓦斯释类型

岩层瓦斯释放分为三种类型：

(1) 瓦斯渗出：缓慢地、均匀地、不停地从煤层或岩层的暴露面的空隙中渗出，延续时间很久，有时带有一种嘶音。

(2) 瓦斯喷出：比上述渗出强烈，从煤层或岩层裂缝或孔洞中放出，喷出的时间有长有短，通常有较大的响声和压力。

(3) 瓦斯突出：在短时间内，从煤层或岩层中，突然猛烈地喷出大量瓦斯，喷出的时间可能从几分钟到几小时，喷出时常有巨大轰响，并夹有煤块或岩石。

四、防止瓦斯事故的措施

铁路隧道施工过程中，通过施工检测，只要隧道内存在瓦斯，就应按瓦斯隧道的要求组织施工。

1. 瓦斯工区钻爆作业要求

(1) 必须采用湿式钻眼，防止钻头发生火花，洞内操作时，防止金属与坚石撞击、摩擦发生火花。

(2) 炮眼深度不应小于0.6m，炮眼应清除干净，炮眼封泥不严或不足不得进行爆破。

(3) 必须采用煤矿许用炸药。

(4) 必须采用电力起爆，并使用煤矿许用电雷管。使用煤矿许用毫秒延期电雷管时，最后一段的延期时间不得大于130ms。严禁使用秒或半秒级电雷管。这主要是防止引爆的是瓦斯，而不是炸药。

(5) 严禁反向装药。

(6) 爆破网路必须采用串联连接方式，这是因为串联的起爆电流较小，而并联的起爆电流大，需要动力电源。严禁将瞬发电雷管与毫秒雷管在同一串联网路中使用，这是因为它们使用的材料和形式均不相同，对电流的敏感程度也各异。

(7) 必须使用防爆型起爆器作为起爆电源，一个开挖面不得同时使用两台及以上起爆器起爆。

(8) 在非瓦斯突出工区进行爆破作业时，爆破15min后应巡视爆破地点，检查通风、瓦斯、煤尘、瞎炮、残炮等情况，如有危险必须立即处理。

在瓦斯突出工区，揭煤爆破15min后，应由救护队员佩戴防毒面具或自救器到工作面对爆破效果、瓦斯浓度等进行检查，确认安全后方可通知送电，开动局部通风机，通风30min后，由瓦检人员检测工作面、回风道瓦斯浓度；在瓦斯浓度小于1%，二氧化碳浓度小于1.5%后，方可解除警戒，允许工作人员进入开挖工作面。瓦检人员操作的瓦检仪如图5-10-2所示。

2. 半煤半岩段与全煤层段掘进、支护和衬砌施工要求

(1) 每循环进尺不宜超过1.0m，在全煤层中必须采用电煤钻钻孔，应少钻孔、少装药。

(2) 在半煤半岩中掘进，应在岩石炮眼中装药，煤层需爆破时必须采用松动爆破。

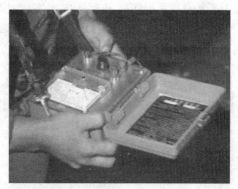

图 5-10-2　瓦检人员操作瓦检仪

（3）在软弱破碎岩层或煤层中掘进，应采用超前支护或预注浆，防止坍塌或瓦斯突出。

（4）爆破后应及时喷锚支护，及时封闭瓦斯。

（5）仰拱应及早施工，保证拱、墙、仰拱衬砌能够形成闭合整体。

（6）煤系地层设防段的二次衬砌应预留注浆孔，衬砌完成后应及时压浆，充填空隙，封闭瓦斯。

3. 瓦斯隧道施工通风要求

（1）非瓦斯工区和瓦斯突出工区的施工通风宜采用压入式和混合式。低瓦斯工区的施工通风应采用压入式或巷道式。

（2）高瓦斯工区和瓦斯突出工区的施工通风采用巷道式。

（3）瓦斯隧道各掘进工作面必须独立通风，严禁任何两个工作面之间串联通风。

（4）按瓦斯绝对涌出量计算风量时，对于低瓦斯工区，应将洞内各处的瓦斯浓度稀释到 0.5% 以下；对于高瓦斯工区和瓦斯突出工区，其长度较大的独头巷道，应能将工作面风流中的瓦斯浓度稀释到 0.5% 以下。

用平行导坑作巷道式通风的回风道时，平行导坑的瓦斯浓度应小于 0.75%。

（5）施工中防止瓦斯积聚的风速不宜小于 1m/s。对瓦斯易于积聚处，应实施局部通风。风速测量如图 5-10-3 所示。

图 5-10-3　风速测量

（6）施工期间，应实施连续通风。因检修、停电等原因停风时，必须撤出人员，切断电源。恢复通风前，必须检查瓦斯浓度，符合规定后才可启动机器。

（7）瓦斯工区的通风机应设两路电源，并装设风电闭锁装置。当一路电源停止供电时，另一路应于 15min 内接通，保证风机正常运转。

（8）必须有一套同等性能的备用通风机，并经常保持良好的使用状态。

（9）应采用抗静电、阻燃的风管。

4. 其他要求

（1）高瓦斯工区和瓦斯突出工区供电应配置两套电源。工区内采用双电源线路，其电源线上不得分接隧道以外的任何负荷。

（2）隧道内高瓦斯工区和瓦斯突出工区必须采用安全防爆型机电设备，如图 5-10-4 所示。非瓦斯工区和低瓦斯工区的机电设备可使用非防爆型，其行走机械严禁驶入高瓦斯工区和瓦斯突出工区。

图 5-10-4　防爆型机电设备

（3）瓦斯隧道严禁火源进洞。任何人员进入隧道前必须在洞口进行登记并接受检查人员的检查，进入瓦斯突出工区的作业人员必须携带个人自救器。

侯月铁路云台山隧道（图 5-10-5），为中铁隧道集团第一次成功运用防爆设备修建的铁路长大瓦斯隧道。一线云台山隧道全长 8 144m，1990 年 11 月开工，1994 年 3 月建成，二线云台山隧道全长 8 178m，1994 年 6 月开工，1997 年 7 月建成，并荣获国家优质金奖。

图 5-10-5　侯月铁路云台山瓦斯隧道

第六章 双护盾掘进机

学习目标

本章介绍了掘进机和盾构施工的基本原理和方法,以及盾构隧道的衬砌方法。应重点掌握泥水盾构、土压盾构,注意它们的不同点和共性,同时注意盾构隧道与山岭隧道衬砌的区别及其原因。

第一节 概 述

盾构,其英文名称为 Shield Machine,是一种用于软土隧道暗挖施工,具有金属外壳,壳内装有整机及辅助设备,在其掩护下进行土体开挖、土渣排运、整机推进和管片安装等作业,使隧道一次成形的机械,如图 6-1-1 所示。

盾构是一种隧道掘进的专用工程机械,现代盾构集机、电、液、传感、信息技术于一体,具有开挖切削土体、输送土渣、拼装隧道衬砌、测量导向纠偏等功能,广泛应用于地铁、铁路、公路、市政、水电隧道工程。

盾构的工作原理就是一个钢结构组件沿隧道轴线边向前推进边对土壤进行掘进。这个钢结构组件就是"盾壳",盾壳对掘出的还未衬砌的隧道起着临时支护的作用,承受土压和水压并将地下水挡在盾壳外面。掘进、排土、衬砌等作业在盾壳的掩护下进行。我国古代的兵器"盾",就是用于防护的。

开挖面的稳定方法是盾构工作原理的主要方面,也是盾构区别于硬岩掘进机的主要方面。硬岩掘进机也称岩石掘进机,国内一般称为 TBM(Tunnel Boring Machine),如图 6-1-2 所示,通常定义中的 TBM 是指全断面岩石隧道掘进机,是以岩石地层为掘进对象。硬岩掘进机与盾构的主要区别就是不具备泥水压、土压等维护掌子面稳定的功能。而盾构施工主要由稳定开挖面、掘进及排土、管片衬砌及壁后注浆三大要素组成。

1818 年,英国的布鲁诺在蛀虫钻孔的启示下,最早提出用于施工隧道的盾构雏形及施工方法。

1825 年,布鲁诺首次在伦敦泰晤士河下用一台矩形盾构修建隧道,由于初始未掌握抵制泥水涌入隧道的方法,隧道施工两次被淹。后来在伦敦地下铁道公司的合作下,经过改进盾构施工方法,1834年再次开工,7年后用气压辅助施工,于1843年完成了全长458m的世界第一条盾构法隧道,前后历时18年。

图 6-1-1

图6-1-2 TBM(全断面隧道掘进机)

盾构的历史,始于英国,发展于德国、日本,近30年来,通过对土压平衡盾构、泥水盾构的关键技术等方面的研究,盾构施工技术有了巨大的发展。

国外盾构的主要生产厂商有德国的海瑞克公司(图6-1-3)、维尔特公司(图6-1-4),法国的法玛通公司,英国的豪登公司,加拿大的拉瓦特公司,美国的罗宾斯公司,日本的三菱、石川岛搏磨、川崎重工、日立船厂、小松等公司。

图6-1-3 海瑞克公司

图6-1-4 维尔特公司制作的盾构大钢筒

日本的盾构技术发展很快。德国的盾构技术也有其独特之处,例如在地下施工过程中,可以在掘进里程的任意位置,在保证密封的前提下以及高达0.3MPa气压下更换刀盘上的刀具,从而提高盾构的一次掘进长度,最长的有达10km;另外,盾构主机、辅助设备的配置,都选用国际知名品牌,确保其使用寿命。

一、施工特点

1.施工速度快,安全性高,造价亦高

盾构除具备上述特点外,其设计和施工还必须适应不同的地域特征和不同的复杂条件。盾构作为工程机械中最昂贵、最先进的设备,在我国尚未被正确认识,多数设计单位对盾构施工组织设计、概预算编制还停留在钻爆法的模式下,只认准施工安全、速度快,并不认同设备购置费用非常昂贵,掘进中各种消耗高的事实。

武汉过江隧道所用的2台泥水盾构的购置费为3 029万美元。不仅如此,除了盾构外,国内配套设备不少于3 000万美元。

用盾构施工隧道非常安全,尤其是设备和人员非常安全,不会遇到钻爆法施工中常遇到的塌方通病。

2. 针对性强、通用性差

不同的水文地质条件、不同的隧道直径,应该选用适合该类地质条件下安全施工的盾构。若是沙砾石、透水性强的地质条件,如江河湖下,应该选用泥水盾构。对于一般黏土或砂土,无地下水或地下水不大的地层,如城市地铁隧道的开挖,一般选用土压盾构。

两者没有互换性,即使是同类型的盾构,由于断面尺寸等因素限制,一般也没有互换性。

二、分类

盾构按开挖面与作业面之间的隔板构造,分为全敞开式、半敞开式、密闭式三种。

1. 全敞开式

手掘式——在钢壳的掩护下,由人工挖土。

半机械式——在钢壳的掩护下,将人工改为小型挖掘机挖土。

机械式——前面由刀盘挖土,即 TBM。

2. 半敞开式

挤压式——适用于淤泥地层,把淤泥挤压向四周。

3. 密闭式

泥水式——依靠泥水压力来平衡开挖面。

土压式——依靠土渣压力来平衡开挖面。

目前,国内外用的都是全敞开式的,也即通常所说的 TBM,另外还有密闭式的土压盾构和泥水盾构。其他盾构属于盾构初期的雏形,现在已很少采用。

本章主要介绍全敞开式 TBM、土压盾构和泥水盾构。

第二节 硬岩掘进机(TBM)

开敞式 TBM 一般适用于岩石抗压强度为 60~250 MPa、长度大于 6000m、断面积小于 60m 的铁路单线隧道开挖。

在开敞式 TBM 上,配置钢拱架安装器和喷锚等辅助设备,以适应地质的变化。当开敞式 TBM 通过软岩地层采取先锚后喷或先喷后锚,并架设钢拱架的支护手段后,也可应用于软岩隧道开挖。

TB880E 型隧道掘进机为开敞式掘进机,由德国维尔特公司制造,适用于硬岩的一次成型开挖。该设备价值高达 3 亿元人民币。它已成功应用于 1 846km 长的西康铁路秦岭隧道施工,最高月掘进 528.1m。后来它又用于 6km 长的西安—南京铁路磨沟岭隧道施工,创造最高日掘进达 41.3m 的佳绩。如图 6-2-1 和图 6-2-2 所示。

一、TBM 主要结构

1. 刀盘

TB880E 型掘进机刀盘有电驱动和液压辅助驱动两种驱动方式。电驱动有高低两种转速:5.4r/min 和 2.7r/min。液压辅助驱动转速则在 0~1r/min 之间,可根据需要进行控制调节,用于刀盘脱困。

图 6-2-1　TB880E 型隧道掘进机

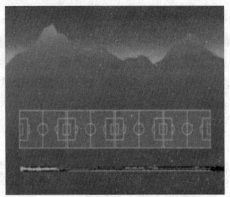
图 6-2-2　掘进机长度示意图(4 个足球场)

刀盘为焊接的钢结构构件,由两半圆通过螺栓连接后再焊成一体,以便于运输。刀盘是中空的,其上装有盘型滚刀、刮板和铲斗,石渣破碎后经由刮板和铲斗输送到顶部,然后沿着渣槽送到置于内机架皮带输送机上。如图 6-2-3 和图 6-2-4 所示。

图 6-2-3　掘进机刀盘

图 6-2-4　刀盘背后的渣槽

刀盘在掘进过程中为单向旋转,但是遇到恶劣地质条件时可以反向旋转以脱困。刀盘由主轴承支承,通过液压膨胀螺栓与轴承的旋转部件相连。

刀盘配备有一套喷水系统,用以对掌子面的灰尘进行初步控制,也用以使滚刀冷却。喷嘴的供水,通过刀盘中央的旋转接头来实现。

通过内机架上的人舱孔可以进入刀盘的内部,通过刀盘上的人舱孔可以进入掌子面。

2. 刀盘护盾

刀盘护盾由仰拱护盾和三个拱形护盾组成,如图 6-2-1 所示。刀盘护盾罩住刀盘刮板和承压隔板后部之间的区域,提供钢拱架安装及锚杆安装时的安全防护。刀盘护盾可以在掘进时防止大块岩石卡住刀盘,或掘进终了换步时,支承住掘进机的前部。

在掘进机正常运行时,刀盘重量由内机架和支撑系统承担。

3. 主轴承与刀盘驱动

刀盘是由主轴承来驱动的,正常作业时,主轴承由双速水冷电机驱动,电动机装于两外机架之间;在不利的条件下,为了刀盘脱困,允许电机反转主轴承与刀盘驱动。如图 6-2-5 所示。

刀盘转速可以根据不同的地质条件,进行相应的改变。

4. 内机架

内机架的一头连接着刀盘主轴承驱动组件,另一头连接着后下支撑,如图6-2-6所示。内机架为箱形断面的焊接结构,带有经淬火硬化的导轨,外机架组件的支撑垫在其上滑动。内、外机架通过推进油缸连接。

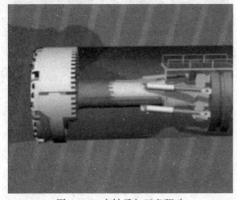

图6-2-5 主轴承与刀盘驱动

图6-2-6 内机架

前后外机架由推进油缸使之滑动。内机架为刀盘导向,将掘进机作业时的推进力和力矩传递给外机架。

内机架前端设有一个人孔,可由此通道进入刀盘。内机架内有足够的空间,用以安装皮带运输机。

5. 外机架与支撑靴

外机架连同支撑靴一起沿内机架纵向滑动(图6-2-7),支撑靴由32个液压油缸操纵,支撑靴分为两组,每组由8个支撑靴组成,在外机架上呈"X"形分布;前后外机架上各有一组支撑靴,16个支撑靴将外机架牢牢地固定在掘进后的隧道内壁上,以承受刀盘的扭矩和掘进机推进力的反力。

图6-2-7 外机架与"X"形支撑靴

6. 推进油缸

作用在刀盘上的推进力,经由内机架、外机架传到围岩。外机架是两个独立的总成,各有其独立的推进油缸(图6-2-8)。前后外机架分别设4个推进油缸。最大工作压力为33MPa,总推力为21 000kN。后外机架的推进油缸将推进力传到内机架,前外机架则将推进力直接传到刀盘驱动装置的壳体上。

掘进循环结束后,内机架的后支撑伸出支撑到隧道的底板上,外机架的"X"形支撑靴缩回,推进油缸推动外机架向前移动,为下一循环的掘进做好准备。

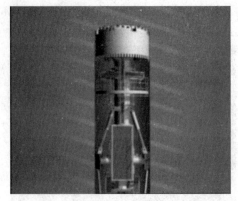

图 6-2-8　推进油缸

7. 后支撑

后支撑与内机架相连,位于后外机架的后面,通过液压油缸控制伸缩。支撑靴可以通过液压油缸伸展,也可以通过液压油缸作横向调节。当支撑靴收回后,可以沿水平和垂直方向调节内机架的位置,以确定下一个掘进循环的方向,使掘进机始终保持在所要求的隧道中心线上。

8. 司机室

司机室位于后配套台车的前端,如图 6-2-9 所示,包括一个控制台,控制台上有机器高效运行所必需的阀、压力计、仪表、按钮及监控通信设备。司机室具有隔音效果,并安有单独的空调。

图 6-2-9　司机室

二、TBM 工作循环

TBM 掘进时将按照如下步骤来完成工作循环。

(1) TBM 循环开始时,外机架已移到到内机架的前端,将"X"形支撑靴牢牢地抵在隧道墙壁上。

前支撑(仰拱刮板)与仰拱处的岩面轻微接触,收回后支撑,此时大刀盘可以转动,推进千斤顶将转动的大刀盘向前推进一个行程,此即为掘进状态。如图 6-2-10 所示。

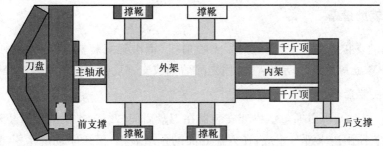

图 6-2-10

（2）在向前推进、到达推进千斤顶行程终点处，结束开挖，大刀盘停止转动，放下后支撑，同时前支撑（仰拱刮板）支住大刀盘，此时整个机器重量全部由前、后支撑承担。如图 6-2-11 所示。

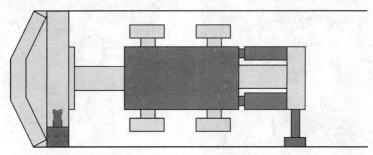

图 6-2-11

（3）收回两对"X"形撑靴，移动外机架到内机架的前端。TBM 掘进方向可以通过后下支撑进行水平、垂直的调整，使掘进机始终保持在所要求的隧道中心线上。如图 6-2-12 所示。

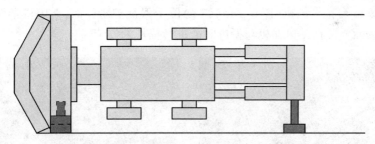

图 6-2-12

（4）当外机架移动到前端限位后，又重新将"X"形撑靴撑紧在隧道墙壁上，此时收回后下支撑，前支撑（仰拱刮板）与仰拱又转换成浮动接触状态，准备开始新的掘进循环。如图6-2-13所示。

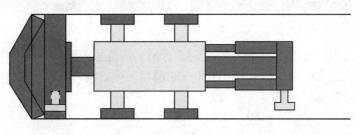

图 6-2-13

三、TBM 辅助设备

TBM 的辅助支护设备有锚杆机、混凝土喷射机、钢拱架安装机、超前钻机,能适应软岩施工。开敞式 TBM 通过软岩地层时,应采用先喷后锚或先锚后喷,并架设钢拱架的一次支护。

1. 钢拱架安装器

TBM 掘进过程中,可以通过钢拱架安装器在刀盘后面进行钢拱架的预组装和安装。

钢拱架安装器由以下部分组成:在刀盘后面的预组装槽、液压驱动的牵引链、在内机架上移动的平台、钢拱架提升与伸展用的液压油缸。

钢拱架安装器由装在刀盘护盾后面的控制台直接操作,由 TBM 液压系统提供动力,如图 6-2-14 所示。

图 6-2-14　钢拱架安装器

2. 锚杆钻机

TBM 中共有 4 台锚杆钻机(图 6-2-15),2 台位于刀盘护盾后面,在内机架两侧,另外 2 台位于后支撑靴后面。锚杆钻机在机器掘进时能进行锚杆的安装。

图 6-2-15　锚杆钻机

每台钻机的凿岩机滑道装在外机架上,前 2 台凿岩机能覆盖隧道顶部 150°范围,后 2 台凿岩机能覆盖隧道底部 150°范围,并可沿 TBM 纵向滑移一个行程的长度。锚杆钻机钻孔直径为 38mm,钻孔深度为 3.5m。

3. 仰拱块吊机

仰拱块吊机吊起仰拱块,沿设备桥下的双轨作水平或垂直方向移动,将仰拱块运向安装位置。移动方式是链传动,起吊能力为13t。

4. 半自动化喷浆系统

喷浆系统如图6-2-16所示,包括喷浆机、速凝剂计量泵、喷嘴、软管和电遥控。

为了更轻便地操纵喷枪,TBM还提供了一个设在刀盘护盾后端的机械式喷枪座架。

为了避免带添加剂的水泥砂浆掉落在TBM的部件上,应尽可能在后配套系统上实施喷浆作业。

喷浆系统为湿式喷射式,水泥砂浆由搅拌车运进洞内。

与水箱和速凝剂箱相连的计量泵,将速凝剂混合物泵至喷嘴,操作员可以通过电遥控开始或停止喷浆混合物及添加剂的流动。

整个喷浆系统装在后配套系统上,用软管将水泥砂浆与气体的混合物由喷浆机送至刀盘护盾后面的一个半自动化喷浆机中。图6-2-17为混凝土现场喷射。

图6-2-16 喷浆系统

图6-2-17 混凝土现场喷射

5. 超前探测钻机

超前探测钻机能超前于掘进机,以稍许向外偏于刀盘护盾的一个角度钻超前探孔、大小管棚孔和灌浆孔。如图6-2-18所示。

超前掘进钻机通过一个有圆弧移位的驱动装置的圆形轨架系统,安装在外机架上、前后支撑靴之间。超前掘进钻机工作时,TBM必须停止运转。

在掘进行程结束后,该装置可移动至TBM护盾的外边,以微小的仰角在TBM前方钻孔,刀盘护盾上有导向孔用于引导和稳定钻杆。

6. 导向系统

导向系统由装在TBM上的两个激光靶和装在隧道洞壁上的激光器组成,激光靶装于刀盘护盾背后,由一台工业电视监视器进行监视(图6-2-18)。监视器将TBM相对于激光束的位置送到操作室的显示器上。显示器通常放在掘进司机控制台附近,以便司机利用这些信息来导向掘进机。

TBM换步时,操作人员根据这些信息对TBM的支撑系统进行调整,使TBM始终保持在所要求的隧道中心线上。

图6-2-18 工业电视监视器

设备以固定参考点——激光全站仪发出的光束为基准计算掘进机的位置。知道掘进机的位置后，就可以计算出与设计隧道中心线的偏差。如图 6-2-19 和图 6-2-20 所示。

图 6-2-19　全站仪发出的激光束

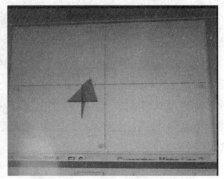
图 6-2-20　TBM 的位置与隧道中心线关系

为了测量掘进机的位置，需要使用两个包含传感器的装置，即目标靶和倾斜计。目标靶测量激光束击中的位置及其入射角，倾斜计测量掘进机两个方向上的偏转角度。

目前自动测量系统，海瑞克采用的是 VMT，法马通采用的是 PPS，其系统基本原理相似。例如海瑞克的 VMT 系统主要由以下部分组成：

(1) 激光全站仪

激光全站仪是同时测量角度(水平和竖直)和距离的测量仪器，并能发射出一束可见红色激光。激光经纬仪临时固定在安装好的管片上(或隧道洞壁上)，随着 TBM 的不断掘进，激光全站仪也要不断地向前移动，称之为移站。

Leica-TCA1103 激光全站仪参数：测角精度为 3.3″，测距精度为 2mm + 2ppm。

(2) 黄色盒

黄色盒主要是为全站仪和激光器提供电源，也连接全站仪和主控室 PC 机的通信数据传输。

(3) 电缆鼓

向前推进时，激光全站仪和 TBM 的距离越来越远，因此需要用带有滚动装置的电缆鼓，为释放电缆。

(4) 激光靶(ELS 靶)

激光靶被固定在 TBM 内，用来接收激光束。激光全站仪发射的激光束照射在激光靶上，可通过激光靶判定激光的入射角和折射角，另通过激光靶内倾斜计测量 TBM 的倾斜角度。

(5) 隧道掘进软件

隧道掘进软件是 VTM 的核心，通过其附带的通信装置接收数据。由隧道掘进软件计算 TBM 的方位和坐标，并以图表和数字表格的形式显示出来。

(6) 监视器

通过监视器，可准确掌握 TBM 的位置。

第三节　机械化盾构

一、机械化盾构工作原理

其基本原理就是一个钢结构组合件，沿隧道轴向方向，边向前推进边对掌子面进行掘进。

这个钢结构组件就是盾壳。盾壳对挖掘的、还未衬砌的隧道段起着临时支护的作用,承受周围土层的土压和地下水的水压,并将地下水挡在盾壳外面,如图 6-3-1 所示。

图 6-3-1　机械化盾构钢结构

掘进、出渣、衬砌等作业均在盾壳的掩护下进行。盾壳的厚度,视地质情况、盾构直径大小和生产国家的不同而略有差异。

盾构施工主要是由稳定开挖面、掘进及排渣、管片拼装及壁后注浆四项组成。其中开挖面的稳定方式是其工作原理的主要方面,也是区别于硬岩 TBM,并比 TBM 复杂的主要方面。

通常硬岩 TBM 施工时,大多数岩体稳定性较好,不存在开挖面稳定的问题,也会遇到掌子面不稳定的情况,但这种地段在整条隧道中不会占足够大的比例。

二、机械化盾构开挖方式

机械化盾构采用切削式开挖方式,也即与盾构直径相仿的全断面旋转切削刀盘开挖方式。大刀盘开挖方式,在弯道施工或纠偏时不如敞开式开挖便于超挖。此外,清除障碍物的方便性也不如敞开式开挖。

使用大刀盘的盾构,机械构造复杂,消耗动力较大。目前国内外较先进的泥水盾构、土压盾构,均采用这种开挖方式。

泥水盾构是通过加压泥水或泥浆(通常为膨润土悬浮液)来稳定开挖面的,其刀盘后面有一个密封隔板,与开挖面之间形成泥水室,里面充满了泥浆,开挖的土渣与泥浆混合,经由泥浆泵输送到洞外分离厂,经分离后泥浆重复使用。

土压盾构是把土料(必要时添加泡沫剂等对土壤进行改良)作为稳定开挖面的介质,刀盘后隔板与开挖面之间形成泥土室,刀盘旋转开挖使泥土料增加,再由螺旋输料器将土渣运出,泥土式盾构内的土压可由刀盘旋转开挖速度和螺旋输料器出土量(出土速度)进行调节。

机械化盾构主要由盾构主机、后配套设备及附属设备组成。主机部分包括掘削机构、盾构壳体、动力装置、推进装置、管片拼装机构、出料装置和控制设备等。

三、掘削机构

1. 刀盘的功能及构成

刀盘设置在盾构的最前方,既能掘削地层的土体,又能对掌子面起一定支承作用,从而保证掘削面的稳定,如图 6-3-2 所示。

图6-3-2 刀盘

刀盘开口率是刀盘面板开口部分的面积与刀盘面积的比值。刀盘切削下来的渣土通过刀盘的开口槽流往土舱。

刀盘的中心装有回转接头,它使刀盘上的泡沫注入通道能跟盾构体内的管路相连接。海瑞克盾构机中心回转接头内有4路泡沫注入通道,泡沫剂通过中心回转接头到达刀盘后,再在刀盘体内分成8个注入口,通过刀盘面板注入泥浆或泡沫,起到冷却、润滑和改良渣土等作用。

当地层含砂量超过某一限度时,泥土的流塑性明显变差,土舱内的土体因固结作用而被压密,导致土渣难以排送。可通过向土舱内注水或泡沫、膨润土等,经强制搅拌,使砂质土泥土化。泡沫是一种流塑化改性剂,除可改善土体的流动性外,还可润滑刀盘、刀具、螺旋输送机,降低刀盘扭矩,保持开挖面稳定。

从国外引进的第一台海瑞克盾构用于北京地铁5号线施工,布置了4个泡沫注入口,而南京地铁引进同一厂家的第5台盾构却布置有6个注入口,这说明制造商在不断地进行泡沫注入系统的改造。同时,泡沫的注入还能有效地防止刀盘中心形成泥饼。

2. 刀具的种类

盾构掘进刀具主要分为刮削类和滚切类两大类,如图6-3-3和图6-3-4所示。

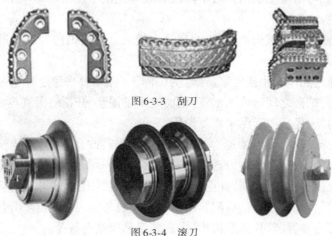

图6-3-3 刮刀

图6-3-4 滚刀

刮削类刀具,简称刮刀,一般是通过相对滑动来切割软岩和土层的,它由刀体和刀刃两部分组成,一般用于软土层和软岩地层的开挖,有时也作为辅助刀具装在滚刀的后面使用。

滚切类刀具是通过刀具的滚动来切割岩层的,所以人们习惯称之为滚刀,而又因其外表像盘子,也称为盘形滚刀,按刀圈的数量分为单刃、双刃、多刃等。它一般是通过刀框座和螺栓连接在刀盘上的。在工作过程中,它不仅要在刀盘的带动下随刀盘进行公转,同时还要围绕自身刀轴进行自转,通过不断的连续滚动对岩层进行切入、挤压和摩擦,使掌子面上的岩层逐渐剥落,完成对岩层的切割破碎。

盾构掘进中,当出现推进油缸的推力逐渐增大,推进速度变慢,推进时间延长等情况时,必须检查刀具。认真、准确、详细地进行刀具的检查,是了解刀具运转状况和进行刀具更换的基础。

刀具损坏后经过修理可以重新使用。刀具的修理主要是指滚刀的修理,刮削刀具一般不具备重新修复的条件和必要。

四、盾构壳体

盾构的外壳沿纵向从前到后分为前盾、中盾、后盾三段,通常又把这三段称为切口环、支撑环、盾尾。

盾壳的作用主要是承受地层压力,起临时支护作用,保护设备及操作人员的安全;承受千斤顶水平推力,使盾构在土层中顶进;同时,它也是盾构各机构的骨架和基础。

设置盾构外壳的目的是保护掘削、排土、衬砌等所有作业设备、装置的安全,故整个外壳用钢板制作,并用环形梁加固支承。

1.切口环(前盾)

切口环为盾构最前面的一个具有足够刚度和强度的铸钢或焊接环,如图 6-3-5 所示。

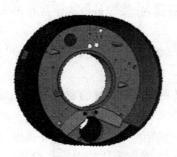

图 6-3-5 切口环

切口环的切口部分装有掘削和挡土机械,故又称掘削挡土部,即起开挖和挡土作用,施工时最先切入地层并掩护开挖作业。

为便于制造、运输和拆卸,根据盾构外径尺寸的大小,一般将切口环分成几块铸造,组装时用螺栓连接,目前国内多采用钢板焊接切口环。

泥水盾构在切口环内安置有切削刀盘、搅拌器和吸泥口,土压盾构安置有切削刀盘、搅拌器和螺旋输送机。

对于泥水盾构、土压盾构,因切口环内压力高于隧道内,所以在切口环处还需布设密封隔板及人行舱的进出闸门和物料闸门。当人员需要进入土舱作业,而开挖面无法自立时,就需要对土舱供入具有一定压力的空气,以保持开挖面的自立。此时,由于土舱内和隧道存在压力差,人员若要进入土舱作业,则必须利用人行闸,这就是所谓的"带压进舱"。

气压人闸又称气闸,装在前盾上,与密封土舱通过密封门相通。当作业人员要进入密封土舱内进行检查、更换刀具等带压作业时,要使用气压人闸。

若工程在砂砾地层中掘进,不可避免地需要在掘进过程中更换刀具。砂砾地层开挖面的不稳定性,要求在换刀时对换刀处的地层进行加固,使开挖面不发生坍塌。

2. 支承环(中盾)

支承环紧接于切口环，与切口环相似，也是具有一定厚度的铸钢件，如图6-3-6所示。支承环支承盾构的中央部位，是盾构主体的构造部。因为要支承盾构的全部荷载，所以该部位的前、后方均设有环形肋板和纵向加强筋来支承其全部荷载。

图6-3-6 支承环

支承环上开有安装盾构千斤顶的圆孔，是一个刚性很好的圆形结构。在其外沿布置有盾构千斤顶，中间布置拼装机及部分液压设备、动力设备、操纵控制台。

支承环与切口环间用螺栓连接，同样按盾构外径大小分成几块，块数较切口环多些，各块之间用螺栓连接。在支承环的每两条纵向加强筋之间，即是盾构千斤顶的安装位置，千斤顶的水平推力通过支承环传递至切口环。

对封闭式盾构而言，支承部空间装有刀盘驱动装置、排土装置、盾构千斤顶、举重臂等诸多设备。

支承环的长度视千斤顶长度而定，一般取一块衬砌管片的宽度再加上适当余量，应不小于固定盾构千斤顶所需的长度。

在支承环内设有两根垂直立柱，它沿盾构轴向的宽度等于支承环长度，断面为工字形。其作用是支承盾构结构，提高盾构壳体的承压能力，并作为盾构内安装设备的支柱。支柱与支承环纵向加强筋间用螺栓连接。

当切口环压力高于常压时，在支承环内要布置人行加、减压舱，即人舱，也称气压人闸，如图6-3-7所示。

图6-3-7 气压人闸

海瑞克和维尔特盾构的气压人闸都是双室结构，人员容量为3+2人，工作压力为0.3 MPa，作业人员在气压人闸内历经缓慢加压过程，直到气压人闸内气压与土舱内压力相等时，方能打开闸门进入土舱；同样，人员离开高压环境时，也必须在气压人闸内经过减压过程。

压气作业守则:

(1)压气作业开始时,在第一个人进入密封土舱空间前,人闸值班人员应持续充气10min,以确保土舱空间内的空气新鲜。

(2)压气作业人员必须经过培训,且工作前通过身体健康检查。必须对压气作业人员进行医学防治知识教育,使其了解减压病的发生原因及防治方法。

(3)要严格遵守压气作业工作时间,以24h为一个周期,每周期分4个班,每班总的工作时间不得超过6h。

(4)进行压气作业人员在作业前8h内不许饮酒,作业过程中不得饮用含有酒精的饮料,不许抽烟。

(5)在减压前,要更换干燥、洁净和暖和的衣服。

(6)患流感的人员不能进入气压人闸。

(7)当气压人闸内的温度超过27℃时,压气作业必须停止。高温下,必须向作业人员提供特殊的供水装置;减压时,气压人闸内的温度不允许在5min内降至10℃以下或升至27℃以上。

(8)在压力超过0.1MPa环境下作业的人员,减压后应留在气压人闸附近或医疗舱内一段时间。

(9)作业后的24h内,不允许飞行和潜水,必须留在现场附近。

3. 盾尾

盾尾在盾壳的尾部,由环状外壳与安装在内侧的密封装置构成,如图6-3-8所示。其作用是支承坑道周边,防止地下水与注浆材料被挤入盾构隧道内。同时,它也是衬砌组装的地方。在盾尾内部留有管片拼装的空间,该空间内装有拼装管片的举重臂。盾尾的环状外壳大都用高强度的薄形钢板制作,以减少盾构向前推进后留下的环状间隙。

图6-3-8 盾尾

从而减少压浆工作量,对地层扰动范围也小,有利于施工。但盾尾也需要承担土压力,所以其厚度应综合上述因素确定。盾尾的长度取决于衬砌形式,必须根据管片的宽度及盾尾的密封道数来确定。

为防止泥水和水泥砂浆从盾构外流入盾构内,盾构内压气向地层中泄露,在盾壳内壁和衬砌之间设有密封装置。

对于泥水盾构,盾尾密封尤为重要,因为盾构外面充满压力泥水,一旦密封装置损坏或密封不良,压力泥水便会从盾尾内与衬砌环结合处大量涌入盾构内,使盾构无法操作。由于盾构不断顶进,盾尾内壁与衬砌环外圈间摩擦压力很大,极容易将密封损坏。

4.盾尾密封

盾尾密封是盾构用于防止地下泥水、土砂和注浆浆液从盾尾侵入盾构内的重要部分,由盾尾钢丝密封刷和盾尾油脂组成。

盾尾密封装置要能适应盾尾与衬砌间的空隙。由于施工中纠偏频率很高,因此要求密封材料富有弹性、耐磨、防撕裂等,其最终目的是要能够止水,目前常用的是采用多道、可更换的盾尾密封装置,其道数一般取 2~3 道,如图 6-3-9 所示。

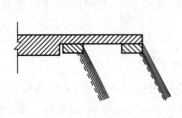

图 6-3-9 盾尾密封

钢丝为优质弹簧钢丝,钢丝束内充满了油脂(图 6-3-10),从而形成一个既有塑性又有弹性的整体。油脂还可保护钢丝免于生锈。随着盾构的推进,采用专用油脂泵将油脂持续地打进盾尾钢丝密封刷和管片外周边所形成的空腔内,始终保持管片外周边与盾壳之间的间隙密封良好。盾尾密封可保证在 0.5MPa 的压力下,盾尾不会出现渗水和渗漏泥浆。

图 6-3-10 盾尾油脂

钢丝密封刷与泥水和浆液直接接触,并在盾构推进时不断与管片外周发生摩擦,使其易于损坏并失效。一般来讲,对于1km 左右的盾构隧道,盾尾钢丝密封刷在正常使用条件下,可保证在整个掘进区间的长度下有效使用,待盾构到达中间车站时进行更换。

盾尾油脂需在掘进过程中及时补充,确保盾尾密封良好。油脂的消耗量取决于盾构本身和土体条件,一般每次按密封面积计取 $0.4 \sim 1.5 \text{kg/m}^3$。

五、刀盘驱动装置

刀盘驱动装置的作用是向刀盘提供必要的旋转扭矩,驱使刀盘旋转。

刀盘驱动装置由钢板焊接构造而组成,在内部安装高精度、大负荷的滚动轴承和密封圈。该装置一般由带减速器的液压马达的小齿轮驱动大轴承,带动刀盘顺时针或逆时针旋转。

通常刀盘驱动部(包括密封、大轴承、小齿轮、减速机、液压马达等)作为一个整体组装调试后,再用螺栓固定在盾构壳体上,这样更能保证刀盘密封与传动的可靠性和安全性。

为了防止土砂、水进入驱动装置内,在旋转部与固定部中间设置有密封装置。

目前,大多数盾构采用电、液混合动力源。随着液压技术的发展,采用全液压为动力的盾构将会越来越多。但无论是采用单一动力源还是采用混合动力,都设在一个动力站里。

目前盾构所用的液压泵,液压压力高达 30~70MPa。

刀盘的主轴承是刀盘切削系统的关键部件,如图 6-3-11 所示,在工作中要求承受重载、长时间工作和较高的可靠性。一般要求主轴承的有效寿命在 10 000h 以上。

图 6-3-11 刀盘的主轴承

盾构刀盘的转速,要视刀盘的直径大小而定。一般说来,刀盘直径大,转速就低;刀盘直径小,转速就高。其原因是:刀具切削土壤时,线速度要求低于 20m/min,如果线速度超过此极限值,切削阻力将急剧增加,刀具磨损加剧,导致频繁地更换刀具。

一般开挖直径在 3.0~7.0m 之间,刀盘的速度以小于 4.0r/min 为宜,其中 r/min(revolutions per minute)即转/分钟。

六、推进装置

盾构推进是靠液压系统带动千斤顶的伸缩动作,驱使盾构在土层中向前推进的。盾构千斤顶活塞的前端必须安装顶块,顶块采用球面接头,以便将推力均匀分布在管片的环面上(图 6-3-12)。另外,还必须在顶块与管片的接触面上安装橡胶撑靴(图 6-3-13)。为了能使推进油缸的推力均匀地传递给管片,推进油缸撑靴面积要适当大些。

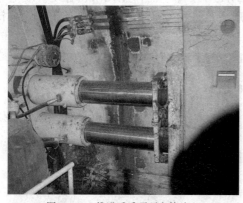

图 6-3-12 推进千斤顶顶在管片上

图 6-3-13 推进油缸、千斤顶撑靴

推进千斤顶沿盾构、中盾壳体内侧均匀分布,油缸的布置在设计时考虑了避开管片接缝。

推进系统,应具有纠偏功能,推进油缸能分组和单独控制,能手动和自动控制,能够满足施工要求的最小转弯半径需要,应具有一定的爬坡能力。

盾构的推进油缸布置形式有两种,一种是四组分区,一种是五组分区。理论上,分组越多,越容易调向,但大部分盾构采用的是四组分区形式,因为其布置比较简单,同时可以节约成本。

1999 年从海瑞克公司采购的盾构,推进油缸分成五组;2003 年以后采购的盾构已改为四组,分为上、下、左、右四个区域。

海瑞克盾构有 30 个推进油缸,每个油缸均可产生 1 140kN 的推力。

对于中小直径的盾构,每只千斤顶的推力以 600~1 500kN 为好;对于大直径盾构,每只千斤顶的推力以 2 000~4 000kN 为好。

盾构用千斤顶注意事项:

(1)千斤顶要尽可能的轻,且经久耐用,易于维修保养和调换。

(2)采用液压系统,使千斤顶机构紧凑,目前使用的液压系统压力值为 30~40MPa。

(3)盾构千斤顶的布置一定要使圆周上受力均匀,千斤顶行程是一衬砌环的宽度加上适当的余量。另外,成环管片有一块封顶块,若采用纵向全插入封顶时,在相应的封顶块位置布置双节千斤顶,其行程约为其他千斤顶的一倍,以满足拼装成环需要。

(4)千斤顶轴线与盾构中心线要平行。

(5)布置在靠近盾壳的内圆周圈上,尽量少占盾构空间,等距分布。

(6)安装台数一般是双数。

(7)千斤顶按盾构横断面垂直轴左右对称布置,台数按顶力大小布置。

(8)千斤顶的推进速度通常取 50mm/min,且可无级调速。为了提高工作效率,千斤顶的回缩速度要求越快越好。

第四节　泥　水　盾　构

泥水盾构也称泥水加压平衡盾构(slurry pressure balance shield),简称 SPB 盾构。

对于泥水盾构,土体是依靠泥水对工作面上的压力发挥平衡作用以求得稳定。掘进中泥水压力主要起支护作用,工作面任何一点的泥水压力总是大于地下水压力,从而保持工作面稳定。如图 6-4-1 和图 6-4-2 所示。

图 6-4-1　泥水盾构示意图

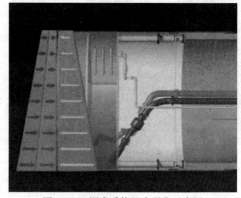
图 6-4-2　泥水盾构压力平衡示意图

在泥水平衡理论中,泥膜的形成是至关重要的。当泥水压力大于地下水压力时,泥水渗入土壤,形成与土壤间隙一定比例的悬浮颗粒,被捕获并聚集与泥水的接触表面,泥膜就此形成。随着时间的推移,泥膜的厚度不断增加,抗渗能力逐渐增强。当泥膜抵抗力远大于正面土压时,产生泥水平衡效果。因为是泥水压力使掘削面稳定平衡,故得名泥水加压平衡盾构,简称泥水盾构。

一、工作原理

在机械掘削式盾构的前部刀盘后侧设置隔板,隔板与刀盘之间形成泥水压力室,把水、黏土及添加剂混合制成泥水,加压后送入泥水压力室。当泥水压力室充满加压的泥水后,通过加压作用,来谋求开挖面的稳定。

盾构推进时,由旋转刀盘掘削下来的土砂进入泥水舱,经搅拌装置搅拌后成含掘削土砂的高浓度泥水,用流体输送方式送到地面。经泥浆泵泵送到地表的泥水分离系统,待土、水分离后,再把滤除的掘削土砂的泥水重新压送回泥水舱。如此不断循环,完成掘削、排土、推进工作过程。

盾构推进系统的推进力经舱内的泥水传递到掘削面土体上,即泥水对掘削面上的土体作用一定的压力,该压力称泥水压力,计算方法如下:

$$泥水压力 = 地下水压力 + 土压力 + 预压力$$

式中:地下水压力——掘削面地层中的孔隙水压力,对黏土层而言,通常是把地下水压力计到土压力中;

土压力——掘削面上水平方向作用的土压力;

预压力——考虑地下水压力和土压力的设定误差,根据经验设定,通常取 20~30KPa。

泥水盾构最适宜于开挖区难以稳定、滞水砂层、含水量高的松软黏性土层及隧道上方有水体的场合。

二、优缺点

1. 优点

(1)对地层的扰动小,地表沉降小。由于泥水盾构利用泥水压力对抗掘削地层的地下水压力、土压力,同时泥水渗入地层形成不透水的泥膜,所以掘削土体对地层扰动小,地表沉降也小。

(2)适用于高地下水压,江底、河底、海底隧道施工。在以上场合,泥水盾构可选用面板形刀盘,增加掘削的稳定性,加上泥水压力对抗地下水压力的作用,故掘削的稳定性最可靠。

(3)适用于大直径化。由于泥水渗入地层的浸泡作用,致使掘削地层多少有些松软,故盾构刀盘掘削扭矩变小,所以同样扭矩驱动设备作用下,泥水盾构的直径可以做将更大一些,目前像 14~15m 大直径的盾构均为泥水盾构。

(4)适用于高速化施工。除组装管片期间停止掘进外,其他工序均可连续进行。

(5)适用土质范围宽。适用的土质范围为软黏土层、滞水细砂层、漂砾层、固结淤泥层等,最适于在洪积层砂性土中掘进。

(6)掘进中盾构机体摆动小。由于泥水的浸泡作用,地层对刀盘掘削阻力小,故盾构的水平、竖直摆动小。

(7)因采用排泥管出渣,井下施工作业环境能保持清洁良好,提高了作业人员的施工安全性。

2. 缺点

(1)成本高。由于设置泥水管理系统、泥水处理系统,致使工序、设备复杂,成本高。

(2)排土效率低。由于通过泥水运出掘削土砂,故出土效率不高。

(3)地表施工占地面积大并影响交通、市容。泥水配置系统、泥水处理系统的存在,致使地表占地面积大增,有时受施工现场条件限制,无法满足该占地需求,征地费用大,影响交通、市容。

(4)不适于在硬黏土层中掘进。在黏度大的硬黏土层中掘进时,易出现黏土黏附面板、槽口及出土管道的现象,致使刀盘空转,槽口及出土管道堵塞,导致地层隆起、沉降。

(5)不适于在松散卵石层中掘进。松散卵石层的孔隙率大,无法形成泥膜,泥水损失量大,致使泥水压低且不稳定,即掘削面不稳定。

三、泥水压力的控制方式

供泥泵将压力泥水从地面泥水调整槽输送到盾构泥水室,供入泥水相对密度在1.05~1.25之间,在泥水室与开挖泥砂混合后形成较稠的泥浆,然后由排泥泵输送到地面泥水处理场,排出泥水相对密度在1.1~1.4之间。排出泥水通常要经过振动筛等分离处理,将弃土排除,清泥水回到调整槽重复使用。如图6-4-3所示为泥浆池。

图6-4-3 泥浆池

控制泥水室的泥水压力,通常有两种方法:如果供泥泵为变速泵,即可通过控制泵的转速来实现压力控制;若供泥泵为恒速泵,则可通过调节节流阀的开口比值来实现压力控制。

泥水管中的泥水流速,必须保持在临界值以上,低于临界值时,泥水中的颗粒会产生沉淀而堵塞管道,尤其是排出泥水产生堵塞更为严重。

在盾构推进过程中,进、排泥管路需不断伸长,管道阻力亦随之增大。为了保证管道中的流速恒大于临界流速,排泥泵转速应随时作相应改变,因而排泥泵必须自动调整。当排泥泵到达最大扬程时,再加中继接力泵。

要直接观察开挖面的工况是十分困难的,为保证盾构掘进质量,应在进、排泥管路上分别装设流量计和相对密度计,通过检测的数据,算出盾构排土量。

四、泥水输送系统

泥水输送系统主要由泵、阀、管道及配套部件等组成,通过泵和管道将新浆和调整浆输送至开挖面,并通过泥水监控系统进行自动化操作。由刀盘切削下来的干土和水合成的泥浆,通过泵和管道将泥水送往地面的处理系统进行调整。

通常刀盘切削下来的土砂混入泥水,在排泥泵的吸力作用下,携带掘削的土砂经排放管道输送至地面泥水调整槽中。由于携带掘削土砂的原因,该泥水的密度、黏度均有较大的增加,所以流经管道时的内壁摩擦阻力较大,即排放压力损失大,致使排泥压力下降。为防止该压力下降,需在管道途中设置中继泵,保证排泥管道的畅通。但是,送泥管道中的情况却不同,因送入掘削面的泥水黏度、密度均不大,虽然盾构的掘进距离增长,送泥管的长度也不断加长,但是送泥管中的泥水压力下降极小,所以送泥管道通常不设中继泵。

当砾石的直径比排泥管径大时,启用砾石处理装置,对砾石进行筛选和破碎处理。

五、泥水输送设备

1. 泥浆泵(图6-4-4)

(1)送泥泵:从泥水处理设备——调整槽,向掘削面压送泥水,通常设置于地表。

(2)排泥泵:把携带掘削土砂的泥水排向地表的泥水处理设备。通常选用转数可调的泥浆泵,设置在盾构后方台车上,该泵可以处理砾石、砂、黏土、珊瑚、煤和其他磨损性物料。

(3)中继泵:弥补掘进距离增加造成的排泥压力损失。通常选用定置定速泵,每200~300m设置一台。

2. 管道设备(图6-4-5)

(1)送泥管:为减小压力损失,通常送泥管的直径比排泥管的直径大50mm。

(2)排泥管:排泥管径取决于输送的砾径,在砂砾层中通常排泥管径不得小于200mm;泥水盾构使用的管材,要求具有良好的耐磨性和光洁度,大部分场合使用煤气管道。

(3)伸缩管装置:伴随盾构掘进距离延长,掘进循环达到一定距离,需要延伸泥浆管。

图6-4-4 泥浆泵、泥浆管路

图6-4-5 送、排泥管

六、泥水的作用

1. 形成泥膜及稳定掘削面

泥水与掘削面接触后,可迅速地在掘削的表面形成隔水泥膜。泥膜生成后,泥水舱的泥水再不能进入掘削地层,即杜绝泥水损失,保证了外加推进力有效地作用在掘削面上。与此同时,掘削地层中的地下水也不能涌入泥水舱,即防止喷泥。这就是泥水的双向隔离作用,保证了掘削面的稳定。

2. 运送排放掘削泥砂

泥水与掘削下来的土砂在泥水舱内混合、搅拌,但掘削土砂在泥水中始终呈悬浮状态,且不失其流动性。故可由泥浆泵经管道将其排至地表,经泥水分离处理即把掘削土砂分离出去排掉,得到原状泥水重新注入泥水舱。

3.冷却和润滑刀盘、刀头等掘削设备

七、泥水配料

泥浆主要包括黏土、膨润土、砂、水、添加剂等配料。

黏土:是配制泥水的主要用料,应最大限度地使用掘削排放泥水中回收的黏土。

膨润土:是泥水主材黏土的补充材,如图6-4-6所示。膨润土的作用是提高泥水黏度、悬浮性、触变性,增加相对密度。

砂:在砾石层中掘进时,因地层的有效空隙直径较大,故需在泥水中添加一定的砂,以便填充掘削地层的孔隙。

水:在使用地下水和江河水时,应事先进行水质检查和泥水调和试验,必须去除不纯物质和调整pH值。

添加剂:主要用来调整泥水的质量,多为化学试剂。如CMS(甲基淀粉)的作用是降低失水率、增加黏度,纯碱(工业碳酸钠,图6-4-7)的作用是调节pH值。

图6-4-6 纯碱(工业碳酸钠)

图6-4-7 膨润土

八、泥水盾构的出渣方式

泥水盾构是用排泥管出渣的。

泥水盾构的泥水排放系统,主要由排泥泵、测量装置、中继排泥泵、泥水输送管及地表泥水储存池构成。泥水盾构的刀盘多为面板形,可根据地层的情况决定面板上的开口率。停止掘进时把槽口全部关闭,使泥土吸入量为零,以此防止掘削面坍塌。

为防止排泥泵的吸入口堵塞,特在土舱内吸入口的前方设置搅拌机和碎石处理机构。

1.搅拌机

泥水盾构上的搅拌机是为了防止舱内泥水沉积、排泥管入口被砾石和大土块等堵塞而设置的。当排泥管入口堵塞时,搅拌机的扭矩将异常上升。

为使搅拌机逆转容易,搅拌机多为液压式。当出现油压缓慢上升时,说明土舱内掘削土砂可能在慢慢堆积下沉。另外,油压出现急剧上升或停止的现象时,很可能有大砾石卡住刀盘,此时应使刀盘逆转解除。

2.碎石器

碎石器是为保证泥浆循环的通畅,而对大块的石块进行破碎。在泥水盾构排泥管的入口处,一般布置有碎石器和格栅,由液压操作的碎石器位于格栅前,把大石头破碎到要求的尺寸。

为使掘削面稳定,排泥水机构中必须装备泥水量管理和掘削土量的测量仪器。通常靠调节泥水压送泵的转数来调节泥水压力,由流量计和密度计测量结果推算出掘削土量。

使用泥水盾构的场合下,掘削土砂通过排泥管输送到处理设备。砂层、砂砾层中长距离掘进的场合下,管壁磨耗严重的情形时有发生,为此管道弯曲部位、盾构内不易更换部件的部位必须使用厚壁管材。

九、泥水处理系统

泥水处理系统,即将掘削下来的土砂形成泥水,通过流体进行输出,经分离成土砂和水,最后将土砂排弃的处理系统,如图 6-4-8 所示。

图 6-4-8　泥水处理系统

泥浆分离和处理系统的作用,是将盾构切削土砂形成的泥水进行颗粒分离和处理后,再将回收的泥浆泵入地面调整槽。

在这个处理系统中,将排放的含有掘削土砂的泥水中,混有砾石、砂、黏土、淤泥的结块等粒径较大的粗粒成分,大直径砾石和砂作机械筛分,小颗粒粉砂土、黏土胶体用凝集剂使其形成团粒后,采取强制脱水。通过对排放的泥水做一系列的处理、调整,使之符合再利用标准及废弃物排放标准的处理,称为泥水处理。具体又分为一次处理、二次处理、三次处理。

工作使用的沉淀池如图 6-4-9 所示。

图 6-4-9　南水北调黄河隧道 2 号沉淀池

1. 一次处理

即将排放的含有掘削土砂的泥水中的砾、砂、淤泥及黏土结块等粒径大于 74μm 的粗颗粒,从泥水中分离出去,并用运土车运走。

2. 二次处理

对一次处理后的多余泥水进行进一步分离,因为74μm以下的小颗粒,呈电化学结合,用机械方法分离困难,并且粒子小,沉降速度慢,自然沉淀需要很长时间,而且需要有规模大的沉淀池。

对于此种情况,目前多数采用添加凝集的方法,使其形成絮凝状团粒,成为便于处理的大颗粒后再强制脱水,呈可搬运状态时运出。

3. 三次处理

把二次处理后产生的水和坑内排水等pH值高的水处理成达到排放标准的水,然后排放。

第五节 土压盾构

一、概述

土压盾构也称土压平衡盾构(earth pressure balance shield),简称EPB盾构,如图6-5-1所示。

所谓土压平衡,就是盾构密封舱内始终充满了用刀盘切削下来的土,并保持一定压力以平衡开挖面的土压力和地下水压力。即:

$$土舱压力 = 地下水压力 + 土压力$$

对由旋转刀盘切削下来进入密封舱内的土体,通过安装在密封舱内的螺旋输送机以及出土口上的滑动闸门或螺旋式漏斗等排土机构进行排土,一面排土,一面维持开挖面稳定状态,一面将盾构向前推进。

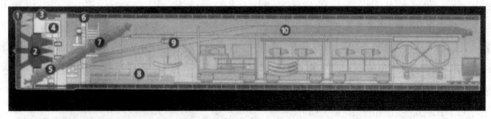

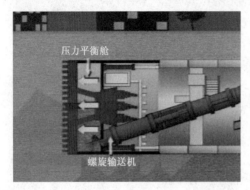

图6-5-1 土压盾构

①-刀盘;②-主轴承;③-推进油缸;④-压力舱;⑤-螺旋输送机;⑥-管片安装机;⑦-闸门;⑧-管片小车;⑨-管片吊机;⑩-皮带输送机

土压盾构的基本原理是:刀盘旋转切削开挖面的泥土,破碎的泥土通过刀盘开口被压进土舱,泥土落到土舱底部,然后在那里与塑性土浆混合,通过螺旋输送机运到皮带运输机上。盾构在推进油缸的推力作用下向前推进。盾壳对开挖出的还未衬砌的隧道起着临时支护作用,不仅承受周围土层的土压,而且承受地下水的水压以及将地下水挡在盾壳外面,使掘进、排土、衬砌等作业在盾壳的掩护下进行。

土压盾构特别适用于具有低渗水性的含有黏土、淤泥土质的地层。为避免发生地表隆起或塌陷,刀盘挖出的渣土支撑着隧道工作面。为使其成为支撑介质,挖出的渣土应具高可塑性、流体、有软连续性、低内摩擦性、低渗水性等特点。

正常情况下,这些特点在开挖前后都不可能遇到。这样,渣土就必须加入膨润土和泡沫剂之类的添加剂,从而使其具有可移动性。

二、土压盾构的优缺点

1. 优点

(1)成本低。因为土压盾构工法无需泥水盾构那样的泥水处理系统,故设备少,现场占地面积小,成本低。

(2)出土效率高。因排出的直接是泥土,不需泥水分离,故排土效率比泥水盾构工法高。

(3)适应地层范围宽。目前土压盾构工法几乎适用于所有地层,特别是大砾石、含砾率高的地层。

2. 缺点

(1)掘削扭矩大。因添加材的密度大,故对地层的浸渗小,所以掘削摩擦阻力大,即掘削扭矩大,致使盾构机的装备扭矩大,功耗大。

(2)地层沉降大。与泥水盾构工法相比,土压盾构工法对地层扰动大,故地层隆起、沉降均比泥水盾构略大,不过随着监测技术的进步,沉降量也可以得到有效的控制。

(3)直径不能过大。由于上述两个缺点,致使土压盾构的直径不能过大,目前最大仅为 $11m$。

三、土压盾构的主要组成

土压盾构主要由盾构主机、后配套系统及辅助设备组成。主机由盾壳、刀盘、刀盘驱动、螺旋输送机、皮带输送机、管片安装机、人舱、液压系统等组成。

1. 刀盘

刀盘负责切削隧道工作面的土料,并在开挖舱内揉搓它,使之成为塑性泥浆。刀盘上开口的百分比在保证系统稳定的前提下,可以根据实际需要而变化。开口的宽度限制了螺旋输送机可以传送的最大石块的尺寸。大的石块在刀盘前破碎到槽口允许的尺寸,以避免损坏螺旋输送机。

2. 开挖舱

刀盘和隔板之间的封闭区域称为开挖舱,又称泥土舱。

开挖舱由刀盘、切口环、隔板及螺旋输送机前端组成。将刀盘开挖下来的土渣填满舱室,在刀盘后面及隔板装有能使舱室内的土渣强制混合的搅拌臂。借助盾构推进油缸的推力,通过隔板进行加压,产生泥土压,这一压力作用于整个作业面,使作业面稳定,刀盘切削下来的土渣量与螺旋输送机向外输送的土渣量相平衡,从而维持舱内压力稳定在预定的范围内。

舱内的泥土压力通过土压传感器进行测量,为保证一定的泥土压力,可通过变换推进力、推进速度、螺旋输送机转速来控制。

3. 螺旋输送机

螺旋输送机是土压盾构的重要部件,如图6-5-2所示,其主要的功能如下:①为掘进渣土排出的唯一通道,从承压的开挖舱中将土料排送到大气压下的隧道中。②在渗水地层中,予以密封,抵抗承压水。③通过控制排出料,在螺旋输送机内形成的土塞,建立前方密封土舱内的压力。

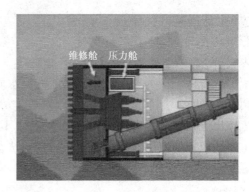

图6-5-2　螺旋输送机

(1) 螺旋输送器的防水

螺旋输送器是盾构与前方开挖面连通的唯一通道,开挖面的岩层形态和地下水情况都会在螺旋输送器的出土口表现出来。尤其在复杂多变的地层中,螺旋输送器除了排放渣土外,有效抵御地下水显得更为重要。

除螺旋输送器后方的出土闸门外,另设置前闸门,在必要时可以彻底隔离开挖面与后方的联系。

(2) 螺旋输送器的喷涌

大量的高压泥浆从螺旋输送器的出土口喷射出来的现象叫喷涌。

喷涌严重污染盾构和隧道工作人员的施工环境,导致停机处理。更有甚者,大量喷涌会造成密封土舱的突然卸压而引起地面的严重沉降。

造成喷涌的原因有很多种,但都有一个共同点,即必定有一个补给充足,迅速在密封土舱螺旋输送器出口处形成水头压力的水源。因此要防止喷涌,其主要方法就是"治水"。

广州地铁二号线穿越珠江施工时,盾构工作面与珠江水连通,江底的自行车零件、菜篮和雨靴从螺旋输送器中排出,喷涌十分严重。

4. 皮带输送机

皮带输送机用于将螺旋输送机送来的渣土转运到后部的装渣列车上,如图6-5-3所示。为了防止皮带机在输送含水量大的弃土时,弃土向下滑,应尽可能将皮带机的倾斜角度设计小,防止渣土回流落入隧道。

在皮带输送机上设置有橡胶刮板及皮带张紧装置、急停拉线装置,并在皮带输送机出渣口设橡胶防护板以防止渣土外溅。

图 6-5-3　皮带输送机

四、泥饼现象

泥饼是盾构刀盘切削下来的细小颗粒、碎屑在密封土舱内和刀盘区重新聚集而成半固结或固结的块状体。

泥饼除可引起地表隆起、沉陷、喷涌外,还会损坏盾构的主轴承。

黏土矿物是形成泥饼的物质基础。泥饼容易在黏土矿物含量超过25%的各类地层中形成。

刀盘中心区是结泥饼的高发区。无论是从德国进口的盾构还是从日本进口的盾构,如果没有设置独立驱动的中心子刀或高达 40~45cm 的中心刀群,由于中心区开孔率低、线速度小,均易形成面板泥饼,设置滚刀者,泥饼发生频度更高。

五、渣土改良

对于黏土含量比较少的地层而言,刀盘掘削下来的泥土的流塑性很难满足排土机构直接排放条件。另外,其抗渗性也差,为此必须向这种掘削泥土中注入添加材,以改变其流塑性、抗渗性,使其达到排土机构可以排放的条件。

为了能更好地改善砂层的流塑性和止水性,可通过渣土改良系统向开挖面注入添加剂或发泡剂,考虑到掘削泥土与添加材的搅拌混合效率,注入口通常设在刀盘中心凸出的前面、辐条上及土舱隔板上。因注入口直接与泥土接触,故必须设置可以防止泥土与地下水涌入的防护头和逆流防止阀。

1. 添加材的功能

添加材主材、助材和水拌和而成的液体材料,其功能如下:

(1)提高塑性,保证了土料能不断地流送到螺旋输送机;防止渣土卡住刀盘、大块卵石沉入土舱底部,造成出渣困难、渣土阻塞。

(2)开挖室内土料具有软稠度和良好的塑性变形,使支撑压力能规则地作用于开挖面,保证开挖面的稳定。

(3)提高渣土的抗渗性,在螺旋输送机形成瓶塞效应,防止喷涌。

(4)减小对刀盘及刀具的磨损与破坏,减少对螺旋输送机的磨损。

(5)减小刀盘和螺旋输送机的驱动力矩,降低电力消耗。

2.添加材的性能和作用

(1)膨润土(图6-5-4)

膨润土的主要成分是蒙脱石,易吸水膨胀,并且具有润滑性。注入该类泥材的目的是增加微、细粒含量,使黏土的内摩擦角变小,可在土压作用下发生变形和破坏,即流动性、止水性均有一定程度的提高。

膨润土的作用是:

①利用膨润土的润滑性和黏性改良渣土,增加渣土的流动性和和易性,防止其在刀盘面、密封土舱或螺旋输送机内结泥饼。

②同步注浆停止时,泵入膨润土以置换砂浆,防止注浆管路内砂浆液沉淀、凝固而发生堵塞。

③可以在工作面上形成低渗透性的泥膜,这样有利于给工作面传递密封土舱的压力,以便平衡更大的水土压力。

④可以改善密封土舱内渣土的和易性,提高砂性土的塑性,以便于出土,减少喷涌。

⑤盾壳周边充满膨润土,可以减小盾构的推进力,提高有效推力。同时,可以减小刀盘扭矩,节约能耗。

(2)泡沫剂(6-5-5)

与膨润土相比,使用泡沫剂的优势是体积小,能分离黏结在一起的黏土矿物颗粒。泡沫剂产生的泡沫中90%是空气,另外10%中的90%是水分,剩下的才是发泡剂。在数小时内,渣土泡沫中的大部分空气就会逃逸,渣土恢复成原来的黏结状态,更便于运输。

图6-5-4　膨润土

图6-5-5　泡沫剂(法国CONDAT公司生产)

泡沫剂适用于细颗粒土层中。在盾构施工时,将由泡沫发生设备产生的泡沫,通过盾构刀盘前端的注射孔注入开挖面。

泡沫剂泵将泡沫剂从泡沫剂储罐中泵出,并与水按要求的比例混合形成溶液。混合溶液随即被分别输送到泡沫发生器中,同时输入压缩空气使泡沫溶液打漩与之混合产生泡沫。泡沫发生系统原理如图5-5-6所示。

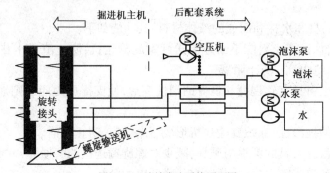

图6-5-6　泡沫发生系统原理图

泡沫剂溶液与压缩空气的混合比例按要求进行混合,其控制参数有:

$$\text{泡沫剂用量比} = \frac{\text{泡沫剂体积}}{\text{混合溶液体积}}$$

$$\text{泡沫的注入率} = \frac{\text{开挖面中泡沫的体积}}{\text{被开挖岩土的体积}}$$

$$\text{泡沫的膨胀率} = \frac{\text{泡沫的体积}}{\text{形成泡沫溶液的体积}}$$

最后,泡沫沿管路通过刀盘旋转接头,到达刀盘正面的每个注入口,操作人员可以根据需要在控制室任意选择泡沫管路,向开挖面注入泡沫。

使用泡沫剂的目的是改善土体的和易性,保持密封土舱内土压力的稳定和出土的顺畅,当泡沫与渣土混合产生如下作用:

①降低渣土的内摩擦力,减少渣土对刀盘部件的摩擦,从而减小刀盘的扭矩,同时有助于减少对刀具的磨损,并使盾构掘进驱动功率减少。

②加到工作面上的泡沫,会形成一个不透水层,降低土的渗透性,减少渗漏,增强工作面的密封性。

③降低土体间的黏着力,防止密封土舱中土体压实形成泥饼。

④增强土体的流动性,从而使其容易充满密封土舱和螺旋输送器的全部空间,便于螺旋输送器出土。

添加材的注入系统包括添加材的配制设备、添加材的注入泵、输送添加材的管道及设置在刀盘中心钻头前端的添加材注入口。

刀盘前面的添加材注入口设有橡胶逆流防止阀,即单向阀,以防止管路被泥砂堵塞。如果注入口被堵塞,可用设置的一套液压疏通装置,用油泵向刀盘加泥系统管路加注最大为 14 MPa 的液压油进行疏通,工程效果很好。

六、土压管理

掘进时,如给定掘进速度,土压通常靠改变螺旋输送机的速度来控制。螺旋输送机的速度快,渣土排出的就快,土压相应降低;螺旋输送机的速度慢,渣土排出的就慢,土压相应上升。

一般说来,通过改变掘进速度,也可以控制土压。掘进速度慢,土压就降低;加快掘进速度,土压就增加。

掘进时,要保持土压的连续。开挖舱中创造的土压要补偿刀盘前面的压力,目的是为了避免地表沉陷和漏浆。

通过安装在土舱压力隔板上的各种土压传感器,主控室的屏幕上可以显示土压和支撑压力。

为确保掘削面的稳定,必须保持舱内压力适当。压力不足,会使掘削面坍塌;压力过大,会出现地层隆起和地下水喷射。

土压盾构中泥土压力调节的方法有:

(1) 调节螺旋输送机的转速。

(2) 调节盾构千斤顶的推进速度。

(3) 两者组合控制。

即土压是通过调节推进油缸的速率或螺旋输送机的转速进行控制的。

第六节　盾构隧道的衬砌

盾构法修建的隧道采用拼装式衬砌,是将衬砌分成若干块管片,这些管片经预制后运到隧道内,用机械拼装成环。其特点是:拼装成环后能立即受力。目前主要用在盾构隧道内,因为盾构的前进需要衬砌环立即提供反力,这是现浇混凝土衬砌所做不到的。

盾构隧道的衬砌,通常分为一次衬砌和二次衬砌。一般情况下,一次衬砌为由管片组装成的环形结构。二次衬砌是在一次衬砌内侧现场灌注的混凝土结构。

由于在开挖后要立即进行衬砌,故将数个钢筋混凝土制造的块体构件组装成圆形等衬砌,此块体称为管片,如图 6-6-1 所示。

图 6-6-1　管片

管片制造费用约占隧道工程总投资的 45%。

只有一次管片衬砌的叫单层衬砌。在一次衬砌里面再做现场灌注的二次衬砌,称之为叫做双层衬砌。

一般情况下采用单层衬砌,如地铁隧道。但对于污水隧道、有内压的隧道或结构受力十分复杂的隧道,宜采用双层衬砌,如南水北调的穿黄隧道。管片衬砌如图 6-6-2 所示。

图 6-6-2　管片衬砌

由于在盾尾内拼成圆环的衬砌,在盾构向前推进时,要承受千斤顶推进的反力(图 6-5-3),同时由于盾构的前进而使部分衬砌暴露在盾尾外,承受地层给予的压力,故对一次衬砌有如下要求:

(1)能立即承受施工荷载和永久荷载,如围岩压力、机具压力,后者包括盾构推进时的千斤顶压力,并且有足够的刚度和强度。

(2) 不透水、耐腐蚀,具有足够的耐久性。

(3) 装配安全、简便,构件能通用。

图 6-6-3　千斤顶顶在管片上

一、管片的预制、存放、运输

1. 管片的种类

按材料分,管片大致有铸铁、钢材及钢筋混凝土等几类。此外,使用复合材料制作的管片也日益表现出其不可比拟的优越性。以下将着重介绍钢筋混凝土管片,如图6-6-4和图6-6-5所示。

图 6-6-4　做坏了的钢筋混凝土管片　　　　图 6-6-5　管片生产车间

钢筋混凝土管片有一定的强度,加工制作比较容易,耐腐蚀,造价低,是最为常见的管片形式。但较笨重,运输、安装、施工时边缘易损坏;拼装成环时,由于管片制作精度不高,端面不平,拧紧螺栓时,往往使管片局部产生较大的集中应力,导致管片开裂。

2. 钢筋混凝土管片的制作

(1) 钢模设计加工

要确保制作好的管片有统一尺寸、误差在一定的范围内,关键是要设计加工高精度、拆装方便、刚度大、变形极小的钢模,如图6-6-6所示,一般管片几何尺寸的误差应小于±1mm。

(2) 钢筋笼成型

钢筋笼成型如图6-6-7所示,钢筋制作应严格按加工大样图进行断料和歪曲成型,钢筋与钢筋之间及邻近的金属预埋件之间净距离不小于25mm。

钢筋焊接电流控制在100~140A之间,焊接时不得烧伤钢筋。焊口要牢固,焊缝表面不允许有气孔及夹渣。焊接后将氧化皮及焊渣及时清除干净。

图6-6-6 制作管片用的钢模

图6-6-7 钢筋笼成型

(3)混凝土浇捣

将成型的钢筋笼放入钢模内,开始浇捣混凝土,如图6-6-8所示。混凝土搅拌采用自动计量系统,搅拌时间严格控制在2min,坍落度控制在80mm内。混凝土浇筑采用分层下料方式,并启动附着式振捣器,振捣至模具内混凝土完全装满且无气泡冒出。

每块管片均为标准产品,外弧面为自由面。用手按混凝土有微平凹痕时打开顶模,进行混凝土的人工收水抹面工作。

(4)养护、脱模

管片一般采用蒸汽养护后自然养护。为加快钢模的周转频率,蒸汽养护混凝土强度达到50%以上时,脱模,吊起管片入水池养护,如图6-6-9~图6-6-11所示。

 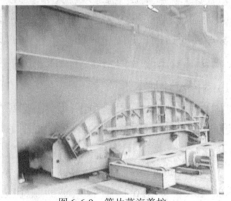

图6-6-8 混凝土浇捣　　　　　图6-6-9 管片蒸汽养护

图 6-6-10 管片的吊运

①混凝土初凝后合上顶模,在模具外罩上密闭的帆布罩。帆布养护罩与模具保持 10cm 的距离,以便于蒸汽流动。

②为防止温度升高过快而损坏混凝土,升温时间控制在 3h,每小时升温 10~15℃,严禁超过 20℃;温度升至 60℃时恒温约 2h。

③降温时间控制在 1.5h 以上,先关闭供汽阀,部分掀开养护罩,模具和混凝土自然冷却 1h 后拿走养护罩,过半小时后脱模。

④同步养护混凝土试件达到 20MPa 后方可脱模,脱模后及时标上管片型号、编号、生产日期等内容。

(5)检漏和试拼

管片用于地下工程,要能抵抗地下水的渗入。成品管片除强度满足设计要求外,防水抗渗也是一项主要指标,所以对成品管片按比例做检漏试验,从而鉴定管片的抗渗能力。检漏标准按设计抗渗压力恒压 2h,渗水深度不超过管片厚度的 1/5 为合格。

管片的抗渗等级在设计无明确规定时,一般按 P8 标准施工(P 为渗透的英文单词 penetrate 的首字母,"8"为 8 个大气压或 0.8MPa)。

图 6-6-11 管片入水池养护

为了保证管环的真圆度,生产时应每隔一段时间,对管片进行试拼检查,如图 6-6-12 所示。

图 6-6-12 管片的试拼检查

3. 管片存放及运输

(1) 管片存放

管片在养护池内养护7d,然后在喷淋养护区域养护至14d,运至堆放场地按型号及生产日期分类、分区存放。管片堆放作业采用叉车进行,防止碰伤管片。

管片凸弧向下堆放整齐,一摞管片的堆放高度不超过4块,管片与管片间垫置方木,两摞管片之间的距离不小于50cm,如图6-6-13和图6-6-14所示。

图6-6-13 管片凸弧向下堆放整齐

图6-6-14 管片间的方木

图6-6-15 管片的运输

(2) 管片运输

管片采用平板车运输,如图6-6-15所示。出厂前对每块管片进行全面检查,严禁有质量缺陷的管片出厂。

每环管片分两摞堆放,每摞三块。管片装车后捆绑好保险带,防止管片在运输过程中移位、倾斜。

4. 防水材料粘贴

管片运至施工现场,经质检工程师检查验收后,进行防水材料的粘贴,如图6-6-16所示。先将管片环纵接触面及预留粘贴止水条的沟槽清理干净,用刷子涂抹粘贴剂。

图6-6-16 防水材料粘贴

涂完粘贴剂后静置10~15min,待接触不黏糊时,将框形止水条放入密封沟槽内,用木榔头敲紧止水条使之与管片面密贴。

橡胶止水条,依靠相邻管片的接触压力挤压密实之后产生防水效果。这种橡胶主要是氯丁橡胶、丁苯橡胶等,具有遇水膨胀性,因此在粘贴好后,应该注意防水、防潮,以免失效。

二、管片的拼装

隧道是由预制管片逐环连接形成的。在盾壳保护下,在其空间内进行管片的拼装。

1. 管片接头

管片接头分为沿圆周方向连接起来的管片接头和沿隧道轴线连接起来的管片环接头两种。

（1）螺栓连接

如图 6-6-17、图 6-6-18 所示,连接螺栓有直螺栓和弯螺栓两种。螺栓安装如图 6-6-19 所示。

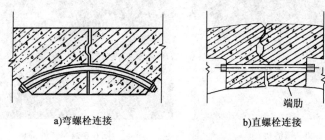

图 6-6-17　管片的螺栓连接方式

图 6-6-18　弯螺栓

图 6-6-19　工人师傅在穿螺栓

（2）无螺栓连接

无螺栓连接为依靠本身接头面形状的变化而无需其他附加构件的连接方式,用于砌块的接头连接。

2. 技术名词解释

（1）纵向——隧道的轴线方向；

（2）径向——隧道圆环的直径方向；

（3）环向——隧道圆环的圆周方向；

（4）纵缝——同环管片块与块之间的接缝；

（5）环缝——管片环与环之间的接缝；

（6）纵向螺栓——螺栓方向为纵向,是环与环之间的连接螺栓；

（7）环向螺栓——螺栓方向为圆环方向,是同一块管片块与块之间的连接螺栓。

3. 拼装工艺

隧道管片拼装形式有以下几种。

(1)按其组合形式,分为通缝拼装和错缝拼装。

①通缝拼装。所有衬砌的纵缝呈一直线的情况,称之为通缝拼装,如图 6-6-20 所示。即各环管片的纵缝对齐的拼装,这种拼法在拼装时定位容易,纵向螺栓容易穿,拼装施工应力小。

②错缝拼装。相邻两环间纵缝相互错开的情况,称之为错缝拼装,如图 6-6-21 所示。即前后环管片的纵缝错开,不在一条直线上的拼装,一般错开 1/2 块管片弧长,用此法建造的隧道整体性较好。错缝拼装的优点在于能够使环接缝刚度分布均匀,提高了管片衬砌的刚度。

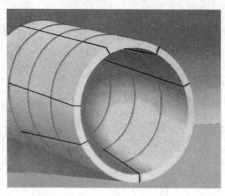
图 6-6-20　错缝拼装

图 6-6-21　错缝拼装

我国多采用错缝拼装形式。

(2)按照组环的形式,分为先环后纵和先纵后环。

①先环后纵。先将管片拼装成圆环,拧好所有环向螺栓,待穿进纵向螺栓后再用千斤顶整环纵向靠拢,然后拧紧纵向螺栓,完成一环的拼装工序。

②先纵后环。此法在推进阻力较大,容易引起盾构后退的情况下不宜使用。管片按先底部、后两侧、再封顶的次序,逐步安装成环,每装一块管片,对应千斤顶就伸缩一次。这种方法的封顶块必须纵向插入,最后封顶成环。

我国多采用先纵后环形式。

(3)按照顺序,分为先上后下和先下后上。

①先上后下。小盾构施工中,可采用拱托架拼装,则要先拼装上部,使管片支撑于托架上。这样拼装安全性差,工艺复杂,需要有卷扬机等辅助设备。

②先下后上。用举重臂拼装的方法,从下部管片开始拼装,逐块左右交叉向上拼。这样拼装安全性好,工艺简单,拼装所用设备少。

大多数隧道采用先下后上的方法,即使用举重臂的方法。

目前,我国管片的拼装工艺可归纳为先下后上、左右交叉、纵向插入、封顶成环。

4. 管片拼装机构

管片拼装机构可将管片按照隧道施工要求安装成环,包括搬运管片的钳夹系统和上举、旋转、拼装系统。对其功能要求,是能把管片上举、旋转及夹持管片向外侧移动。如图 6-6-22、图 6-6-23 所示。

管片拼装机构设置在盾尾,由举重臂和真圆保持器两部分构成。

(1)真圆保持器

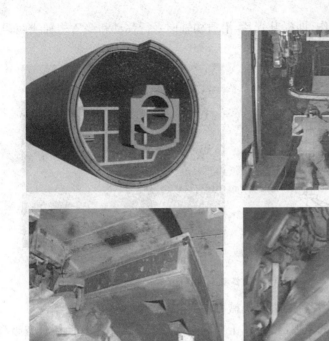

图 6-6-22 管片拼装

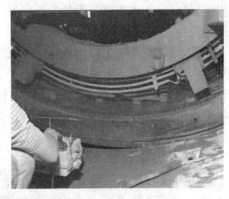

图 6-6-23 管片拼装司机、遥控器

当盾构向前推进时,刚刚拼装成的管片环就从盾尾脱出,由于管片接头缝隙、自重力和作用土压力的原因,管环会产生横向变形,使横断面成为椭圆形。当发生形变时,前面装好的管环和现拼的管环连接有时会出现高低不平,给安装纵向螺栓带来困难。为避免此现象,需使用真圆保持器修正,保持拼装后的管环的正确位置,使其成为一个"真圆",如图 6-6-24 所示。

真圆保持器支柱上装有可伸缩的千斤顶,上下两端装有圆弧形支架,该支架可在动力车架的伸出梁上滑动。当一环管环拼装结束后,就把真圆保持器移到该环内,待支柱上的千斤顶使支架紧贴管环,盾构就可以推进。

盾构推进后,由于真圆保持器的作用,管环不发生变形,且一直保持真圆状态。

(2) 举重臂

管片拼装机俗称举重臂,为在盾尾内把管片按所定形状安全、迅速拼装成管环的装置,是盾构的主要设备之一,多以液压为动力。隧道永久支护多为圆形,由若干个弧形管片组成。

举重臂要具备以下三个动作,即提升管片、沿盾构轴向平行移动和绕盾构轴线回转。相应的拼装机构为提升装置、平移装置和回转装置。

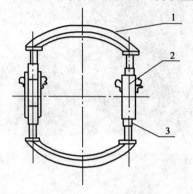

图 6-6-24 真圆保持器
1-扇形顶块 2-支撑臂 3-伸缩千斤顶

按抓取管片的方式不同,管片拼装机有机械抓取式和真空吸盘式两种类型。

真空吸盘式与机械抓取式的主要区别,在于抓取头的形式不同。管片使用真空吸盘吸取,在正常工作状态下真空度为95%~98%。即使真空度低至80%,其产生的吸取力仍然大于要求设计的安全系数。即使所有设备单元均出现故障,真空吸盘也可以把持住管片30min以上,这主要取决于吸盘密封的状况。

盾构中,最危险的地方就是管片安装区域。因此,整个系统及其控制都经过专门的设计,把风险降到最小。

真空度具有互锁功能,可以防止真空度低于80%时抓取管片;真空度连续显示,在真空度低于75%时发出警报。

真空释放只能同时按住两个按钮才能进行,即必须用双手操作,以防止误操作而放松管片。管片拼装时,非操作人员不得进入管片拼装区域。

三、隧道衬砌背后注浆

由于盾构刀盘的开挖直径大于管片外径,管片拼装完毕并脱出盾尾后,与土体间形成一环形间隙。为了避免或减少盾构后部的沉降,在掘进隧道期间,必须回填此环状空隙。如果此间隙得不到及时填充,势必造成地层变形,使相邻地表的建筑物、构筑物沉降或隧道本身偏移。

因此,衬砌背后注浆是盾构法施工必不可少的关键性辅助工法,如图 6-6-25 所示。

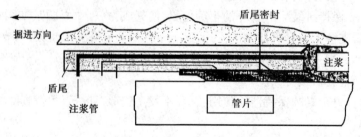

图 6-6-25 衬砌背后注浆示意

1. 衬砌背后注浆的目的

(1) 控制地表沉降

衬砌背后注浆的最重要的目的就是及时填充环形间隙,防止因间隙的存在导致地层发生较大的变形或坍塌。

(2) 减少隧道沉降量

如上所述,管片出盾尾后,管片与土体之间产生空隙,使管片下部失去支撑,由于管片的自重,就产生了下沉,这使原来成环良好的轴线受到影响。用具备一定早期强度的浆液及时填充环形间隙,可确保管片早期和后期的稳定。而压浆后能使管片卧在压浆的材料上,就好像隧道有了一个垫层,也就防止或减少了隧道的沉降,保证隧道轴线的质量,满足工程使用要求。

(3) 提高隧道衬砌的防水性

隧道是由预制管片拼装而成的,所以有很多的纵、环向缝隙,而这些缝隙正是防水的薄弱环节,设想如果在衬砌外壁均匀地铺设一定厚度能防水的材料,对提高整条隧道的防水效果是可想而知的,压浆正是起到了这个作用。盾尾注浆液凝固后,一般有一定的抗渗性能,可作为隧道的第一道止水防线,提高隧道抗渗性能。

(4) 改善衬砌的受力状况

压浆后,地层变形和地层压力得以控制,浆体便附在衬砌圆环的外周,使两者共同变形,从而改善衬砌的受力状况。盾构隧道是一种管片衬砌与围岩共同作用的结构稳定的构造物,均匀、密实地注入和填充管片背面空隙是确保土压力均匀作用的前提条件。

2. 浆液的选择

(1) 浆液的种类

衬砌背后注浆的浆液一般分为单液浆和双液浆。

① 单液浆,是指多由粉煤灰、砂、水泥、外加剂等在搅拌机中一次拌和而成的浆液。这种浆液又可分为惰性浆液和硬性浆液。

惰性浆液:没有掺加水泥等凝胶物质,其早期强度和后期强度均很低的浆液。

硬性浆液:掺加了水泥等凝胶物质,具备一定早期强度和后期强度的浆液。

② 双液浆,是指由水泥砂浆浆液与水玻璃浆液混合而成的浆液。双液浆又可按初凝时间的不同,分为缓凝型(初凝时间为 30~60s)和瞬凝型(初凝时间小于 20s)。

凝结时间越长,越容易发生浆液向密封土舱内泄漏和土体内流失的情况,限定范围的填充越困难。而且在没有初凝前,浆液容易被地下水稀释,产生材料分离。因此,目前多采用瞬凝型浆液注浆,但凝结时间过短,也会造成注入还没结束,浆液便失去了流动性,导致填充效果不佳。

惰性浆液初凝时间长,制备成本低。硬性浆液制备成本相对较高,初凝时间为 12~16h,早期具有一定的强度,对于隧道衬砌的稳定较为有利。

单液浆由于施工工艺简单,易于控制,且不易堵管等优点,较广泛地用于隧道衬砌背后注浆。

(2) 注浆工艺

应随盾尾后空隙的形成,立即进行压浆,并保持一定的压力。压浆工艺对盾尾密封要求较

图6-6-26 注浆机器

高,以防止注入的浆液从尾部、工作面、管片接头等部位泄露到其他无需注浆的部位。因此,要有一个不易漏浆的盾尾密封装置及准备有堵浆措施、设备和材料等,特别是泥水盾构中还设置了三道钢丝刷,所以尾部泄露泥浆的现象极少。注浆机器如图6-6-26所示,注浆现场如图6-6-27所示。

①注浆压力。注浆时,既要保证对管片背后环形空隙的有效填充,还要防止因注浆压力过大而引起地表隆起或破坏管片结构。注浆压力宜控制在 0.25~0.45 MPa。

②注浆量。压浆量的多少,将直接影响到地表变形量的大小。一般压浆量为理论环形空隙体积的150%~250%。

注浆结束标准,采用注浆压力、注浆量双指标控制。

③注浆种类。从时效上可将衬砌背后注浆分为同步注浆、二次注浆。注浆现场如图6-6-27所示。

图6-6-27 注浆现场

同步注浆:是指盾构向前推进,在施工间隙形成的同时立即注浆的方式。同步注浆使浆液同步填充环形间隙,从而使周围土体获得及时的补偿,有效地防止土体塌陷,控制地表的沉降。

同步注浆采用盾构本身配置的注浆系统,其构造形式为注浆管平行与盾壳埋设,浆液水平方向注出。因注浆管安装在盾构上,施工中应特别注意,防止注浆管堵塞,注浆完毕后应立即清洗注浆管,不能留有多余的浆液。

二次注浆:是指在同步注浆效果不理想时,对前期注浆进行补充注浆的方式。二次注浆可以反复进行,即多次注浆。

二次注浆是通过管片上的注浆孔(图6-6-28)注浆,注浆管垂直于管片内表面,浆液注入方向与管片

图6-6-28 注浆孔

垂直。该注浆方式注浆路径较短,可注入初凝时间很短的浆液,充填的及时性更易得到保障。

第七节 盾构工法

一、竖井

由于盾构施工是在地面以下一定深度进行的暗挖施工,因此在盾构起始位置上要修建一竖井进行盾构的拼装和始发,称其为始发井或盾构拼装井(图6-7-1);在盾构施工的终点位置还需拆卸盾构并将其吊出,也要修建竖井,称其为盾构到达井或盾构拆卸井(图6-7-2)。

图6-7-1 盾构始发竖井

图6-7-2 盾构到达竖井

盾构拼装井,是为吊入和组装盾构、运入衬砌材料和各种机具设备以及出渣、作业人员的进出而修建的。盾构拼装井的形式多为矩形,也有圆形。拼装井的长度要能满足盾构推进时初始阶段的出渣,运入衬砌材料、其他设备和进行连续作业与盾构拼装检查所需的空间。

盾构拼装井内设置拼装盾构的盾构拼装台。盾构拼装台一般为钢结构与钢筋混凝土结构。台上设有导轨,承受盾构自重和盾构移动时的其他荷载。支承盾构的两根导轨,应能保证盾构向前推进时,方向准确而不发生摆动,且易于推进。

二、盾构始发准备工作

1. 始发洞口的地层加固

盾构始发之前要对洞口地层的稳定性进行评价,如果出洞地层在破除洞门后稳定性不足,则对出洞地层进行加固。地层加固的范围一般约为纵向1倍洞径,横向超出隧道开挖轮廓1~3m甚至更大。

地层加固方法很多,常用的有地层注浆、搅拌桩、旋喷桩、钻孔素桩等。

地层加固要保证洞门破除后的土体有充分的强度和稳定性,在盾构始发掘进之前不能坍塌。

2. 洞门凿除

盾构始发站或井的围护结构一般为钢筋混凝土桩或连续墙,盾构刀盘无法直接切割通过,需要人工凿除,如图6-7-3所示。洞门凿除的时机必须把握良好,凿除太迟耽误盾构出洞,凿除太早让洞门后的土体暴露时间过长。一般直径为6.6m、厚度为1m的洞门,人工凿除需要两个星期的时间。

洞门凿除施工时,不能把所有的钢筋和混凝土都除掉,直接暴露出土体,而应保留围护结构的最后一层钢筋和钢筋保护层,待盾构刀盘到达之后再割除最后一层钢筋网。对于盾构的到达,也同样存在洞门凿除的工作。

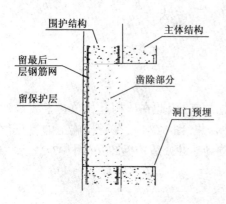 

图 6-7-3　洞门凿除

近几年,出现了桩围护结构,桩身材料为玻璃纤维混凝土。对于此种围护结构,盾构刀盘可以直接切割通过,从而减少了洞门凿除作业。

3. 反力架的安装

在盾构刚开始前进时,由于此时还没有拼好的管片,它的推进反力是由反力架承担的,即推进油缸作用在反力架上。

盾构主机拼装的同时,可开始反力架的安装。

反力架安装时有如下三条注意事项:①因为主机也在安装,所以反力架安装时要特别小心,不能碰撞到主机;②反力架安装的位置误差、垂直度误差应控制在 10mm 以内;③反力架应有牢固的支撑,能为盾构始发提供 8 000kN 以上的反推力。

4. 负环管片的安装

盾构刚开始出发时尚在竖井内,需要前进的反力,也需要顶在管片上。由于进洞后的管片为正数第一环,则称竖井内的管片为负环管片(图 6-7-4)。

图 6-7-4　负环管片

通过竖井进出材料,负环管片上要留有开口。一般等盾构进洞比较远后,拆除这些管片。

盾构连接和反力架安装完成后,即可进行负环管片的安装。待第一负环管片拼装完成后,用推进油缸把管片推出盾尾,并施加一定推力把管片压紧在反力架上,即可开始第二负环管片的拼装。

管片在被推出盾尾后,要及时支撑加固,防止管片下沉或失圆,支撑要尽可能稳固。

三、试掘进和始发掘进

1. 试掘进

经过数环负环管片的推进后,刀盘已经抵拢掌子面,即可开始刀盘驱动系统和刀盘本身的负载调试和试掘进了。

在试掘进期间,主要是进行盾构各系统的监测和调试,并完善各系统的配套工作能力。

2. 始发掘进

从正式进洞的第一环正数管片开始,到盾构后配套系统完全进洞,负环管片拆除,系统完全达到设计生产能力为止,这一施工阶段称为始发掘进。

在始发掘进期间,继续盾构各系统的监测和调试,并完善各系统的配套工作能力。在始发掘进结束前,总体系统的工作能力要达到80%以上。

四、运输方式

1. 重载编组列车运输

洞内水平运输采用重载编组列车运输,编组列车长54.6m,由9节车辆组成,一辆35t交流变频机车(图6-7-5)、5辆18m³矿车、一辆砂浆车和两辆管片送输车(图6-7-6),运输线路为43kg轨的单线,一个掘进循环的材料和渣土由编组列车一次运进与运出。

图6-7-5 35t变频机车

图6-7-6 管片运输车

2. 垂直运输

垂直运输主要运输材料管片、轨料、油脂油料等及渣土的提升。它主要指的是龙门吊,如图6-7-7所示。

图6-7-7 龙门吊

第七章 复合盾构

> **学习目标**
>
> 本章简单介绍了水底隧道的一种施工方法——沉管法,具体包括干坞的作用和修筑方法、管段的预制和浮运方法、基槽的开挖、管段的沉放和水下连接、基础处理方法。此章内容均作了解要求,做些知识储备。

第一节 概 述

在通海轮的江河或港湾地区,道路穿越水路时,虽然可以建高架桥梁,桥下净空高度要求比桅高加高 2m 以上,常达 40~50m 或采用开启式桥梁。但造价及用地均较多,且当航运繁忙时,常常导致交通不畅。此时,水底隧道则成为较经济、合理、可行的渡越方式。

水底隧道主要有三种施工方法:盾构法、钻爆法及沉管法。

1810 年,英国伦敦采用沉管法进行水底隧道施工试验,但因为管段防水问题没能解决,使这一试验未能成功。

1894 年,美国采用沉管法在波士顿完成一项城市地下水道修建工程,并于 1904 年采用此法建成底特律河水底铁路隧道,至此宣告沉管施工法的成功诞生。

自 1959 年加拿大迪斯隧道成功使用水力压接法进行预制管段水底连接后,沉管法修筑水底隧道变得更为优越,并很快为世界各国普遍采用。

我国自 1993 年在广州珠江沙面建成国内第一条沉管隧道后,又于 1995 年在宁波甬江建成国内第两条沉管隧道。这两条江底沉管隧道的建成为我国继续在长江、黄河、海峡等修筑沉管隧道积累了许多宝贵经验。如图 7-1-1、图 7-1-2 所示为沉管隧道进出口处。

由广州打捞局总承建的广州市第二条穿越珠江隧道——仑头至生物岛隧道的第一节管段,长 77m、宽 23m、高 8.7m,重约 14 000t,是目前世界上最重的水下隧道沉管,其采取的浮运方式在世界上也属首次。

广州打捞局在沉管隧道工程中采用移动干坞预制沉管管段的新工艺,即在半潜驳甲板面上制作沉管,完工后通过拖轮将半潜驳拖至预定位置下潜,然后进行二次舾装及管段沉放对接,最终与岸上段贯通。

据介绍,仑头至生物岛隧道是继珠江隧道后广州市再次采用沉管法建设的一条隧道。该施工工艺的特点集中体现在隧道管段全部在移动干坞(15 000t 半潜驳)上完成预制。这是沉管隧道建设史上的一个重大突破,创造了"广州隧道船上造"的奇迹。与在固定干坞上制造相比,在移动干坞上制造具有投入少、工期短、占地少等优势。

图 7-1-1　宁波甬江水底沉管隧道　　　图 7-1-2　上海外环沉管隧道

一、沉管隧道施工方法

采用沉管法施工时,先在隧址附近修建的临时干坞(图 7-1-3)内预制管段(图 7-1-4),预制的管段采用临时隔墙封闭,然后将此管段浮运到隧址的规定位置,此时已于隧址处预先挖好一个水底基槽。待管段定位后,向管段内灌水、压载,使其下沉到设计位置,将此管段与相邻管段在水下连接,并经基础处理,最后回填覆土,即成为水底隧道,如图 7-1-5 所示。

图 7-1-3　干坞　　　　　　　　　　　图 7-1-4　管段

二、沉管法修筑公路隧道优缺点

1. 优点

(1)施工质量有保证

预制管段是在临时干坞上浇筑的,施工场地较集中,便于进行全天候、全方位的工程质量管理,管段结构和防水措施的质量亦可以得到保证。

由于需要在隧址现场施工的隧道管段接缝非常少,漏水的可能性大大减少。而且,自从采用了水力压接法后,大量的施工实践证明:沉管法施工比盾构法施工,漏水机会减少百倍,管段接缝实际施工质量几乎达到了"滴水不漏"的程度。

图 7-1-5　沉管隧道示意

(2)对地质水文条件适应性强

能在流沙层中施工而不需特殊设备或措施。因为沉管法在隧址的基槽开挖较浅,基槽开挖和基础处理的施工技术较简单,又因沉管受到水浮力,作用于地基的恒载较小,因而对各种

177

地质条件适应性较强。由于管段采用先预制再浮运沉放的方法施工,避免了难度很大的水下作业,故可在深水中施工。

(3) 沉管隧道工程造价较低

沉管隧道挖水底基槽比地下挖土单价低,且土方数量较少;每段管节长达100m,整体制作、浇筑、养护后在水面上整体拖运,所需制作和运输费用,比盾构隧道管片分块制作及用汽车运输所需的费用要低得多;管段接缝数量少,费用相应减少;沉管隧道可浅埋,比相对深埋的盾构隧道要短很多,所以工程总造价可大幅度降低。

(4) 沉管隧道施工工期短

沉管每节预制管段很长,一条沉管隧道只需要几节预制管段就可完成,而且管段预制和水底基槽开挖可同时进行,浇筑预制管段等大量工作,不在隧址现场进行,而是在构筑的临时干坞上进行,管段浮运沉放就位也很快,这就使沉管隧道施工的工期比采用其他施工方法的工期要短得多。

(5) 施工作业条件比较好

基本上没有地下作业,完全不用气压作业,水下作业也极少,施工较安全。管段预制和浮运及沉放等主要工序大部分在水上进行,水下作业极少,只有少数潜水员在水下作业,工人们都在水上操作,因此说沉管隧道施工作业条件比较好、较安全。

(6) 可建成大断面多车道

因为采用先预制后浮运沉放就位连接的施工程序,可以将隧道横向尺寸做得较大,一个横断面内可同时容纳4~8个车道,断面空间利用率高。

2. 缺点

制作管段时,普通的混凝土管段难以防水,因此需采用一系列严格的技术措施,进行有效的防水。

沉管隧道一般由敞开段、暗埋段、岸边竖井及沉埋段等部分组成。在沉埋段两端,通常设置竖井作为沉埋段的起讫点。竖井是沉埋隧道的重要组成部分,可作为通风、供电、排水、运料及监控等的通道。

沉埋管段的结构外形可分为圆形和矩形两大类。一般来讲,采用矩形管段比用圆形横断面管段经济,且适合于多车道(4~8车道)的公路隧道,故矩形管段成为现阶段国内外沉管隧道最常用的横断面形式。

第二节 干坞修筑和管段预制

一、临时干坞修筑

预制沉管管段的场地,既能分节预制管段,又能在管段制成后灌水浮起,一般称这个场地为临时干坞。它的位置应选择距隧址较近,且要求地质条件较好,便于浮运的地方。如图7-2-1和图7-2-2所示。

1. 干坞规模

干坞的规模应根据隧道工程规模、管段数量、每节管段的宽度与长度,以及管段预制批量,并结合坞址具体地质条件、地形情况、工期要求、土地使用费和施工机械设备等,综合考虑决定。采用一次预制管段的干坞规模要求较大,采用分批预制管段的干坞规模可以较小。

图 7-2-1 干坞的开挖

图 7-2-2 干坞的全景

(1) 采用一次预制所有管段的干坞

一次预制的所有管段的干坞只需放一次水进坞,不需要采用闸门,施工简便,仅用土围堰或钢板桩围堰作坞首。在管段出坞时,可将坞首围堰拆除,便可以浮运管段拖拉出坞。这种方法干坞规模较大、占地较多、土地使用费用较高,一次预制管段的方式仅适用于隧道工程量较小,管段数量少,现场土地使用费较低,坞址地质条件较差的工程。

(2) 采用分批预制管段的干坞

当用地较困难、隧道工程规模较大、需预制的管段数量较多时,应首选分批预制管段方式,以达到缩小干坞规模,减少用地费用,重复使用率高,并且有利于与其他施工程序配合,尽量缩短工期的目的。这种方式是在每批管段预制完成,就放一次水进坞,将管段浮运出坞,干坞的坞门需开启与关闭多次。

2. 干坞的构造

干坞一般由坞墙、坞底、坞首及坞门、车道和排水系统组成。图 7-2-3 为天津海河隧道沉管法施工用的干坞,坑底面积达 5 万多平方米。

(1) 临时干坞深度

干坞深度应保证管段制成后能进行安装和浮运出坞。因此,坞室深度,应能保证管段在低水位时露出顶面,并能保证在高水位时有足够的水深以安设浮箱,中水位时,又能使管段自由浮升,如图 7-2-4 所示。为确保浮运安全,管段浮起时其底部与坞底的富余深度以 1.0m 为宜。

图 7-2-3 天津海河隧道沉管法施工用的干坞

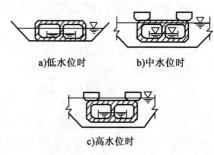
图 7-2-4 临时干坞的深度

(2)临时干坞的坞墙(即边坡)

图 7-2-5 干坞的边坡防护

干坞的四周,大多采用简单的自然土坡为坞墙,如图 7-2-5 所示。在确定干坞边坡坡度时,要进行抗滑稳定性验算。为保证坞边稳定安全,一般多用防渗墙及井点系统。防渗墙可由钢板桩、塑料板制成,或在上堤中加设喷射混凝土厚度不小于 25cm 的防渗墙,以防地下水渗漏;在多雨地区,边坡坡面可采用铺设一层塑料薄膜,加砂袋固定的保护措施,以防雨水冲刷边坡引起坍滑。

(3)干坞的坞底

坞底应有足够的承载力,一般应大于 100kPa。应根据干坞的使用次数和坞底的地质条件修建坞底。为减少管段不均匀沉降,可以采取以下几种处理措施:

①先铺一层砂子,在砂层上铺一层 25~30cm 厚的混凝土或钢筋混凝土。为了防止管段上浮时被"吸附",在混凝土面层上再铺一层砂砾或碎石。

②先铺一层 1~25cm 厚的黄砂,为防止黄砂流失,并保证坞室灌水时管段能顺利地浮起,可在黄砂层上再铺 20~30cm 厚的砂砾或碎石,以防止管段起浮时被"吸住"。

③当遇到很松软的黏土或淤泥层时,需对坞底进行加固处理。如采用土石换填,一般换填 1.0m 厚碎石,则可满足预制管段对地基承载力的要求。

(4)坞首与坞门

在干坞的出口处要设坞首及坞门。一般采用土围堰或钢板桩围堰做坞首和坞门。

(5)干坞的车道

从坞外到坞底要修筑车道,以便运输施工机具、设备和混凝土原材料等。

(6)干坞的排水系统

通常采用井点法降水或在坞底设明沟、盲沟和集水井,用泵将水排到坞外。为增强地基承载力及保证基底的稳定,应保持坞底干燥无积水。坞外设截水沟和排水沟系统。

3.临时干坞施工方法

干坞施工具体的方法为:

(1)先沿干坞四周做混凝土防渗墙,隔断地下水。

(2)用推土机、铲运机从里面向坞口开挖土坑,挖出的土方大部分运至弃土场,一部分土回填做坞堤。

(3)在坞底和坞外设排水系统:截水沟、排水沟、盲沟、集水井点降水、抽水泵站等。

(4)在土边坡坡面,用塑料薄膜满铺并压砂袋,以防雨水冲刷。

(5)在修整好的坞底铺砂、碎石,再用压路机压实、压平整,并在坞门至坞内修筑车道等。

4.干坞内主要的机具设备

临时干坞内的施工设备,主要为管段预制和管段灌水浮起、拖运服务,其主要机械设备有:

(1)混凝土拌和站

其生产能力或设备规模,应按施工组织设计要求而定。通常应能连续供应灌筑一个节段(常把一个管段分成几个节段,每个节段长 15~20m)所需要的混凝土。

(2)起重设备

常采用轨道门式起重机或塔式起重机,如图7-2-6。在施工过程中,起重主要对象是模板、钢板、钢筋、混凝土料和橡胶垫环等。起重能力不大,通常为50~75kN。门式起重机伸臂跨度应比管段宽度大约7~8m,净高应比管段高度高出4m以上。

(3)运输设备

干坞中的水平运输,一般采用蓄电池车或卡车、翻斗车、轨道车、混凝土输送车、混凝土泵式输送汽车及输送管道等。蓄电池车轨道一般直接铺在坞底上,而卡车、翻斗车、汽车运输道路,由干坞边坡顶面沿边坡面延伸到坞底。

(4)拖运设备

管段一般用电动卷扬机和绞车拖运出,如图7-2-7所示。在坞室充水、管段浮起、闸门打开之后,利用这些安装在干坞周边坡顶上的卷扬机和绞车,将管段慢慢地拖拉出坞,等候在坞外的拖轮,将出了坞门的管段浮运至临时存放的系泊区或驳装码头。

图7-2-6 起重设备

图7-2-7 卷扬机

(5)其他设备

其他设备还有干坞内的钢筋加工设备、电焊机、空气压缩机、混凝土喷射机、抽水设备、混凝土振捣及养护设备,以及预制管段模板、拼装式脚手架、千斤顶等普通土建工程常用设备。

由于临时干坞内工作面很集中,混凝土浇筑工程数量大,几万到几十万立方米的钢筋混凝土,都集中在这个面积有限的干坞内生产,设备利用率和劳动生产率高,生产周期短,生产工人不多,劳动效率高,这些因素成为沉管隧道造价较低的重要原因之一。

二、预制管段

1.钢筋混凝土管段制作

在钢筋混凝土管段制作中,最重要的是保证管段预制完成后在水中浮运时能有规定的干舷。干舷指管段在浮运过程中露出水面的高度。

管段沉埋于江底基槽中使用时,不产生管壁渗漏。因此,在灌注管段混凝土时,要求保证管段混凝土的匀质性和水密性。

(1)管段结构物自身防水能力的提高

一方面采用防水混凝土灌注管段,另一方面要防止管段混凝土由于温差和干缩造成的裂缝。施工中可采用以下防止管段裂缝的措施:

①控制节段长度。将每片预制管段分成几个节段施工,每个节段长度宜为15~20m。

②控制混凝土内外的温差。采用隔热性能良好的木模板,推迟拆模时间,加强养护工作。

③降低混凝土灌注温度。采用低水化热的矿渣水泥等品种,降低水灰比,减少水泥用量(如掺用粉煤灰),夏天掺冰水拌和混凝土,选择气温较低的夜间或阴天灌筑混凝土等措施。

④减少施工缝两侧混凝土温差。在灌注边墙混凝土时,在离底板 3m 范围内的边墙中设置蛇形冷却水管,降低边墙混凝土温度,使先浇筑的底板混凝土与后浇筑的边墙混凝土温差减小。

(2)管段本身外侧防水

外侧防水层必须具有不透水性、耐久、耐压、耐腐蚀性好,不必修补,并能适应管段的温度变化而延伸与收缩,便于施工、较经济等。外侧防水的技术措施如下:

①采用钢壳、钢板防水。圆形管段,采用钢壳(厚 12mm)作模板兼作永久性防水层,但采用钢壳防水耗钢量大,焊缝防水的可靠性低,并且钢材防锈问题不易解决。

②采用卷材、保护层防水。管段边墙及顶板,可采用柔性防水层和保护层防水。柔性防水层常选用沥青类卷材与合成橡胶卷材。

沥青类卷材一般用浇油摊铺法粘贴,顶板要中间向两边摊铺,边墙则自下而上摊铺,搭接宽度 10~15cm,要求搭口不翘。异丁合成橡胶卷材的层厚 2mm,采用层数视水头大小而定。

合成橡胶卷材的主要缺点是:施工工艺较复杂,施工中操作稍有不慎就会"起壳",返工时非常费事,坏了几乎无法修补。

(3)管段施工接缝防水

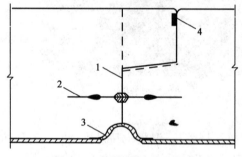

图 7-2-8 管段的纵向施工接缝
1-施工接缝;2-止水带;3-密封带;4-止水填料

管段预制时,一般先灌注底板混凝土,后灌注边墙和顶板混凝土。在边墙下端会产生纵向施工接缝,如图 7-2-8 所示。

管段沿长度方向分成几个节段施工,节段之间设置横向施工缝,其水密性很难保证,一般要采取针对性的防水措施。

在施工缝中,一般设置 1~2 道止水带,以保证变形前后均能防止河海水流入。止水带的种类有很多,目前应用得较多的是钢板橡胶止水带,如图 7-2-9 所示。

2. 封端墙

在管段灌注完成,拆除模板之后,为了使管段能在水中浮起,须于管段两端离端面 50~100cm 处设置封端墙。封端墙可采用钢板或钢筋混凝土制成,如图 7-2-10 所示。

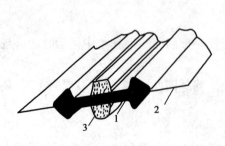

图 7-2-9 钢板橡胶止水带
1-橡胶带体;2-钢板;3-塑料

图 7-2-10 封端墙

近年较多用钢筋混凝土封端墙,其优点是变形较小,易于确保不漏水,但缺点是拆除较麻烦。沉管隧道工程实践表明,钢板封端墙方法仍较可取,其密封问题不难解决。

3. 压载设施

沉管式隧道的预制管段是自浮的,浮运拖拉就位后要沉放到水底,在沉放时不加压载就沉不下去。加压下沉时,可用石渣、矿渣、砂砾等压载,也有用水来压载的。用水箱压载简单方便,目前应用较多。

在封端墙安设之前,须先设置防水密封门、人员出入孔,并在管段内对称设置容纳压载水的容器,使管段保持平衡,达到平稳地下沉。压载水箱宜采用拼装或木板水箱,便于装拆及可重复使用。

三、管段防水检漏与干舷调整

管段在制作完成后,必须做防水检漏。如有渗漏,可在浮运出坞之前及时发现、及早处理。可在干坞灌水之前,先往压载水箱里注水压载,然后再往干坞室内灌水,灌水 24~48h 后,工作人员进入管段内对管段所有外壁(包括底板和顶板)进行一次全面、细致的检漏。如无渗漏,即可排放压载水,让管段浮升出水;如有渗漏,则可将干坞室排干净水后,进行修补。

第三节 沉管基槽开挖与航道疏浚

一、沉管基槽开挖

1. 沉管基槽开挖要求

在沉管隧道隧址处的水底沉埋管段范围,需于水底开挖沉管基槽,如图 7-3-1 所示,沉管基槽开挖的基本要求如下:

(1)槽底纵坡应与管段设计纵坡相同。

(2)沉管基槽的断面尺寸,根据管段断面尺寸和地质条件确定。

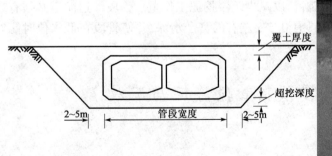

图 7-3-1 沉管基槽

①沉管基槽的底宽,一般比管段底每边宽 2~5m。这个宽余量应视土质情况、基槽搁置时间及河道水流情况而定,一般不宜定得太小,以免边坡坍塌后,影响管段沉放顺利进行。

②开挖基槽的深度,应为管顶覆土厚度、管段高度和基础处理所需超挖深度三者之和。

③沉管基槽开挖边坡,稳定边坡与土层地质条件有关,对不同的土层采用不同坡度的边坡。

2.沉管基槽开挖方法

(1)水中基槽开挖方法

图7-3-2 抓斗式挖泥船

一般采用吸扬式挖泥船疏浚,用航泥驳运泥。当土层较坚硬,水深超过20m时,可用抓斗式挖泥船(图7-3-2)配合用小型吸泥船清槽及爆破。粗挖时亦可采用链斗式挖泥船,其挖泥深度可达19m。对硬质土层可采用单斗挖泥船。

(2)泥质基槽开挖方法

一般分两个阶段进行挖泥,即粗挖和精挖。粗挖时挖到离管底高程1m处;精挖时应在临近管段沉放前开挖,以避免淤泥沉积,精挖层的长度只需超前2~3节管段长度即可。挖到基槽底设计高程后,应将槽底浮土和淤泥渣清掉。

(3)岩石基槽开挖方法

首先清除岩面以上的覆盖层,然后采用水下爆破方法挖槽,最后清礁。一般水底炸礁采用钻孔爆破法。炮眼的深度一般超过开挖面以下0.5m,采用电爆网络连接起爆。水底爆破要注意冲击波对来往船只和水中作业人员的安全,其安全距离应符合规定,并加强水上交通管理,设置各种临时航标以指引船只通过。

二、航道疏浚

航道疏浚包括临时航道的浚挖和浮运管段航道的浚挖。

1.临时航道疏浚

临时航道疏浚管段必须在沉管基槽开挖以前完成,以保证施工期间河道上正常的安全运输。

2.浮运管段航道疏浚

浮运管段航道专门为管段从干坞浮运到隧址设置的,应在管段出坞浮运前疏浚好。管段浮运路线的中线应沿着河道深水河槽航行,以减少疏浚挖泥工作量。管段浮运航道必须有足够的水深,根据河床地质情况,应考虑具有0.5m左右的富余水深,并使管段在低水位时能安全拖运,防止管段搁浅。

第四节 沉管预制管段浮运与沉放

一、预制管段浮运作业

1.管段拖运出坞

管段在干坞内完成预制后,可向干坞内灌水(图7-4-1),使预制管段逐渐浮起。在浮起过程中,利用在干坞四周预先为管段浮运布设的锚位,用地锚绳索固定在浮起的管段上,然后通过布置在干坞坞顶的绞车将管段逐节牵引出坞(图7-4-2),以便下一批管段按期预制。

图 7-4-1 向干坞内灌水

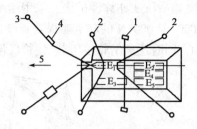

图 7-4-2 管段拖运出坞(宁波甬江沉管隧道)
1-绞车;2-地锚;3-沉埋锚;4-工作驳;5-出坞牵引缆

2. 管段向隧址浮运

一般可采用拖轮拖运,或用岸上的绞车拖运管段。当拖运距离较长,水面较宽时,宜采用拖轮拖运管段,如图7-4-3所示。

3. 拖轮布置形式

(1)四船拖运

将两艘拖轮并排在管段的前面领拖,另两艘拖轮并排在管段的后面反拖,并制动转向,如图7-4-4a)所示。

(2)三船拖运

用两艘拖轮在前拖轮,一艘拖轮在后反拖并制动转向,如图7-4-4b)所示。

图 7-4-3 拖轮拖运

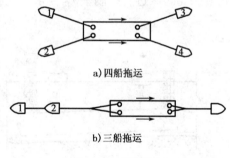

a)四船拖运

b)三船拖运

图 7-4-4 管段拖运

4. 岸上绞车拖运和拖轮顶推管段浮运

当水面较窄时,可在岸上设置绞车拖运。例如:浙江宁波甬江水底沉管隧道,预制沉管浮运过江时,采用绞车拖运沉管过江;广州沙面至芳村珠江水底沉管隧道,采用绞车拖运与拖轮顶推的方式浮运管段。

二、预制管段沉放就位

1. 管段沉放方法

当管段浮运就位后,需将管段沉放到水底基槽中与相邻管段对接。管段沉放作业是沉管隧道施工中的重要环节。目前,沉管隧道管段的沉放方法,归纳为两大类:一类是吊沉法,另一类是拉沉法。采用吊沉法的居多。吊沉法又分为起重船吊沉法、浮箱或浮筒吊沉法、水上自升式作业平台吊沉法和船组或浮箱组杠沉法。

(1)起重船吊沉法

起重船吊沉法亦称浮吊法。采用浮吊法进行管段的沉放作业时,一般采用2～4艘起重能力为1 000～2 000kN的起重船提着管段顶板预埋吊环,吊环位置应能保证各吊力的合力通过管段重心,同时逐渐给管段压载,使管段慢慢沉放到规定位置上,如图7-4-5所示。

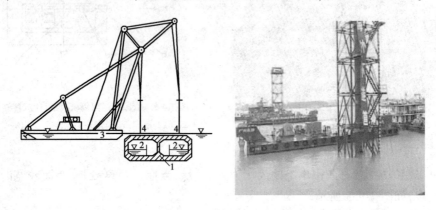

图7-4-5　起重船吊沉法
1-沉管;2-压载水箱;3-起重船;4-吊点

(2)浮箱吊沉法

通常在管段顶板上方采用4只浮力为1 000～1 500kN的方形浮箱,直接将管段吊起,4只浮箱分前后两组,每两只浮箱用钢桁架连接起来,并用4根锚索抛锚定位,如图7-4-6所示。起吊的卷扬机和浮箱定位卷扬机均安放在浮箱顶部。也可以不用浮箱组的定位锚索,只用管段本身的6根定位索进行控制坐标,使水上沉放作业进一步简化。

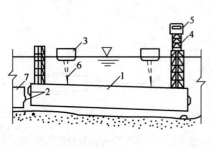 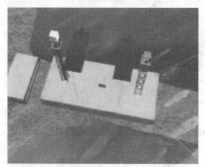

图7-4-6　浮箱吊沉法
1-沉管;2-鼻式托座;3-浮箱;4-定位塔;5-指挥塔;6-定位索;7-已设管段

(3)自升式平台吊沉法

自升式平台一般由4根柱脚与船体平台两部分组成。移位时靠船体浮移,就位后柱脚靠液压千斤顶下压至河床以下,平台沿柱脚升出水面,利用平台上的起吊设备吊起沉放管段。管段沉放施工完后落下平台到水面,利用平台船体的浮力拔出柱脚,如图7-4-7所示。

(4)船组杠吊法

采用两副"杠棒"担在两组船体上组成船组,完成管段吊沉作业。所谓"杠棒",即钢桁架梁或钢板梁,如图7-4-8所示。

以上各种沉放管段的方法中,最常用且最方便的方法是浮箱吊沉法和船组杠吊法。

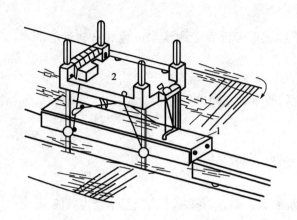 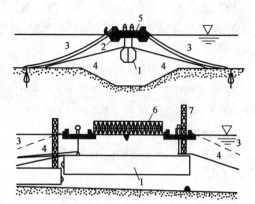

图 7-4-7　自升式平台吊沉法
1-沉管;2-自升式平台(SEP)

图 7-4-8　船组杠吊法
1-沉管;2-铁驳;3-船组定位索;4-杠棒;5-连接梁;6-定位塔;7-指挥塔

2.沉放作业的主要设备

采用浮箱吊沉法与船组杠吊法等方法作业的主要机具设备有：

(1) 管段吊沉大型机具设备

起重船吊沉法采用 2~4 艘起重能力为 1 000~2 000kN 的起重船;自升式平台吊沉法采用专用的 SEP 水上作业平台;浮箱吊沉法和船组杠吊法采用 4 艘浮力为 1 000~1 500kN 的浮箱或铁驳,其起重设备为 6~14 台定位卷扬机和 3~4 台起吊卷扬机。

(2) 拉合千斤顶

拉合千斤顶安装在管段前端左右的边墙上,用以拉住前节既设管段的后端,进行拉合作业。拉合千斤顶的拉力一般为 1 500kN,顶程为 100cm。但实际上,许多工程都不用拉合千斤顶而以卷扬机进行拉合作业。

(3) 定位塔与出入井筒

定位塔又称测量塔,事先安装在管段顶面上,高约 20m,用钢结构拼成塔形,塔内设出入井筒,筒径多为 80~120cm,供人出入。每座定位塔的顶部,都设有测量标志,定位卷扬机也安设在定位塔上,有时还在塔上设指挥室和测量工作室。如图 7-4-9 和图 7-4-10 所示。

 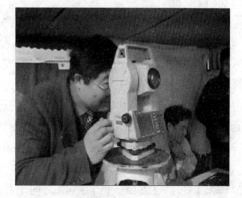

图 7-4-9　测量塔　　　　　　　　图 7-4-10　岸上测量

(4) 地锚

在管段沉放作业之前,应事先在河底安置锚碇,以便安设定位索。

(5)测站和水文站

在两岸都须设置管段沉放定位测站,并于隧址近旁设立能测读水流速和含盐量等的水文站。

(6)超声波测距仪

超声波测距仪安设于管段前端,以测定前后两节管段间的三向相对距离。当距离在1m以内时,其测量精度可达±5mm。

(7)倾度仪

倾度仪能自动反映管段的纵横倾斜度,以便及时调整吊索。

(8)缆索测力计

在每一根锚索或吊索的固定端均设置自动测力计,能在指挥室中直接显示受力数值,并自动记录。

(9)压载水容量指示器

该指示器能随时向指挥室反映压载水容量及下沉力实际数量,并自动记录。

(10)指挥通信器材

采用无线电话步话机及广播器材等用于指挥室,与各岗位进行直接联系,传递各种指令等。

3. 沉放作业

管段沉放作业全过程可按以下三个阶段进行。

(1)沉放前准备工作

在开始沉放前的1~2d,须把管段基槽范围内和附近的回淤、泥沙清除掉,保证管段能顺利地沉放到规定位置,避免沉放中途发生搁浅,临时延长沉放作业时间,打乱港务计划。

在管段沉放之前,应事先和港务、港监等有关部门商定航道管理有关事宜,并及早通知有关方面。同时,水上交通管制开始之后,须抓紧时间布置好封锁线标志,包括浮标、灯号、球号等。

(2)管段就位

在管段浮运到距离规定沉放位置的纵向约10~20m处,挂好地锚,校正方向,使管段中线与隧道中线基本重合,误差不应大于10cm,管段纵坡调整到设计纵坡。定好完毕后即可开始灌水压载,至消除管段全部浮力为止。

(3)管段下沉

管段下沉如图7-4-11所示。管段下沉的全过程,一般需要2~4h,因此应在潮位退到低潮、平潮之前1~2h开始下沉。开始下沉时,水流速度宜小于0.15m/s,如流速超过0.5m/s,就要另行采取措施,如加设水下锚锭,使管段安全就位。

管段下沉作业,一般分为三个步骤进行,即初步下沉、靠拢下沉和着地下沉。

①初步下沉。如图7-14-12所示,先灌注压载水至下沉力达到规定值的50%,用缆索测力计测定。随即进行位置校正,待前后左右位置校正完毕后,再继续灌注压载水至下沉力达到规定值的100%,然后使管段按不大于30cm/min的速度下沉,直到管段底部离设计高程4~5m为止。下沉过程中要随时校正管段位置。

②靠拢下沉。将管段按既设管段方向平移至前节管段2~2.5m处,再将管段下沉到管段底部离设计高程0.5~1.0m处,并再次校正管段位置。

③着地下沉。如图7-4-13所示,先将管段底降至距设计高程10~20cm处,用超声波测定仪控制。再将管段继续前移至既设管段20~50cm处,校正位置后,即开始着地下沉。在到最

后10～20cm时，下沉速度要很慢，并应随时校正管段位置。

图7-4-11 管段下沉

图7-4-12 初步下沉

着地时，先将管段前端上鼻式托座搁在前节管段下鼻式托座上（图7-4-14），然后将管段后端轻轻地搁置到临时支座上。搁好后，管段上各吊点同时卸载，先卸去1/3吊力，校正管段位置后再卸至1/2吊力，待再次校正管段位置后，卸去全部吊力，使管段下沉力全部作用在临时支座上。

图7-4-13 着地下沉

图7-4-14 鼻式托座

在有些工程中，此时再灌压载水加压，使临时支座下的石渣堆得到进一步压实。待石渣压实后再将压载水排掉。此时，就可以准备进行管段接头水下连接的拉合作业。

第五节 管段水下连接及基础处理

一、管段水下连接

管段沉放完毕后，必须与已沉放好的管段连接成一个整体。这项连接工作在水下进行，故称管段水下连接。水下连接技术的关键是保证管段接头不渗、不漏水。

目前，几乎所有的沉管隧道都采用了简单、可靠的水力压接法进行管段水下连接施工。

1. 水力压接法

20世纪50年代末，加拿大的迪斯隧道首创水力压接法。接着，60年代初开工的荷兰鹿特丹市地铁沉管隧道工程，采用了这种水力压接法，并加以改进，使其更加完善，各国广泛推广。

1) 作用原理

水力压接法是利用作用在管段上的巨大水压力使安装在管段前端面周边上的一圈胶垫发生压缩变形,形成一个水密性相当可靠的管段接头,如图 7-5-1 所示。

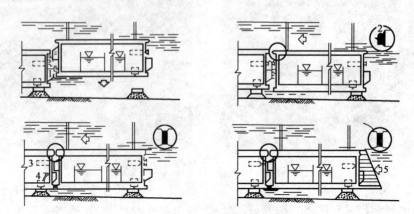

图 7-5-1 水力压接法
1-鼻式托座;2-接头胶垫;3-拉合千斤顶;4-排水阀;5-水压力

具体施工方法是:在管段沉放就位后,先将新设管段拉向既设管段并紧靠上,这时接头胶垫产生了第一次压缩变形,并且有初步止水作用。随即将既设管段后端的封端墙与新设管段前端的封端墙之间的水(此时已与河水隔离)排走。

排水之前,作用在新设管段前、后两端封端墙上的水压力是相互平衡的,排水之后,作用在前封端墙上的水压力变成 1 个大气压的空气压力,于是作用在后封端墙上的巨大水压力就将管段推向前方,使接头胶垫产生第二次压缩变形。经两次压缩变形后的胶垫,使管段接头具有非常可靠的水密性,如图 7-5-2 所示。

水力压接法因其有工艺较简单、施工方便、水密性好、基本不用潜水作业、施工速度较快、工料费较节省等优势,而得以在世界各国迅速推广应用。

2) 接头胶垫

目前,水力压接法所使用的管段接头胶垫有两种类型:一种是由荷兰试验研制的尖肋型橡胶垫(图 7-5-3),安装在管段接头的竖直面,作为管段接头第一道防水线承受压力;另一种是采用 W 或 Ω 形橡胶板安装(用扣板和螺栓连接)在管段接头的水平方向,作为管段接头第二道防水线(并具有抗震性能)承受拉力等。

图 7-5-2 防水接头胶垫

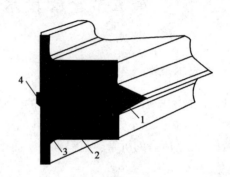

图 7-5-3 尖肋型接头胶垫
1-尖肋;2-胶垫本体;3-底翼缘;4-底肋

3）施工程序

采用水力压接法进行管段水下连接的主要工序，是对位、拉合、压接、拆除封端墙。

（1）对位

管段沉放作业是按前述的工序初步下沉、靠拢下沉和着地下沉三步进行。着地下沉时须结合管段连接工作进行对位，对位精度应符合以下规定：管段前端水平方向为±2cm，垂直方向为±0.5cm；管段后端水平方向为±5mm，垂直方向为±1cm。为确保对位精度，管段接头一般应采用曾应用于上海金山沉管隧道的"卡式托座"（图7-5-4），它是对于鼻式托座的改良，更便于确保管段接头定位的精度要求。

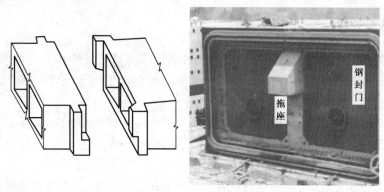

图7-5-4　卡式托座

（2）拉合

拉合工序是利用安装在既设管段竖壁上带有锤形拉钩的千斤顶，将刚对好位的管段拉向前节既设管段，使胶垫的尖肋产生初压变形和初步止水作用。拉合作业也可用定位卷扬机完成。

（3）压接

拉合作业完成后，即可打开既设管段后封端墙下部的排水阀，排出前后两节沉管封端墙之间被胶垫所封闭的水。排水阀用管道与既设管段的水箱相连接。排水开始后不久，应打开安设在既设管段后封端墙顶部的进气阀，以防封端墙受到反向真空压力。当封端墙间水位降低到接近水箱水位时，应开动排水泵助排，否则水位不能继续下降。

排水完毕后，作用到整个胶垫上的压力，便等于作用在新设管段后封端墙和管段端面上的全部水压力，此压力可达数十兆牛到数百兆牛，视水深和管段断面尺寸而定。在全部水压力作用到胶垫上后，胶垫必然进一步压缩，从而达到完全密封。

（4）拆除封端墙

压接工序完成后，即可拆除封端墙，安装W或Ω形橡胶板，使管段向岸边连通。因没有像盾构施工时那样的出土和管片运输的频繁行车，安装壁面、平顶、永久性照明灯具等均可开始作业。这也是沉管隧道工期较短的一个重要因素。

2. 水上交通管制

在进行管段沉放作业时，为保证施工和航运双方的安全，必须采取水上交通管制措施，其中最主要的是主航道的临时改道和局部水域的暂时封锁。

在管段沉放作业时，应尽量保持原航道航运的畅通，只有当影响到原航道航运的部分管段施工时，才启用临时航道维持通行。临时航道可与原航道同宽，也可有所缩小，视河面情况而定。只有当河面很窄，河中的隧道仅一、二节管段时，才需实行临时全封航。

管段沉放作业区的水上交通封锁,是局部的、范围有限的、暂时性的。在沿隧道中轴线前后方向,应根据定位锚索的布置方式确定封航范围。如管段沉放时采用前后锚,则封锁范围应为离管段两端各150~200m。这种水上交通封锁持续时间,一般为24h。有的工程,实际封锁时间只有12h。有的在封锁时间内,中途开放1~2h,以便于中小型船只通过。

开始封锁时间,一般安排在傍晚,接着在夜间进行现场准备,翌晨进行管段定位,午前进行下沉作业,午后结束全部沉放工作。管段沉放作业的具体日期和时间,应按水文预报选定。实践证明,只要各方面紧密配合,指挥决策得当,在当地港务部门协助下,都能顺利解决水底沉管作业与水上交通管制的问题。

二、沉管基础处理

沉管基础处理是水底沉管隧道水下施工的最后工序。基础处理和回填覆土后,因作用在地基上的荷载一般比开挖前小,故沉管隧道地基一般不会产生由于土质固结或剪切破坏引起的沉降。

沉管隧道施工时是在水下开挖基槽,一般不会产生流沙现象,因而对地质条件的适应性很强。故沉管隧道施工时不必像采用盾构法施工水底隧道那样,须在施工前进行大量的水中地质钻探工作。

然而在沉管隧道施工时,仍须进行沉管的基础处理。其原因是:在开挖基槽作业后的槽底表面与沉管底面之间存在很多不规则的空隙,会导致地基受力不均匀而产生局部破坏,从而引起地基不均匀沉降,使沉管结构受到较大的局部应力而开裂。

因此,在沉管隧道施工中必须进行基础处理,其目的是使管段底面与地基之间的空隙垫平、充填密实,以消除那些对沉管结构有危害的空隙。

沉管隧道的基础处理主要是垫平基槽底部。其处理方法较多,主要有两大类八种方法:一类是先铺法,又称刮铺法,包括刮砂法、刮石法两种;另一类是后铺法,包括灌砂法、喷砂法、灌囊法、压浆法、压砂法和桩基法。

刮铺法在管段沉放前进行,故也称先铺法;喷砂法和压注法等在管段沉放后进行,故也称后填法。桩基法主要适用于软弱地基。

早期的沉管隧道多采用刮铺法处理基础,而桩基法在西欧如荷兰、德国等国家应用比较普遍。由于在实际施工中桩顶高程不可能控制得完全一致,因此,须采取辅助措施使桩群顶面齐平,如已运行的宁波常洪沉管隧道基底处理就是采用桩基法辅以砂浆囊袋传力的手段。

后铺法已经成为沉管隧道基底处理的趋势,我国已建的珠江隧道采用压砂法,甬江隧道采用注浆法。

目前应用最多的是刮铺法、喷砂法、压注法及桩基法四种基础处理方法,现介绍如下。

1. 刮铺法

刮铺法如图7-5-5所示。采用刮铺法开挖基槽底应超挖60~80cm,在槽底两侧打数排短桩安设导轨,以便在刮铺时控制高程和坡度。安设导轨时要有较高的精度,否则影响基础处理的质量和效果。

刮铺法是在管段沉放前用专门的刮铺船上的刮板,在基槽底刮平所铺材料作为管段基础。所用的材料有碎石、砂砾石、粗砂。投放铺垫材料采用抓斗或通过刮铺机的喂料管,投放范围为一节管段长,宽度为管段底板宽加1.5~2m。若铺垫材料为砂砾石或碎石,其最佳粒径分别为 2.6~3.8cm 和 15cm。

刮板船用沉到水底的锚块起稳定作用,刮板支承在刮板船的导轨上,刮铺时刮平后垫层表面的平整度;刮砂为 ±5cm,刮石为 ±20cm。

为了保证基础密实,管段就位后可加过量的压载水,使其产生超载,以使垫层压紧密贴。若铺垫材料为碎石,可通过管段底面板上预埋的压浆孔向垫层压注水泥膨润土混合砂浆。

刮铺法的缺点:必须要有专门的刮铺设备;其作业时间较长,对船道有干扰;刮铺完后需经常清除回淤泥或坍坡的泥土;在管段底宽较大时施工较为困难。

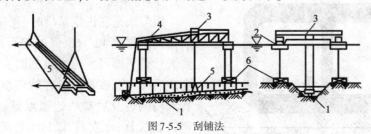

图 7-5-5 刮铺法
1-碎石垫层;2-驳船组;3-车架;4-桁架及轨道;5-刮板;6-锚块

2. 喷砂法

在管段宽度较大时,用刮铺法施工实在很困难,1941 年荷兰玛斯沉管隧道施工时首创喷砂法。其原理如图 7-5-6 所示。

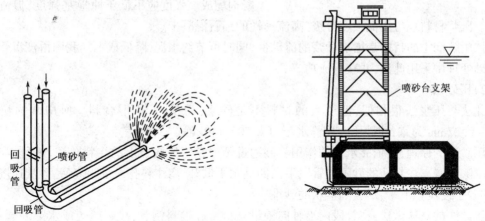

图 7-5-6 喷砂法原理

喷砂法主要是从水面上用砂泵将砂、水混合料通过伸入管段底下的喷管向管段底喷注,将空隙填充饱满。喷填的砂垫层厚度一般为 1m 左右。

喷砂作业用一套专用的台架,台架顶部凸出于水面上,可沿铺设在管段顶面上的轨道作纵向前后移动。在台架的外侧悬挂着一组(三根)伸入管段底部的 L 形钢管,中间一根为喷管,旁边两根为吸管。

作业时,将砂、水混合料经喷管喷入管底下的空隙中,喷管作业扇形旋移前进。在喷砂作业的同时,经两根吸管抽吸回水,使管段底面形成一个规则有序的流动场,砂子便能均匀沉淀。从回水的含砂量中可测定砂垫层的密实程度。

喷砂作业的施工速度约为 $200m^3/h$。喷砂作业完成后,随即松卸临时支座上的定位千斤顶,使管段的全部重量压到砂垫层上去进行压密。喷砂法适用于宽度较大的沉管隧道。

喷砂法在清除基槽底的回淤土时十分方便,可在喷砂作业前,利用喷砂设备逆向作业系统进行。

喷砂法的缺点：设备较昂贵；喷砂台架体积庞大，占用航道而影响通航；对砂子的粒径要求较高，因此增加了喷砂法的费用。

3. 压注法

在管段沉放后向管段底面压注水泥砂浆或砂，作为管段的基础。根据压注材料不同，分为压砂法和压浆法两种。

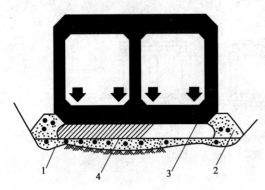

图 7-5-7 压浆法
1-垫层；2-砂；3-石封闭栏；4-压入砂浆

1）压浆法

压浆法是在浚挖基槽时，先超挖 1m 左右，然后摊铺一层厚 40~60cm 的碎石，但不必刮平，只要大致整平即可。再堆设临时支座所需的渣堆，完成后即可沉放管段。在管段沉放结束后，沿着管段两侧边及后端底边抛堆砂、石封闭栏，栏高至管底以上 1m 左右，以封闭管段周边，如图 7-5-7 所示。

然后从隧道内部，用压浆设备通过预埋在管段底板上的 $\phi 80mm$ 压浆孔，向管段底空隙压注混合砂浆。混合砂浆由水泥、膨润土、黄砂和缓凝剂配成。强度应不低于原地基强度，但流动性要好。压浆材料也可用低强度等级、高流动性的细石混凝土。

掺用膨润土的目的是增加砂浆的流动性，同时可节约水泥，降低成本。我国甬江沉管隧道的基础处理中采用此法，并获得成功。

2）压砂法

此法与压浆法很相似，但压入的材料不是砂浆，而是砂、水混合料。所用砂的粒径以 0.15~0.27mm 为宜，注砂压力比静水压力大 50~140kPa。

压砂法的原理，是依靠水流的作用将砂通过预埋在管段底板上的注料孔注入管段与基底间的空隙。脱离注料孔的砂子在管段下向四周水平散开，离注料孔一定距离后，砂流速度大大降低，砂子便沉积下来，形成圆盘状的砂堆。

压砂法的具体做法：在管段内沿轴向铺设 $\phi 200mm$ 输料钢管，接至岸边或水上砂源，通过泵砂装置及吸料管将砂水混合料泵送到已接好的压砂孔，打开单向球阀，混合料压入管底孔隙，压注孔间距约为 20m。

停止压砂后，在水压作用下球阀自动关闭。每次只连接三个压砂孔，在一个压砂孔灌注范围内填满砂子后，返回重压前的孔，其目的是填满大大小小的空隙。完成一段后再连接另外的压注孔，进行下一段压砂作业。

压砂顺序是从岸边注向中间，这样可避免淤泥聚积在管段隧道两端。待整个管段基础压砂完成后，再用焊接钢板封闭砂孔。

我国广州珠江沉管隧道（图 7-5-8）成功地采用了压砂基础，压砂孔在管段全范围呈三排梅花形排列，

图 7-5-8 广州珠江沉管隧道

主要由 ϕ260mm 的压砂管、两根测管和 ϕ180mm 的球形阀组成。其砂积盘半径为7.5m,压砂孔出口净压强为0.25MPa,压砂材料为清远1号砂。

4. 桩基法

当沉管下的地基极软弱时,其容许承载力很小,仅做"垫平"处理是不够的。采用桩基础支撑沉管,承载力和沉降都能满足要求,抗振能力也较强,桩较短,费用较小。

沉管隧道采用水底桩基础后,由于在施工中桩顶不可能达到齐平,为使基桩受力较均匀,必须在桩顶采取一些措施,这些措施大体有以下三种:

(1)水下混凝土传力法

基桩打好后,在桩群顶灌注水下混凝土,并在其上铺一层砂石垫层,使沉管荷载经砂石垫层及水下混凝土层均匀传递到桩基础上,如图7-5-9所示。

(2)砂浆囊袋传力法

在管段底部与桩顶之间,用大型化纤囊袋灌注水泥砂浆加以垫实,使所有基桩均同时受力。

已运营的宁波常洪沉管隧道(图7-5-10)基底处理,就是桩基法辅以砂浆囊袋传力。

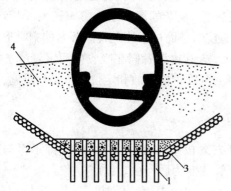

图7-5-9 水下混凝土传力法
1-基桩;2-碎石;3-水下混凝土;4-砂石垫层

图7-5-10 宁波常洪沉管隧道

(3)活动桩顶法

该法在所有基桩顶端设一小段预制混凝土活动桩顶。在管段沉放完成后,向活动桩顶与桩身之间的空腔中灌注水泥砂浆,将活动桩顶升到与管段密贴接触为止。

5. 覆土回填

回填工作是沉管隧道施工的最后工序,包括沉管侧面回填和管顶压石回填。沉管外侧下半段,一般采用砂砾、碎石、矿渣等材料回填,上半段可用普通砂土回填。覆土回填作业应注意以下几点要求:

(1)全面回填必须在相邻管段沉放完毕才进行,用喷砂法进行基础处理,或用临时支座时,要待管段基础处理完,落到基床上再回填。

(2)用压注法进行基础处理时,先回填管段两侧,防止过多的岩渣存落在管段的顶部。

(3)管段上、下游左右两侧应对称回填,管段顶面和基槽施工范围内应均匀回填。回填过多,易造成航道障碍;回填不足处,易形成漏洞。

6. 遮光棚

在解决隧道黑洞效应的前提下,为减少隧道入口段加强照明的电耗,设计人员设计了一种名为遮阳棚的结构。20世纪50年代,欧美的水底隧道多在洞口设置一段遮阳棚。当时对遮阳棚有这样的规定,其构造必须满足阳光不能直射棚下路面,我国上海黄浦江打浦路隧道采用的就是侧光式遮阳棚。

通过实际使用与实测,发现各种遮阳棚都有不足之处,于是出现许多隧道取消遮阳棚的情况。但经过实践,人们又感到取消遮阳棚引起电耗过大,其法不可取,于是又在荷兰照明专家陈瑞风主持下,通过试验研究,发明了一种新的透阳遮光棚,并普遍应用于欧洲各新建隧道中。我国延安东路隧道、广州珠江隧道所用的就是这类透阳遮光棚。

第六节 阅读材料

阅读材料一:我国首条海底沉管隧道诞生

2004年2月20日,最后第一节沉管被放入杭州湾底,至此,长约200m的6节管段稳稳地沉放在杭州湾波涛汹涌的海面下,我国第一条海底沉管隧道于此诞生。

嘉兴电厂1号取水隧道沉管施工是我国第一次在海上进行沉管隧道的施工,难度极大。海底沉管隧道与内河沉管隧道相比,施工条件受气象、复杂的海底水文影响较大,国际上只有荷兰等少数几个国家掌握了建造海底沉管隧道的技术。而杭州湾是我国著名的喇叭形内河出海口,每天的潮汐差最高达到7m。面对险恶环境,隧道建设者们在吸收内河沉管隧道技术的基础上,刻意攻关,解决了海底沉管管段建造、海上沉管管段沉放和定位等一系列难题,成功地建造了我国第一条海底隧道。

阅读材料二:南京过江隧道方案作重大调整

南京过江隧道建设方案,与当初的专家论证方案相比,出现了重大调整,即不再与地铁二号线一起捆绑过江,并且施工方法也由当初的沉管式变为盾构法。

公路隧道单独过江在2003年进行的几次专家论证会中,专家们提出,考虑到未来地铁二号线西延过江,过江隧道在建设时,公路和地铁经隧道同时过江,在可能条件下,最大的优势是可以充分利用有限的过江隧道资源,因此也设计了捆绑过江的方案。

然而在实地考察中发现,道路交通和轨道交通是两种完全不同的交通系统,为了合建,就不得不相互迁就,以致造成线路迂回、投资增加、运行不合理等;再者,道路交通和轨道交通有不同的技术标准和要求,在工程设计、施工及今后维护、管理等方面都会增加诸多困难,尤其在安全保障的要求上还存在许多目前难以克服的制约条件。

隧道怎么挖也很有讲究,根据最初的设计方案,江底隧道将采用沉管法施工,即在枯水季节时,在江河岸边挖出"船坞"或"干坞",在里边做好沉管(大型混凝土构件或混凝土和钢的组合构件)。洪水期时,打开"船坞"或"干坞"大门,将沉管浮运沉放到江中预先挖好的沟槽(隧址)中,再将这些管节连接成整体隧道,最后回填砂石将构件埋入原河床中,这也是世界上最常用的水底隧道施工方法。

但因南京处于长江下游,三峡成库后,长江上游还将再建几座水利工程,必将改变下游水流形态和泥沙含量,影响河势和河床演变,就目前掌握的资料,还很难对长江南京段今后的冲淤状况作出准确判断。若采用沉管法,从保障安全出发,势必要加大埋深,那沉管法原有优势将无法体现。

另外,专家认为,在长江南京段的水深、水流条件下建设这么长的沉管隧道,基槽开挖和稳定在国内尚无经验。还有，沉管施工要受汛期影响，在技术、工期和造价上都存在较大风险，而盾构法施工已有成熟经验，施工不受天气和水流影响，工期相对有保证。因此，最终确定采用盾构法。

隧道将是"百年工程"，纬七路过江隧道设计直径约15m，相当于5层楼的高度，施工用的盾构机刀片头单体就有400t重。全程参与该工程前期工作的著名防护工程、地下工程专家钱七虎院士曾向记者介绍，过江隧道设计使用年限是100年，在2年不到的时间里，南京过江隧道工程前期办公室做了大量扎实的基础性工作，邀请了国内5位院士、30多位专家多次对设计方案进行深入研究、优化。之所以出现诸多调整，就是为了一个目的——做成真正的"百年工程"。

阅读材料三：宁波常洪沉管隧道工程获得"詹天佑奖"

中国第四届詹天佑土木工程大奖评选结果揭晓，宁波常洪沉管隧道工程获得"詹天佑奖"。

"詹天佑奖"是经科技部、住房与城乡建设部核准的我国土木工程界最高的工程荣誉奖，由中国土木工程学会和詹天佑土木工程科技发展基金管委会颁发，评选范围覆盖了建筑、铁道、交通、水利及航天、海洋、核电等特种工程，这次评选全国一共19个项目获奖。

常洪沉管隧道工程是宁波市世纪大道的重要组成部分，隧道下穿甬江水底，北接329国道和宁镇公路，南经世纪大道，直通同三高速公路。工程全长3 266m，其中隧道长14 262m，双向4车道，总投资4.7亿元，上海隧道工程股份有限公司采用国际通行的BOT方式建设。工程于2001年竣工后运行良好。

阅读材料四：上海外环沉管隧道建设

号称亚洲"第一沉"的上海外环沉管隧道，沉管管段一节最长108m，高9.55m，有三层楼高，宽44m，相当于排水量4.5万t的一个大轮船。这样的管段要做7节，两个干坞（做沉管管段的施工场地）相当于15个足球场。在三岔巷做干坞有危险性，地下水位和黄浦江一样高，又离黄浦江近，深13.7m，土质差，还受潮汐影响。做滞水帷幕是一个必需措施。因地下有不少不明障碍物，在7～8m深处挖出了碗口粗的钢绳长达100多米。因此仅滞水帷幕就做了5个月，还要做深基坑降水、开挖、护坡、坞底处理……滞水帷幕工艺，作为一项"大型沉管隧道干坞施工技术和稳定性研究"获得上海科技进步奖。

管节施工中的最大难题，是大体积混凝土裂缝控制问题。由于管节庞大，一个管段要25 000m³混凝土，考虑到混凝土的正常散热，按照一般施工要求，长度不宜超过30m。但是外环线的管节长达108m，又要埋在水底下，不允许渗水。体积大了，热胀冷缩不同步，为此专门设计了一套冷却水循环系统装置，预埋在管子里。又经过科学的周密计算，将每个管段分成6个小节，采用化整为零，段与段之间预留1m作后浇带施工，避免了超长混凝土散热不平衡而造成裂缝的后果。

深达49.5m的地下连续墙，也达到了上海从未有过的记录。浦西连接井离黄浦江大堤只有10m距离，是施工关键点，吴淞地区地势低，这个最危险的控制点，一旦出现裂缝，整个吴淞地区就会变成一片沼泽王国。

整个外环隧道的管节沉放到位后，要把这个控制管段沉浮的水力压载装置置换掉，同步浇同量的混凝土来防止管段上浮，工程采用了对称、分步的置换工艺，隧道公司在精密仪器高精度的监测下，使隧道管段在置换水力压载装置过程中，不发生位移。

犹如大桥合龙一样，最终结头施工就是两端的沉管在江底合拢。从2001年8月25日开始管段沉放施工,历经17个月,艰苦努力,"亚洲第一沉"总共7节管段全部"对号入座"。

上海外环沉管隧道——黄浦江亚洲第一沉

阅读材料五:本章节中个别词的含义

浚 jùn:挖深、疏通水道。

舷 xián:船、飞机的两侧。

桅 wéi:桅杆——船上挂帆、信号或装设天线等的杆子。

坞 wǔ:周围高而中央凹的地方。

铁驳:用来驳运货物或旅客的船。

驳运:在岸与船、船与船之间用小船转运旅客或货物。

附录1 作 业

1. 所谓_____,通常是指修建在地层中的地下通道。
2. 作为地下通道,隧道主要有两方面用途,即用作_____通道和水流通道。
3. 在山区修建铁路时,往往会遇到_____障碍,而修建隧道克服之则有着明显的优势。
4. 西安安康铁路的秦岭隧道全长18.456km,按长度分为_____隧道。
5. 隧道按_____,则可分为电气化、非电气化铁路隧道等。
6. 铁路隧道的衬砌,常采用有拱圈和边墙组成的拱形结构,在地质条件较差的情况下则常设置_____形成封闭式衬砌。
7. 1995年开始修建的秦岭特长铁路隧道采用_____法施工,在我国隧道修建技术上取得新的突破。
8. _____是指隧道开挖后对其稳定性产生影响的那部分岩体(或土体)。
9. 围岩稳定性,即在隧道开挖后不加支护的情况下其自身的稳定程度,可分为四个级别:充分稳定、_____、暂时稳定和不稳定。
10. 按岩石的强度,可将岩石分为硬岩、软岩和_____等。
11. 我国现行《铁路隧道设计规范》把围岩分为6级,按其稳定性_____为Ⅰ、Ⅱ、Ⅲ、Ⅳ、Ⅴ、Ⅵ。
12. 在结构特征和完整状态都相同的情况下,围岩的稳定性主要取决于岩石的_____。
13. 地下水不仅能软化围岩本身、降低岩石强度,而且能软化_____,促使围岩失去稳定。总之,地下水对于围岩的稳定性是不利的。
14. 铁路隧道净空是指隧道衬砌的_____所包围的空间。这个空间要求在能保证各种列车安全通过时,其断面尺寸达到最小。
15. 隧道建筑限界要留出少许空间用于安装照明、通信、信号及电力等设备,单线隧道建筑限界的半宽是_____mm。
16. 车辆通过曲线时,转向架中心点沿线路中心线运行,而车辆本身仍保持其_____形状,故其两端向曲线外侧偏移一定距离$d_{外}$,中间向曲线内侧偏移一定距离$d_{内1}$。
17. 根据计算,曲线隧道的内侧加宽_____外侧加宽,断面加宽后,隧道中线应向曲线内侧偏移一个d,即隧道中线在内侧,线路中线在外侧。
18. 在曲线隧道加宽时,自圆曲线至缓和曲线中点,并向直线方向延长_____m,采用圆曲线加宽断面,即按W加宽。
19. 直墙式衬砌适用于以垂直围岩压力为主而水平围岩压力较小的Ⅰ、Ⅱ、Ⅲ级围岩。它由_____、竖直边墙和铺底三部分组成。
20. 曲墙式衬砌适用于地质较差、有较大的水平围岩压力的Ⅳ、Ⅴ、Ⅵ级围岩。它由拱圈、曲边墙和_____三部分组成。
21. 复合式衬砌是采用内外两层衬砌,外层用喷锚作_____,内层用模筑混凝土做二次衬砌的永久结构,初期支护与二次衬砌之间应施作防水层。
22. 拼装式衬砌是将衬砌分成若干块管片,这些管片经预制后运到隧道内用机械拼装而成。其特点是:拼装成环后能立即受力,目前主要用在_____隧道内。

23. 在隧道两端洞口,为了保持洞口路堑边坡及洞口仰坡的稳定,需修建洞门,它属于_____建筑物。
24. 端墙式洞门是最常见的洞门,由_____和洞门顶排水沟组成。端墙的作用是抵抗山体正面压力,保持仰坡稳定。
25. 当洞口地质较差,山体正面压力很大时,可在端墙式洞门设置_____,以增加洞门的抵抗力。
26. 明洞一般修筑在隧道的进出口处,一般有两种形式,即拱式明洞和棚式明洞,棚式明洞又简称_____。
27. 棚式明洞的主要特点是上部为盖板,呈矩形而不是拱形。根据外侧边墙的结构不同,分为墙式、刚架式、柱式和_____四种类型。
28. 避车洞分为小避车洞和大避车洞。小避车洞是为了保证_____和维修人员的安全而设置的,大避车洞是为了存放维修材料而设置的。
29. 避车洞不得设于衬砌断面_____或沉降缝、施工缝、伸缩缝处,并要求离开上述接缝净距大于1m。
30. 当位于直线上且隧道内有人行道时,避车洞底面应与人行道顶面齐平;无人行道时,应与侧沟_____齐平。
31. 当位于曲线上时,因受曲线_____的影响,内侧避车洞底面应降低、外侧避车洞底面应抬高。
32. 为了使避车洞的位置明显,应将洞内全部及洞口周边30cm粉刷成白色。在洞的两侧各10m的边墙上标一_____指向避车洞。
33. 水沟上面应设有预制的钢筋混凝土盖板,其顶面高程应与避车洞底面齐平,排水沟在一定长度上应设_____,以便随时清理沉渣。
34. 盲管材料主要为_____软式透水管和硬管,横纵向之间用三通连接。
35. 为防止地表水冲刷仰坡,流入隧道,一般应在洞口仰坡上方设置_____,但当地表横坡陡于1:0.75时可不设。
36. _____一般是地下水特别发达、涌水大且水压高,用其他措施难以收效时才采用,应设在地下水上游一侧,与隧道方向平行或近似平行。
37. 通信、信号电缆可设在一个电缆槽内,也可以分设。但通信、信号电缆必须与_____分槽设置。
38. 为便于维修电缆时使用余长电缆,腔内除电缆位置以外的空间全部用_____回填,上面设预制的钢筋混凝土盖板。
39. 根据电信传输衰减和通信设计要求,每隔一定距离应设置无人增音站一处。当其恰巧位于隧道内时,则应在边墙外设置无人增音站,以便安装无人增音机。无人增音站一般多设于_____的后边。
40. 隧道常用的通风机有两种:轴流式和射流式。轴流式一般要和_____一起使用,射流式则不用。
41. 在矿山法中,多数情况下都需要采用钻眼爆破进行开挖,故又称为_____,从发展趋势来看,这仍将是今后山岭隧道最常用的开挖方法。
42. _____即奥地利隧道施工新方法,它的英文名字是 New Austria Tunnelling Method,将每个单词首写字母连起来,简写为NATM。

43. 新奥法施工的基本原则可以归纳为"少扰动、_____、勤量测、紧封闭",即通常所谓的"十二字方针"。

44. 顾名思义,_____就是按照隧道设计轮廓一次钻孔、一次爆破成型、一次初期支护到位,然后修筑衬砌的施工方法。

45. 隧道机械化施工有三条主要作业线,即开挖作业线、_____作业线和模筑混凝土衬砌作业线。

46. 台阶法就是将断面分为两个或几个部分,即分成两个断面或几个工作面。根据台阶长度不同可分为长台阶法、短台阶法和_____台阶法。

47. 当隧道长度较短时,可先将上半断面全部挖通后,再进行下半断面施工,此种方法称为_____。

48. 环形开挖预留核心土法一般将开挖断面分成环形拱部、上部_____及下部台阶三部分。根据地质条件好坏,将环形拱部断面分成一块或几块开挖。

49. 双侧壁导坑法又称_____,这种方法将整个断面分成四个部分:左右侧壁导坑、上台阶、下台阶。

50. CD工法是将隧道断面左右一分为二,先开挖一侧,并在隧道断面中部架设一_____隔墙,待先开挖的一侧超前一定距离后,再开挖另一侧的开挖方法。

51. 当CD工法仍不能保证围岩的稳定和隧道施工安全时,可在CD工法的基础上,对各分部加设_____,此法即CRD工法。

52. 我国隧道工程是直接借用土石方工程的分级方法,将岩体挖掘的难易程度分为_____级。

53. 挖斗式挖掘机一般用来挖土方,有正铲和反铲之分,隧道挖掘中更常用的是_____。

54. _____是安装在可移动式液压臂上的切削头来破碎岩体的,可以挖掘各种土和中硬以下的岩石,它集挖渣、装渣于一身。

55. 钻头可以直接连接在钻杆前端,也可以套装在钻杆前端。钻杆尾则是套装在凿岩机的头部,钻头前端则镶入硬质、高强、耐磨的合金钢——_____。

56. 为了达到湿式钻眼,钻头和钻杆上均有_____,高压水即通过此孔可以清洗石粉。

57. 风动凿岩机俗称风钻,它以_____为动力,具有结构简单、制造维修简便、操作方便、使用安全的优点。

58. 将多台液压凿岩机安装在一个专门的移动设备上,实现多机同时作业,集中控制,称为_____。

59. 敏感度:炸药的敏感度简称_____,是指炸药在外界起爆能作用下,发生爆炸的难易程度,也就是炸药爆炸对外能的需要程度。

60. 炸药爆炸时,爆轰波在炸药内部的传播速度称为爆速。不同成分的炸药有不同的爆速,一般来说,_____越大的炸药其爆速也越高。

61. 炸药的爆力通常用铅柱扩孔法测定,表示炸药的爆力大小,单位为cm³。铅柱扩孔容积等于280cm³时,叫_____。

62. 炸药的猛度通常用铅柱压缩法测定,以铅柱被爆炸压缩的数值表示,猛度的单位是_____。

63. 一个药包爆炸(主动药包)后,能引起与它不相接触的邻近药包(被动药包)爆炸,这种现象称为被动药包的_____。

64. 隧道爆破中,将炮眼直径与药卷直径的比值 $\lambda = \dfrac{D}{d}$ 叫做不耦合系数,当炮眼直径比药卷直径大很多时,就会导致药卷拒爆,这种现象称为_____。

65. 雷管按管内装药量的多少,可分为 8 号和_____两种,号数越大,主装药量越大,起爆能力越强。

66. 电雷管按通电后爆炸延期时间不同,分为即发电雷管和迟发电雷管。延期的长短是用_____表示的,数越大,表示延期越长,即爆炸的越迟。

67. 毫秒迟发电雷管是通电后延迟爆炸时间以毫秒为计量单位的。1 毫秒 =_____秒。

68. 导爆管雷管实质上是由火雷管和导爆管组合而成,靠导爆管传递的爆轰波来引爆的。因它不是由电流来引爆的,所以又叫_____雷管。

69. 导爆索经雷管起爆后,它可以传爆,也可以直接引爆铵梯炸药和乳化炸药,它的传爆速度为_____m/s,储存有效期 2 年。

70. 因导爆索可作为炸药用于弱爆破,如隧道爆破的周边弱爆破,就有将导爆索作为"炸药卷"使用的,也就是所谓的_____装药结构。

71. 导爆管的内壁炸药经引爆后能够稳定传爆,管内产生的爆轰波可以引爆雷管,但不能引爆_____。导爆管的传爆速度为 1 650m/s。

72. 国防科工委和公安部联合发文,导火索、_____、铵梯炸药已于 2008 年 1 月 1 日起停止生产。

73. 引爆炸药有两种方法:一种是通过雷管的爆炸起爆工业炸药;一种是用_____爆炸产生的能量引爆工业炸药。

74. 导爆管雷管起爆法是利用导爆管传递冲击波点燃雷管,进而直接或通过导爆索起爆工业炸药,属_____起爆法。

75. 用导爆管雷管作为传爆元件,将被传爆的导爆管用电工黑胶布牢固地捆绑在传爆雷管的周围。这种方法称_____连接,俗称"一把抓"。

76. 临空面是指被爆岩石与_____的交界面,爆破作用是朝临空面方向突破。临空面越多,爆破岩石越容易,爆破效果也越好。

77. 工程爆破中,通常把药包中心线或重心到最近的临空面的最短距离称为最小_____,用 W 表示,单位为 cm。

78. 在隧道光面爆破中,周边眼与内圈眼之间的排距就是_____的抵抗线。

79. 位于掏槽眼与周边眼之间的炮眼,统称为_____。其作用是扩大槽眼炸出的槽腔,为后续和周边眼爆破创造新的临空面。

80. 斜眼掏槽的特点是掏槽眼与开挖断面斜交,隧道爆破中常用的有垂直_____掏槽和锥形掏槽。

81. 斜眼掏槽的缺点是:炮眼深度易受开挖_____的限制,不易提高循环进尺,也不便于多台凿岩机同时作业。

82. 直眼掏槽由若干个_____开挖面的炮眼组成,炮眼深度不受开挖断面尺寸的限制,可以实现多台凿岩机同时作业和深眼爆破。

83. 空眼不仅起着_____和破碎岩石的发展导向作用,即使岩石破碎后向空眼方向运动,同时为槽内岩石破碎提供一个空间。

84. 加大炮眼直径以及相应装药量可使炸药量相对集中,爆炸效果得以提高,也可以减少炮眼数目。但炮眼直径大于45mm时,需_____。

85. 爆破单位体积岩石的炸药平均消耗量,简称_____,一般取值范围为1.2~2.4kg/m³,硬岩取大值,软岩取小值。

86. 掏槽眼一般应布置在断面_____部位,其深度应比其他眼加深10cm。为爆出平整开挖面,除掏槽与底板眼外,所有掘进炮眼眼底应落在同一平面上。

87. 为了钻眼施工的方便,应考虑周边眼有一定的外插角,外插斜率为3%~5%,并应使前后两槽炮眼的_____为最小,一般为15cm左右。

88. 辅助眼在掏槽眼与周边眼之间,均匀分布布置。按照一圈一圈地布置,需确定同一圈的炮眼间距和圈与圈的距离,这个距离一般就是_____。

89. 为了保证正确地按设计顺序起爆,应使用_____,这样爆破就能由里向外,一层一层地准确剥离、破碎,达到高的炮眼利用率和平整的开挖轮廓。

90. 所有的装药炮眼均应堵塞泡泥,周边眼的堵塞长度不得小于20mm,泡泥一般为砂子和_____的混合物,比例大致为1:1。

91. 按起爆药卷在炮眼中的位置和其中雷管的聚能穴的方向,可以分为正向装药和_____装药。

92. 药卷的间隔距离,不应超过炸药殉爆距离的80%,以确保每个药卷都完全爆炸。如果间隔距离大于殉爆距离,应用_____将各个药卷串联起来。

93. 一般情况下,如果现场有光面爆破专用的小直径药卷($\phi 25$,标准药卷为$\phi 32$)时,周边眼宜选用_____连续装药结构。

94. 为了保证孔间贯通裂缝优先形成,必须使周边眼的_____大于炮眼眼距E,即$E < W$,通常取$E/W = 0.8$为宜,即$W = 50 \sim 90$cm。

95. _____爆破是在岩石隧道的开挖中,先行爆破周边眼,预先拉成断裂面,然后再爆中央部分的爆破方法。

96. 装渣机的走行方式有轨道走行、轮胎走行、_____走行。轨道走行式装渣机必须铺设轨道,因此其工作范围受到限制。

97. _____是放在两个转向架上的大斗车,车底设有链板式或刮板式输送带,石渣从前端装入,依靠输送带传递到后端,石渣就可布满整个矿车的底部。

98. 小型(6m³以下)侧卸式矿车一般用于_____施工,由提升机牵引;运行速度不超过1m/s,装料后经牵引动力引至专用的曲轨卸料机构。

99. _____作用主要是为了解决仰拱施工和隧道内运输的矛盾,桥上通行运输车辆,桥下修筑仰拱。

100. 初期支护具体体现的形式为_____,一般由锚杆、喷射混凝土、钢架、钢筋网等及它们的组合组成。

101. 水泥砂浆锚杆,是以水泥砂浆作为黏结剂、螺纹钢筋作为杆体的全长黏结式锚杆,又叫_____锚杆。

102. 药包锚杆中所谓的药包指的是树脂卷、快硬水泥卷或早强砂浆卷,又叫做_____。但树脂卷比较昂贵,实际中常用的是快硬水泥卷或早强砂浆卷。

103. _____锚杆是集钻孔、注浆、锚固于一体的新型锚杆,施工时可用一般风钻钻孔,一次安装成功,目前广泛应用于铁路隧道中。

104. 有一种局部锚杆叫做_____锚杆,数量少但很重要,它是为了阻止钢拱架的掉落而设置的。如果其掉落,将直接威胁到施工人员的安全。

105. 系统锚杆的布置形式有两种,即_____和梅花形。梅花形布置比较均匀,效果较好,因此多以梅花形布置为主。

106. 干喷是将骨料、水泥和_____按一定比例干拌均匀,然后装入喷射机,用压缩空气使干拌料在软管内呈悬浮状态压送到喷枪,再在喷嘴处与高压水混合,以较高速度喷射到岩面上。

107. _____是将骨料预加少量水,使之呈潮湿状,再加水泥拌和,从而降低上料、拌和及喷射时的粉尘,但大量的水仍是在喷嘴处加入和喷出的。

108. 湿喷是将骨料、水泥和水按设计配合比拌和均匀,用湿式喷射机送到喷嘴处,再在喷嘴处添加_____后喷出。

109. 喷射混凝土含有较多的大小适中、分布均匀、彼此不串通的气泡,故提高了抗渗性,一般水灰比不超过0.55时,可以达到_____。

110. 为保证喷射混凝土的强度和减少施工操作时的粉尘,应采用坚硬耐久的中粗砂,细度模数宜大于2.5,不宜采用_____。

111. 速凝剂有粉状速凝剂和液体速凝剂两种,_____混凝土一般用粉状的,湿喷一般用液体的。

112. 因高压风中含有油气和水汽,高压风进入喷射机之前,必须通过_____,把油和水滤掉,否则会产生混凝土结块。

113. 设置控制喷射混凝土厚度的标志,一般是在石缝处钉铁钉或用快硬水泥安设_____,并记录外露长度。

114. 喷射作业应分段、分片、分层,_____顺序进行,先边墙、后拱脚、最后喷拱顶,这样可避免先喷上部时的回弹物污染下部未喷射的岩面。

115. 喷射混凝土时,喷嘴处风压宜保持在0.1MPa左右,而且水压应较_____稍高,才能使水泥充分水化。

116. 试块的制作一般采用喷射大板切割法。如果用喷射大板切割法测出强度不合格或对强度有怀疑时,则用_____法。

117. 钢纤维喷射混凝土是在喷射混凝土中加入_____,以增加混凝土的抗拉、抗剪、抗裂等物理力学性能。

118. 在安设钢筋网时,为便于挂网安装,常常在洞外用点焊的办法,将钢筋先加工成_____,长、宽一般为1~2m。

119. 钢拱架一般有两种:一种是由型钢制成的,型钢一般是H型钢、槽钢或工字钢;另一种是由钢筋焊接而成的,叫做_____,施工现场又叫做花拱。

120. 钢架应与混凝土形成一体,钢架与围岩间的空隙必须用喷射混凝土充填密实;钢架应全部被喷射混凝土覆盖,_____厚度不得小于40mm。

121. _____是指沿开挖轮廓线,以一定的外插角,向开挖面前方钻孔安装锚杆,形成对前方围岩的预锚固。

122. 超前锚杆的尾端尽可能多的与系统锚杆、钢筋网、格栅钢架焊连,以形成整体的_____效应。

123. 小导管钻孔安装前,应对开挖面及5m范围内的坑道喷射5~10cm厚的混凝土,作为_____。其作用是封闭工作面,以防浆液从工作面流出。

124. 水玻璃,又称泡花碱,主要成分为硅酸钠或硅酸钾,即 $Na_2O \cdot nSiO_2$ 和 $K_2O \cdot nSiO_2$。化学式中的系数 n 称为水玻璃_____,是水玻璃的重要参数。

125. _____是指利用钢拱架沿开挖轮廓线以较小的外插角,向开挖面前方打入钢管构成的棚架来形成对开挖面前方围岩的预支护。

126. 当需增加管棚刚度时,可在安装好的钢管内注入_____。一般在第一节钢管的前端管壁上交错钻孔若干,以利排气和出浆。

127. 在隧道开挖前,为了固结围岩,填充空隙或堵水而预先进行的深孔注浆,注浆后即可形成较大范围的筒状封闭加固区,此法叫做_____。

128. 隧道开挖过程中使用各种类型的仪表和工具,对围岩和支护、衬砌的力学行为进行观察,并对其稳定性进行评价,统统称为_____。

129. 量测项目分为必测项目和选测项目,必测项目有洞内状态观察、拱顶下沉量测、_____量测。

130. 拱顶下沉量测是测出拱顶的_____。由已知高程的水准点,使用精密水准仪,就可观察出拱顶点的下沉量随时间的变化情况。

131. 拱顶下沉量测一般用水准测量的方法,观察仪器要用精密水准仪。又因拱部一般较高,常常用_____代替塔尺。

132. 净空变形量测:测出隧道周边相对方向两个固定点连线上的_____,它是判断围岩动态最直观和最重要的量测信息。

133. 用收敛计测净空变形的原理是:采用一根在弹簧作用下被拉紧的钢尺,通过_____读出隧道周边两测点间的距离。

134. 净空变化速度持续大于 1.0mm/d 时,说明围岩处于急剧变形状态,应加强初期支护;净空变化速度小于 0.2mm/d 时,说明围岩达到_____。

135. 浅埋隧道或隧道的浅埋段,多为土质或软弱围岩,一般将会产生较大的地表下沉,_____量测尤为重要,是必不可少的必测项目。

136. 围岩内部位移属于选测项目,所用仪器:_____,位移的单位为长度单位,其量测精度为 0.1mm。

137. 锚杆杆体受力、钢拱架受力都属于选测项目,所用仪器:_____,应力的单位为 MPa,其量测精度为 0.1MPa。

138. 压力盒其实就是一种土压力传感器,它的形式有电阻式、电容式、电压式和振弦式等。其中,_____压力盒是电测压力盒中最普遍的一种。

139. 间接量测法:通过对衬砌或支护及围岩的应力或_____的量测来推算围岩压力的方法。

140. 对于按新奥法原理设计和施工的隧道,在_____与二次衬砌之间铺设土工布、防水板。

141. 常用的缓冲层材料主要是_____,又称无纺布。顾名思义,缓冲就是防止防水塑料板被喷射混凝土表面的不平整所伤害。

142. 无钉铺设的含义如下:先将与防水板同材质的 ϕ80mm 专用_____压在土工布上,使用射钉将土工布固定在喷混凝土基面上,然后将防水板热焊粘贴在垫圈上。无钉的意思是防水板上没有钉孔。

143. 防水板需环向铺设,防水板搭接处采用_____焊接,每条焊缝宽度不小于 1cm,且均匀、连续,不得有假焊、漏焊、焊焦、焊穿等现象。

144. 防水板焊接质量检查方法,主要是用打气筒、压力表做充气法检验。简易的可用_____代替压力表来检查是否漏气。

145. P8 的含义是当衬砌背后的水压力为 0.8MPa,即 8 个_____时,衬砌外表面不能出现渗漏现象。

146. 变形缝、施工缝所用的防水材料,主要指的是止水条和_____,目前有很多种类,但安装的方法大同小异。

147. _____式止水带设置在衬砌结构施工缝、变形缝的外侧,紧靠防水板,而不是在衬砌厚度的中间。

148. 止水条一般为_____材料的,大多做成遇水微膨胀型的,所以又叫遇水膨胀橡胶止水条,它应牢固地安装在缝表面或预留槽内。

149. _____模板台车主要是由大块钢模板、机械或液压脱模装置、背附式振捣器等设备组成,并在轨道上走行。

150. 穿行式模板台车在灌注完混凝土时,衬砌的重量是由_____承担,这时可以分开走行机构与模板,而再和另外的模板组合到一起,进行另一环衬砌。

151. 因衬砌速度很快,穿行式模板台车所以主要适用于开挖速度很快,要求衬砌速度跟得上的场合,主要与_____相配套。

152. 组合台架是由墙架、拱架与很多小块钢模板组合而成的。墙架、拱架是现场用_____或钢筋加工成桁架的。

153. 施工误差量一般是考虑到_____误差和模板就位误差,为了保证衬砌净空尺寸,一般将衬砌内轮廓尺寸扩大 5cm。

154. 挡头模板应同样安装稳固,挡头板常用_____加工,现场拼铺,这主要是为了便于与围岩壁之间的缝隙嵌堵严密。

155. 由于洞内空间狭小,混凝土一般在洞外拌和楼拌好,最好用_____搅拌机,混凝土搅拌要达到色泽一致后方可出料,拌和时间不应小于 2min。

156. 混凝土应尽量在围岩和初期支护_____后进行,这是新奥法原理所要求的,因为二次支护是作为安全储备而设计的。

157. 拱顶部浇注混凝土时,采用_____振捣器捣固,这种振捣器安装在台车的模板上,通过模板的振动来达到振动混凝土的目的。

158. 横洞纵坡因考虑到便于排水及重车下坡运输方便,有轨运输时应向外设不小于 3% 的_____,以防洞外车溜进来。

159. 对于长大越岭隧道,由于地形限制,无法选用横洞、竖井、斜井等辅助坑道时,为加快施工速度,以及超前地质勘察,可采用_____方案。

160. 平导与正洞的净距一般约为 20m。平导底面高程应_____正洞底面高程 0.2~0.6m,以有利于正洞的排水和运输。

161. 在平导与正洞之间,应每隔 120~180m 设一个横通道,以便于运输。为方便运输调车作业,每隔 3~4 个横通道设置一个_____。

162. 斜井井口位置不应设在洪水淹没处。斜井仰角 α 的大小,主要考虑斜井长度及施工方便,一般以不大于 25° 为宜,且井身不宜设_____。

163. 在斜井提升时,为防止斗车在坡道上因脱钩或钢丝绳断裂而下滑,可在斗车上或坡道上设置_____,以阻止斗车继续下滑。

164. 如果斜井的平面是曲线,而且用卷扬机提升斗车出渣,这时可用一种叫_____的设施来实现转弯。

165. 覆盖层较薄的长隧道或在中间适当位置覆盖层不厚,具备提升设备,施工中又需增加工作面时,则可采用_____增加工作面。

166. 竖井的位置可设在隧道一侧,与隧道的距离一般情况下为15~25m,或设置在隧道的_____。

167. 辅助作业,其内容主要有施工通风与防尘、施工供水、施工供电与照明、_____供应等。

168. 独头巷道不可能形成贯通风流,所以,其施工通风的特点,是必须用_____等设备,将污风与新风分开,构成通风回路,进行送风或排风。

169. 洞内空气中含氧量不得少于20%,并保证洞内施工人员每人有_____的新鲜空气。当洞内采用内燃机作业时,供风量不宜小于$3m^3/(min \cdot kW)$。

170. 开动风机,将洞外新鲜空气通过风管压送到工作面,而工作面的污浊空气沿巷道排出洞外,形成人为的空气对流,此即_____通风。

171. 混合式通风,布置两种风管,一种为压入式风管,它向工作面压送新鲜空气;另一种为压出式风管,将_____排出洞外。

172. 为了提高混合式通风效果,压出风管出口端必须伸出洞口并_____,以免污浊空气回流进洞。

173. 设有平行导坑为辅助坑道的长大隧道,可布置成巷道式通风。它由主风流循环系统和_____循环系统相互配合而达到良好的通风目的。

174. _____是巷道式通风的关键之一,为此必须做到:不做运输的横通道应及时关闭,以减少风流损失。

175. 通风计算的目的是选择风机,确定通风机型号和_____的主要依据是风量和风压。

176. 管道漏风系数与风管直径、长度、接头质量、风压、风管材料等因素有关,是个_____的系数,可按有关设计手册查用。

177. 在通风过程中,风流必须要有一定的_____,才能克服沿途的各种阻力,将风送到洞内,并保证具有一定的风速。

178. 风流所遇到_____阻力,是由坑道中的斗车等阻塞物造成的。显然,只有在计算巷道式通风时,才需考虑。

179. mmH_2O是表示压强的一种办法,一个大气压为100kPa,相当于10 000mm 的水柱产生的压强。那么$1mmH_2O$的水柱产生的压强约为_____Pa。

180. 通风机的类型,可分为轴流式和射流式两种,在隧道施工通风中主要使用_____通风机。

181. 对于风管式通风,当管道较长,需要较高风压时,可采用数台风机串联使用。对于巷道式通风,当需要较大_____时,可将数台风机并联使用。

182. 做到防尘"四化":_____标准化,机械通风正规化,喷雾洒水经常化,劳动保护普遍化。

183. 压缩空气俗称_____,即经空气压缩机压缩后的具有一定压力的空气。要保证风动机械设备正常运转,压缩空气必须具有一定的风量和风压。

184. _____一般简称空压机,空压机站应提供能满足各种风动机械设备正常运转及输送损耗所需要的风量。

185. 空压机按动力源可分为电动和内燃两种。短隧道可采用移动式内燃空压机,长隧道可采用固定式大型_____。

186. 为保证工作风压,钢管终端的风压不得小于0.6MPa,通过胶皮管输送至风动机具的工作风压不小于_____MPa。

187. _____是连接钢管与风动机具的,由于其压力损失较大,一般应尽量缩短其使用的长度,从而保证压缩空气的工作压力不小于0.5MPa。

188. 在洞外地段,风管长度超过500m,温度变化较大时,宜安装伸缩器;靠近空压机150m以内,风管的_____接头宜用耐热材料制成垫片,如石棉衬垫等。

189. 高压风主管长度大于1 000m时,应在管道最低处设置_____,定期放出管中积聚的油水,以保持管内清洁与干燥。

190. 对拌制混凝土的用水,要求硫酸盐含量不大于1 500mg/L,氢离子含量(pH值)_____4,且无油、糖、酸等杂质。

191. 水从水池出水口到达隧道开挖面,其水压应不小于_____MPa,又因为10m高的水柱可以产生0.1MPa的水压,所以高差值应大于30m。

192. 给水管道应安设在电线路的_____,不应妨碍运输和行人,并设专人负责检查养护。

193. 如利用高山水池,其自然压头超过所需水压时,应进行减压,一般是在管路中段设_____作过渡站,也可利用减压阀来降低管道中水流的压力。

194. 反坡排水即进洞为_____,此时水向工作面汇集,需要抽水机排水。一般是在侧沟每一分段上设一集水坑,用抽水机把水排出洞外。

195. 对于长隧道考虑到低压输电,因线路过长而使末端电压降得太多,故用6~10kV高压电缆进洞,然后在洞内适当地点设_____。

196. 隧道施工供电方式有自设发电站和地方电网供电两种。一般应尽量采用_____供电。

197. 输电干线或动力、照明线路安装在同一侧时,必须_____。其原则是:高压在上,低压在下;干线在上,支线在下;动力线在上,照明线在下。

198. 不允许将通电的多余电缆_____,以免引起电缆过热发生燃烧和增加线路电压降。

199. 特殊地质地段隧道施工,以"先_____、短开挖、弱爆破、强支护、早衬砌、勤检查、稳步前进"为指导原则。

200. 如用钻爆法施工,应优先采用光面爆破和_____技术,既能使开挖轮廓线符合设计要求,又能减少对围岩的扰动破坏。

201. 采用新奥法施工的隧道,为了掌握施工中围岩和支护的力学动态及稳定程度,以及确定施工工序,保证施工安全,应实现现场_____。

202. 仰拱施工,应在边墙完成后抓紧进行,或根据需要在初期支护完成后立即施作仰拱,也就是所谓的_____,使衬砌结构尽早封闭。

203. 膨胀土系指土中黏土矿物成分主要由亲水性矿物组成,同时具有吸水显著膨胀软化和失水_____两种特性。

204. 膨胀土围岩大多具有原始地层的_____特性,使土体中储存有较高的初始应力当隧道开挖后,引起围岩应力释放,强度降低,产生卸荷膨胀。

205. 膨胀土隧道在施工中应以尽量减少对围岩产生扰动和防止水的浸湿为原则,所以宜采用_____掘进法。

206. 当膨胀压力很大时,可用锚喷及钢架或_____联合支护,在隧道底部打设锚杆,也可以在隧道顶部打入超前锚杆或小导管支护。

207. 膨胀土围岩隧道开挖后,围岩向内挤压变形一般是在四周同时发生,所以施工时要求隧道衬砌_____。

208. 黄土是在干燥气候条件下形成的一种具有褐黄、灰黄或黄褐等颜色,并有针状大孔、垂直节理发育的特殊性土。按年代可分为老黄土和_____。

209. 黄土溶洞与陷穴,是黄土地区经常见到的不良地质现象,隧道若修建在其上方,则有_____的危害。

210. 黄土隧道施工中应遵循"短开挖、少扰动、强支护、实_____、严治水、勤量测"的施工原则,紧凑施工工序,精心组织施工。

211. 水量较大时,应采用_____等法将地下水位降至隧道衬砌底部以下,以改善施工条件,加快施工速度。

212. _____是以岩溶水的溶蚀作用为主,间有潜蚀和机械塌陷作用而造成的基本水平方向延伸的通道,是岩溶现象的一种。

213. 如溶洞尚在发育或穿越暗河水囊等岩溶区时,必须探明地下水量大小、水流方向等,先要解决施工中的排水问题,一般可采用_____的施工方案。

214. 对已停止发育、跨径较小、无水的溶洞,可根据其与隧道相交的位置及其充填情况,采用混凝土、浆砌片石或干砌片石予以_____。

215. 隧道底部遇有较大溶洞并有流水时,可在隧道底部以下砌筑圬工墙,支承隧道结构,并在墙内_____引排溶洞水。

216. 当隧道中部底部遇有深狭的溶洞时,可加强两边墙基础,并根据情况设置桥台架梁通过,即所谓的_____。

217. 在岩溶区施工,个别溶洞处理耗时且困难时,可采取_____绕过溶洞,继续进行隧道前方施工,并同时处理溶洞,以节省时间,加快施工进度。

218. _____是造成塌方的重要原因之一。地下水的软化、浸泡、冲蚀、溶解等作用加剧岩体的失稳和坍落。

219. 大塌方,坍穴高、坍渣数量大,坍渣体完全堵住洞身时,宜采取_____的方法。

220. _____,俗称"通天塌"。在清渣前应支护陷穴口,地层极差时,在陷穴口附近地面打设地表锚杆,洞内可采用管棚支护和钢架支撑。

221. 处理塌方的同时,应加强防排水工作。塌方往往与地下水活动有关,治坍应先_____。防止地表水渗入坍体或地下,引截地下水防止渗入塌方地段。

222. 当坍穴较小时,可用浆砌片石或_____将坍穴填满;当坍穴较大时,可先用浆砌片石回填一定厚度,其以上空间应采用钢支撑等顶住稳定围岩。

223. 隧道穿过松散地层,应减少对围岩的扰动,一般采取先护后挖,密闭支撑,边挖边封闭的施工原则,必要时可采用_____改良地层和控制地下水等措施。

224. 为增加管棚_____,可在钢管内灌入混凝土或设置钢筋笼,注入水泥砂浆。于是在地层中建立起一个承载棚,在其防护下施工。

225. 超前小导管预注浆是沿开挖_____，以一定角度打入管壁带孔的小导管，并以一定压力向管内压注水泥或化学浆液的措施。

226. _____是沙土或粉质黏土在水的作用下丧失其黏聚力后形成的，多呈糊浆状，对隧道的施工危害极大。

227. 对于流沙地层，开挖时必须采取_____分部进行，先护后挖，密闭支撑，边挖边封闭，遇缝必堵，严防沙粒从支撑缝隙中逸出。

228. 埋藏较深的隧道工程，在高应力、脆性岩体中，围岩表面发生爆裂声，随之有大小不等的片状岩块弹射剥落出来，这种现象称之_____。

229. 国内外的专家研究结果表明，地层的岩性条件和_____的大小是产生岩爆与否的两个决定性因素。

230. 中等岩爆地段，在隧道开挖断面轮廓线外 10～15cm 范围内，在边墙及拱部，打设注水孔，并向孔内喷灌高压水，_____，加快围岩内部的应力释放。

231. 隧道通过高温、高热地段，会给施工带来困难。一般在_____的地区修建隧道或地下工程会遇到比较高温、高热的情况。

232. 为保证隧道施工人员进行正常的安全生产，我国有关部对隧道施工作业环境的卫生标准都有规定。如铁道部规定，隧道内气温不得超过_____℃。

233. 瓦斯是地下坑道内有害气体的总称，其成分以沼气（甲烷 CH_4）为主，一般习惯称为瓦斯_____。

234. 瓦斯相对密度为 0.554，仅占空气一半，所以在隧道内，瓦斯容易集聚在_____，其扩散速度比空气大 1.6 倍，很容易透过裂隙发达、结构松散的岩层。

235. 当坑道中的瓦斯，浓度小于 5% 遇到火源时，瓦斯只是在火源附近燃烧而不会爆炸；瓦斯浓度在 6%～16% 时，遇到火源具有_____。

236. 坑道中发生瓦斯爆炸后，坑道中完全无氧，而充满氮气、二氧化碳及一氧化碳气。凡是来不及躲避的人，都会遭到_____，甚至死亡。

237. 瓦斯工区钻爆作业必须采用_____钻眼，防止钻头发生火花，洞内操作时，防止金属与坚石撞击、摩擦发生火花。

238. 瓦斯工区钻爆作业必须采用_____起爆，并使用煤矿许用电雷管；使用煤矿许用毫秒延期电雷管时，最后一段的延期时间不得大于 130ms。

239. 瓦斯隧道各掘进工作面必须独立通风，严禁任何两个工作面之间_____。

240. 隧道内高瓦斯工区和瓦斯突出工区必须采用_____型机电设备，Explore 是爆炸的含义。

241. 瓦斯隧道严禁_____进洞。任何人员进入隧道前必须在洞口进行登记并接受检查人员的检查，进入瓦斯突出工区的作业人员必须携带个人自救器。

242. 盾构，其英文名称为 Shield Machine，用于_____隧道暗挖施工，具有金属外壳，壳内装有整机及辅助设备。

243. 1818 年英国的_____在蛀虫钻孔的启示下，最早提出了用于施工隧道的盾构雏形及施工方法。

244. 开挖面的稳定方法是盾构工作原理的主要方面，也是盾构区别于硬岩掘进机的主要方面，硬岩掘进机也称岩石掘进机，国内一般称为_____。

245. 用盾构施工隧道非常安全，尤其是设备和人员非常安全，不会遇到钻爆法施工中常遇到的_____通病。

246. 盾构按开挖面与作业面之间隔板构造分为全敞开式、半敞开式、_____三种。

247. 刀盘为焊接的钢结构件,有两半圆通过螺栓连接后再焊成一体,以便于运输。刀盘是_____的,其上装有盘形滚刀、刮板和铲斗。

248. 对于TBM,通过内机架上的人舱孔可以进入刀盘的内部,通过刀盘上的人舱孔可以进入_____。

249. 刀盘护盾由_____和三个拱形护盾组成。刀盘护盾罩住刀盘刮板和承压隔板后部之间的区域,提供钢拱架安装及锚杆安装时的安全防护。

250. 正常作业时,刀盘由双速水冷电机驱动,电动机装于两外机架之间;在不利的条件下,为了刀盘_____,允许电机反转。

251. 内机架的一头连接着刀盘主轴承机驱动组件,另一头连接着_____,内机架为箱形断面的焊接结构,带有经淬火硬化的导轨。

252. 外机架连同支撑靴一起沿_____纵向滑动,支撑靴由32个液压油缸操纵,支撑靴分为两组,每组由8个支撑靴组成,在外机架上呈"X"形分布。

253. 掘进循环结束后,内机架的_____伸出支到隧道的底板上,外机架的"X"形支撑靴缩回,推进油缸推动外机架向前移动,为下一循环的掘进做好准备。

254. 掘进机循环开始时,外机架已移到到内机架的前端,将"X"形_____牢牢抵在隧道墙壁上。

255. 掘进机在到达推进千斤顶行程终点处,结束开挖,大刀盘停止转动,放下后支撑,同时前支撑支住大刀盘,此时整个机器重量全部由_____承担。

256. 钢拱架安装器可在TBM掘进过程中进行作业,掘进机掘进过程中,可以通过钢拱架安装器在_____进行钢拱架的预组装和安装。

257. 仰拱块吊机沿设备桥下的双轨移动,它吊起仰拱块运向安装位置。仰拱块吊机可以沿水平、垂直方向移动。移动方式是_____,起吊能力为13t。

258. TBM的整个喷浆系统装在_____系统上,用软管将水泥砂浆与气体的混合物从喷浆机送至刀盘护盾后面的一个半自动化喷浆机。

259. 当超前钻机工作时,掘进机必须_____。超前钻机通过一个有圆弧移位的驱动装置的圆形轨架系统,安装在外机架上、前后支撑靴之间。

260. 导向系统由装在TBM上的两个激光靶和装在隧道洞壁上的_____组成,激光靶装于刀盘护盾背后,由一台工业电视监视器进行监视。

261. 激光全站仪是同时测量角度和_____的测量仪器,并能发射出一束可见红色激光。激光经纬仪临时固定在安装好的管片上。

262. 当盾构机向前推进时,激光全站仪和盾构机的距离越来越远,因此需要用带有滚动装置的_____。

263. 激光靶被固定在TBM之内,用来接收_____;激光全站仪发射出激光束照射在激光靶上,激光靶可以判定激光的入射角和折射角。

264. 盾构施工主要是由稳定开挖面、掘进及排渣、_____及壁后注浆四大要素组成。其中开挖面的稳定方式是其工作原理的主要方面。

265. 泥水盾构机是通过加压泥水或泥浆(通常为膨润土悬浮液)来稳定开挖面,其刀盘后面有一个密封隔板,与开挖面之间形成_____,里面充满了泥浆。

211

266. 土压盾构机是把土料(必要时添加泡沫剂等对土壤进行改良)作为稳定开挖面的介质,刀盘后隔板与开挖面之间形成_____。

267. 刀盘开口率是刀盘面板开口部分的面积与刀盘面积的比值。刀盘切削下来的渣土通过刀盘的_____流往土舱。

268. 泡沫是一种塑流化改性剂,除具有改善土体的_____外,还具有润滑刀盘、刀具、螺旋输送机,降低刀盘扭矩,保持开挖面稳定。

269. 刮削类刀具,简称为_____,一般是通过相对滑动来切割软岩和土层的,它有刀体和刀刃两部分组成,一般用于软土层和软岩地层的开挖。

270. 刀具损坏后经过修理可以重新使用,刀具的修理主要是指_____的修理,刮削刀具一般不具备可重新修复的条件和必要。

271. 盾构机的外壳沿纵向从前到后分为前盾、中盾、后盾三段,通常又把这三段称为_____、支撑环、盾尾。

272. _____为盾构最前面的一个具有足够刚度和强度的铸钢或焊接环,位于盾构的最前端,装有掘削和挡土机械,故又称掘削挡土部。

273. 对于泥水盾构、土压盾构,因切口环内压力高于隧道内,所以在切口环处还需布设_____及人行舱的进出闸门和物料闸门。

274. 当作业人员要进入到密封土舱内进行检查、更换刀具等带压作业时,要使用气压_____。

275. 支承环是一个刚性很好的圆形结构,在其外沿布置有_____,中间布置拼装机及部分液压设备、动力设备、操纵控制台。

276. 支承环的长度视千斤顶长度而定,一般取一块_____的宽度再加上适当余量,应不小于固定盾构千斤顶所需的长度。

277. 当人闸内温度超过27℃时,压气作业必须停止。高温下,必须向作业人员提供特殊的_____。

278. 在盾尾内部留有管片拼装的空间,该空间内装有拼装管片的_____,盾尾的环状外壳大都用高强度的薄形钢板制作。

279. 为防止泥水和水泥砂浆从盾构外流入盾构内、盾构内压气向地层中泄露,在盾壳内壁和衬砌之间设有_____。

280. 盾尾密封是盾构机用于防止地下泥水、土砂和注浆浆液从盾尾侵入盾构机内的重要部分,由盾尾钢丝密封刷和_____组成。

281. 铰接装置是为顺利进行曲线施工的一种辅助手段,在进行曲线施工时,有利于盾构机转弯或_____。

282. 刀盘驱动装置由钢板焊接构造而组成,在内部安装高精度、大负荷的_____和密封圈。

283. 刀盘的_____是刀盘切削系统的关键部件,在工作中要求承受重载、长时间工作和较高的可靠性,一般要求它的有效寿命在10 000h以上。

284. 盾构刀盘的转速,要视刀盘的直径大小而定。一般说来,刀盘直径大,转速就低,刀盘直径小,_____。

285. 盾构推进是靠液压系统带动_____的伸缩动作,驱使盾构机在土层中向前推进的。

286. 盾构千斤顶的布置一定要使圆周上受力均匀,千斤顶_____是一环衬砌环的宽度加上适当的余量。

287. 泥水盾构也称泥水加压平衡盾构(slurry pressure balance shield)，简称_____盾构。

288. 泥水盾构推进时，由旋转刀盘掘削下来的土砂进入泥水舱，经搅拌装置搅拌后成含掘削土砂的高浓度泥水，用_____方式送到地面。

289. 盾构机推进系统的推进力经舱内的泥水传递到掘削面土体上，即泥水对掘削面上的土体作用一定的压力，该压力称_____。

290. 由于泥水盾构利用泥水压对抗掘削地层的地下水压、土压，同时泥水渗入地层形成不透水的_____，所以掘削土体对地层扰动小，地表沉降也小。

291. 供泥浆泵从地面泥水调整槽将压力泥水输入盾构泥水室，在泥水室与_____混合后形成较稠的泥浆，然后由排泥泵输送到地面泥水处理场。

292. 控制泥水压力有两种方法：如果供泥泵为变速泵，即可通过控制泵的转速来实现；若供泥泵为恒速泵，则通过调节节流阀的_____来实现压力控制。

293. 在盾构推进过程中，进排泥管路需不断伸长，管道阻力亦随之增大。为了保证管道中的流速恒大于_____，排泥泵转速应随时作相应改变。

294. 通常刀盘切削下来的土砂混入泥水，在排泥泵的吸力作用下，携带掘削的土砂经排放管道输至地表的泥水_____中。

295. _____是泥水的主材黏土的补充材，它的作用是提高泥水黏度、相对密度、悬浮性、触变性。

296. 对于泥水盾构机的泥水排放系统主要由_____、测量装置、中继排泥泵、泥水输送管及地表泥水储存池构成。

297. 泥水盾构上装备_____是为了防止舱内泥水沉积、防止排泥管入口被砾石和大土块等堵塞而设置的。

298. 碎石器是为保证泥浆循环的通畅，而对大块的石块进行破碎。在泥水盾构的排泥管的入口处，一般布置有碎石器和_____。

299. 泥浆分离和处理系统的作用是将盾构切削土砂形成的泥水进行_____和处理后，再将回收的泥浆泵入调整槽。

300. 在一次处理后的多余的泥水进一步进行分离，因为 $74\mu m$ 以下的小颗粒，呈电化学结合，所以用_____困难，并且粒子小，沉降速度慢。

301. 所谓土压平衡，就是盾构密封舱内始终充满了用刀盘切削下来的土，并保持一定压力以平衡开挖面的_____和地下水压力。

302. 对由旋转刀盘切削下来进入密封舱内的土体，通过安装在密封舱内的_____以及出土口上的滑动闸门或螺旋式漏斗等排土机构进行排土。

303. 土压盾构机特别适用于具有低渗水性的含有黏土、淤泥土质的地层。为避免发生地表隆起或塌陷，刀盘挖出的渣土支撑着隧道_____。

304. 刀盘和_____之间的封闭区域称为开挖舱，又称泥土舱，由刀盘、切口环、隔板及螺旋输送机前端组成。

305. _____为掘进渣土排出的唯一通道，从承压的开挖舱中将土料排送到大气压下的隧道中。

306. 大量的高压泥浆从螺旋输送器的出土口中喷射出来的现象叫_____，它严重地污染盾构机和隧道工作人员的施工环境。

307. _____用于将螺旋输送机送来的渣土转运到后部的装渣列车上,其上设置有橡胶刮板,并设计有皮带张紧装置以及急停拉线装置。

308. _____是盾构刀盘切削下来的细小颗粒、碎屑在密封土舱内和刀盘区重新聚集而成半固结或固结的块状体。

309. _____是形成泥饼的物质基础,并且容易在黏土矿物含量超过25%的各类地层中形成。

310. 为了能更好地改善砂层的流塑性和止水性,可通过_____系统向开挖面注入添加剂或发泡剂。

311. _____的主要成分是蒙脱石,易吸水膨胀,并且具有润滑性;注入该类泥材的目的是补充微、细粒成分,使黏土的内摩擦角变小。

312. 泡沫剂产生的泡沫中90%是_____,另外10%中的90%是水分,剩下的才是发泡剂。

313. 使用泡沫剂的目的是改善土体的_____,保持密封土舱内土压力的稳定和出土的顺畅。

314. 刀盘前面的添加剂注入口设有橡胶逆流防止阀,即_____,以防止管路被泥沙堵塞。

315. 掘进时,如给定掘进速度,土压通常靠改变螺旋输送机的速度来控制。螺旋输送机的速度快,渣土排出的就快,土压就相应地_____。

316. 通过安装在土舱压力隔板上的各种土压_____的帮助,土压和支撑压力在主控室的屏幕上就可以显示出来。

317. 对于土压平衡式盾构,土压是通过调节_____的速率或螺旋输送机的转速进行控制。

318. 盾构隧道的衬砌,由于在开挖后要立即进行衬砌,故将数个钢筋混凝土制造的块体构件组装成圆形等衬砌,此块体称为_____。

319. 一般情况下采用单层衬砌,比如地铁隧道;但对于污水隧道、有内压的隧道或结构受力十分复杂的隧道,宜采用_____。

320. 钢筋焊接电流控制在100~140A之间,焊接时不得_____;焊口要牢固,焊缝表面不允许有气孔及夹渣;焊接后将氧化皮及焊渣及时清除干净。

321. 混凝土搅拌采用自动计量系统,混凝土搅拌时间严格控制在2min,坍落度控制在80mm范围内;浇注采用分层下料方式,并启动_____振动器。

322. 管片一般采用蒸汽养护后自然养护,蒸养混凝土强度要达到50%以上,主要为加快钢模的周转使用,脱模后,吊起管片入_____。

323. 蒸养时,混凝土初凝后合上顶模,在模具外罩上密闭的帆布罩;帆布养护罩与模具保持10cm的距离,以便于_____。

324. 管片的抗渗等级在设计无明确规定时,一般按P8标准施工。P为英文单词penetrate渗透的首字母,8为8个_____或0.8MPa。

325. 为了保证管环的_____,每隔一段生产管片的时间,就应该进行管片的试拼检查。

326. 在存放时,管片_____堆放整齐,一摞管片的堆放高度不超过四块,管片与管片间垫置方木,两摞管片之间的距离不小于50cm。

327. 管片采用_____运输,出厂前对每块管片进行全面检查,严禁有质量缺陷的管片出厂。

328. 管片运至施工现场,经质检工程师检查验收后,进行_____的粘贴。先将管片环纵接触面及预留粘贴止水条的沟槽清理干净,用刷子涂抹黏结剂。

329. 隧道是由预制管片逐环连接形成的,管片是在_____保护下,并在其空间内进行拼装。

330. 相邻两环间纵缝相互错开的情况称之为_____。即前后环管片的纵缝错开、不在一条直线上的拼装,一般错开1/2块管片弧长。

331. 缩回一块管片位置的千斤顶,使管片就位,立即伸出缩回的千斤顶,这样逐块拼装、最后成环的拼装方法。这种方法的_____必须纵向插入,最后封顶成环。

332. 目前我们国家管片的拼装工艺可归纳为先下后上、左右交叉、_____、封顶成环。

333. 管片拼装机构就是将管片按照隧道施工要求安装成环。它包括搬运管片的_____和上举、旋转、拼装系统。

334. 真圆保持器支柱上装有可伸缩的千斤顶,上下两端装有_____支架,该支架可在动力车架的伸出梁上滑动。

335. 管片拼装机俗称_____,是盾构的主要设备之一,多以液压为动力。隧道永久支护多为圆形,是由若干个弧形管片组成。

336. 真空吸盘式管片安装机与机械抓取式的主要区别在于抓取头的形式不同。管片使用_____吸取,在正常工作状态真空度为95%~98%。

337. _____只能同时按住两个按钮才能进行,即必须用双手操作,以防止误操作而放松管片。管片拼装时,非操作人员不得进入管片拼装区域。

338. 由于盾构机的刀盘的开挖直径大于管片外径,管片拼装完毕并脱出盾尾后,与土体间形成一_____。

339. 衬砌_____的最重要的目的就是及时填充环形间隙,防止因间隙的存在导致地层发生较大的变形或坍塌。

340. 隧道是由预制管片拼装而成的,所以有很多的纵、环向缝隙,而这些缝隙正是_____的薄弱环节。

341. 单液浆是指多由粉煤灰、砂、水泥、外加剂等在搅拌机中一次拌和而成的浆液。这种浆液又可分为_____和硬性浆液。

342. 双液浆是指由水泥砂浆浆液与_____浆液混合而成的浆液。双液浆又可按初凝时间的不同分为缓凝型和瞬凝型。

343. 衬砌背后注浆时应防止注入的浆液从尾部、工作面、管片接头等部位泄露到其他无需注浆的部位。因此设置_____装置,特别是泥水盾构中还设置了三道钢丝刷。

344. _____采用盾构机本身配置的注浆系统,其构造形式为注浆管平行与盾壳埋设,浆液水平方向注出。

345. _____是指在同步注浆效果不理想时,对前期注浆进行补充注浆的方式。

346. 二次注浆是通过_____的注浆孔注浆,注浆管垂直于管片内表面,浆液注入方向与管片垂直。

347. 由于盾构施工是在地面以下一定深度进行暗挖施工,因此在盾构起始位置上要修建一竖井进行盾构的_____,称为出发井或盾构拼装井。

348. 盾构拼装井内设置拼装盾构的_____,它一般为钢结构与钢筋混凝土结构,其上设有导轨,承受盾构自重和盾构移动时的其他荷载。

349. 盾构始发之前要对洞口地层的稳定性进行评价,如果出洞地层在破除洞门后稳定性不足,则对出洞地层进行_____。

350. 盾构始发的站或井的围护结构一般为钢筋混凝土的桩或连续墙,盾构刀盘无法直接切割通过,需要_____。

351. 洞门凿除施工时,不能把所有的钢筋和混凝土全部除掉,应保留围护结构的最后一层钢筋和_____,待盾构刀盘到达之后再割除最后一层钢筋网。

352. 近几年,出现了用桩作为围护结构,桩身材料为_____混凝土的,对于此种围护结构,盾构机的刀盘可以直接切割通过,从而减少了洞门凿除作业。

353. 在盾构机刚开始前进时,由于此时还没有拼好的管片,它的推进反力是由_____承担的,即推进油缸是作用在它的上面。

354. 在盾构刚开始出发后,这时尚在竖井内,也需前进的反力,也需要顶在管片上,从进洞后的管片为正数第一环,所以在竖井内的管片叫做_____。

355. 从正式进洞的第一环正数管片开始,到盾构机后配套系统完全进洞,负环管片拆除,系统完全达到设计生产能力为止,这一施工阶段称为_____。

356. 垂直运输主要一是运输材料管片、轨料、油脂油料等,二是渣土的提升;它主要指的是_____。

357. 1894 年美国采用沉管法在波士顿建成一个城市地下水道工程,并于 1904 年采用此法建成了_____河水底铁路隧道,才宣告沉管施工法的成功诞生。

358. 自 1959 年加拿大迪斯隧道成功使用_____法进行预制管段水底连接后,沉管法施工修筑水底隧道变得更为优越,并很快为世界各国普遍采用。

359. 我国自 1993 年在广州珠江沙面建成国内第一条沉管隧道后,又于 1995 年在_____建成我国第二条沉管隧道。

360. 广州仑头至生物岛隧道采用沉管隧道施工工艺建设,管段全部在移动干坞(15 000t 半潜驳)上完成预制。创造了"广州隧道_____"的奇迹。

361. 预制管段是在_____里浇筑的,施工场地较集中,便于进行全天候、全方位的工程质量管理,管段结构和防水措施的质量亦可以得到保证。

362. 沉管隧道一般由敞开段、_____、岸边竖井及沉埋段等部分所组成。在沉埋段两端,通常设置竖井作为沉埋段的起讫点。

363. 沉埋管段的可分为圆形和矩形,采用矩形管段比用圆形横断面管经济,且适合于多车道,故_____成为现阶段国内外沉管隧道最常用的横断面形式。

364. 预制沉管管段的场地,既能分节预制管段,又能在管段制成后灌水浮起,一般称这个场地为_____。

365. 一次预制的所有管段的干坞只需_____进坞,不需要采用闸门,施工简便,仅用土围堰或钢板桩围堰作坞首。

366. 干坞的四周,大多采用简单的_____为坞墙,在确定干坞边坡坡度时,要进行抗滑稳定性验算。为保证坞边稳定安全,一般多用防渗墙及井点系统。

367. 为减少管段不均匀沉降,可以先铺一层砂子,在砂层上铺一层混凝土,为了防止管上浮时被_____,在混凝土面层上再铺一层砂砾或碎石。

368. 通常采用井点法降水或在坞底设明沟、盲沟和_____,用泵将水排到坞外,以增强地基承载力及保证基底的稳定。

369. 管段一般用电动卷扬机和_____拖运出。在坞室充水、管段浮起、闸门打开之后,利用这些安装在干坞周边坡顶上的设备,将管段慢慢地拖拉出坞。

370. 在钢筋混凝土管段制作中,最重要的是保证管段预制完成后在水中浮运时能有规定的_____——指管段在浮运过程中露出水面的高度。

371. 在灌注管段边墙混凝土时,在离底板3m范围内的边墙中设置蛇形_____,降低边墙混凝土温度,使先浇筑的底板混凝土与后浇筑边墙混凝土温差减小。

372. 管段边墙及顶板,可采用柔性防水层和保护层防水。柔性防水层常选用_____卷材与合成橡胶卷材。

373. 在施工缝中,一般设置1~2道止水带,以保证变形前后均能防止河海水流入。止水带的形式种类有很多,_____止水带目前应用得较多。

374. 在管段灌筑完成,拆除模板之后为了使管段能在水中浮起,须于管段两端离端面50~100cm处设置_____,可采用钢板或钢筋混凝土制成。

375. 沉管式隧道的预制管段是自浮的,浮运拖拉就位后要沉放到水底,在沉放时不加_____就沉不下去。

376. 在封端墙安设之前,须先设置防水密封门、人员出入孔及在管段内对称设置容纳_____的容器,使管段保持平衡,达到平稳地下沉。

377. 在沉管隧道施工中,在隧址处的水底沉埋管段范围,需在水底开挖沉管_____,槽底纵坡应与管段设计纵坡相同。

378. 水中基槽开挖方法,一般采用_____挖泥船疏浚,用航泥驳运泥。当土层较坚硬,可用抓斗式挖泥船配合用小型吸泥船清槽及爆破。

379. 泥质基槽开挖一般分两个阶段进行挖泥,即粗挖和精挖。粗挖时挖到离管底高程的1m处;精挖时应在临近管段沉放前开挖,以避免_____。

380. 航道疏浚包括临时航道改线的浚挖和_____线路的浚挖。临时航道疏浚必须在沉管基槽开挖以前完成,以保证施工期间河道上正常的安全运输。

381. 在干坞内预制管段完成后,可向干坞内_____,使预制管节逐渐浮起。然后通过绞车将管段逐节牵引出坞,以便下一批管段按期预制。

382. 管段向隧址浮运一般可采用拖轮拖运,或用岸上的_____拖运管段。当拖运距离较长,水面较宽时,一般宜采用拖轮拖运管段。

383. 当管段浮运就位后,需将管段沉放到水底基槽中与相邻管段_____。管段沉放作业是沉管隧道施工中的重要环节。

384. _____法通常在管段顶板上方采用4只浮力为1 000~1 500kN的方形浮箱,直接将管段吊起,4只浮箱分前后两组,进行沉放。

385. _____是采用两副"杠棒"担在两组船体上组成的船组,完成管段吊沉作业。所谓"杠棒"即钢桁架梁或钢板梁。

386. 拉合千斤顶安装在管段前端左右的边墙上,用以拉住前节_____的后端,进行拉合作业。

387. 定位塔又称_____,事先安装在管段顶面上,顶部设有测量标志,定位卷扬机也安设在定位塔上,有时还在塔上设指挥室和测量工作室。

388. 管段沉放时,在每一根锚索或吊索的固定端均设置_____,能在指挥室中直接显示受力数值,并自动记录。

389. 管段下沉的全过程,一般分为三个步骤进行,即初步下沉、靠拢下沉和_____。

390. 管段着地时,先将管段前端上鼻式托座搁在前节管段_____托座上,然后将管段后端轻轻地搁置到临时支座上。

391. 管段沉放完毕后,必须与已沉放好的管段连接成一个整体。这项连接工作在水下进行,故称管段_____。

392. 水力压接法是利用作用在管段上的巨大_____使安装在管段前端面周边上的一圈胶垫发生压缩变形,形成一个水密性相当可靠的管段接头。

393. 水力压接法排水之前,作用在新设管段前、后两端封端墙上的水压力是相互平衡的;排水之后,作用在前封端墙上的水压力变成了_____的空气压力。

394. 水力压接法所使用的管段接头胶垫有两种类型:一种是_____橡胶垫,安装在管段接头的竖直面,第二种类型采用 W 或 Ω 形式橡胶板安装。

395. 采用水力压接法进行管段水下连接的主要工序是对位、拉合、压接、拆除_____。

396. _____是利用安装在既设管段竖壁上带有锤形拉钩的千斤顶,将刚对好位的管段拉向前节既设管段,使胶垫的尖肋产生初压变形和初步止水作用。

397. 拉合作业完成后,即可打开既设管段后封端墙下部的排水阀,排出前后两节沉管封端墙之间被胶垫所_____。

398. 在进行管段沉放作业时,为保证施工和航运双方的安全,必须采取水上交通管制措施,其中最主要的是主航道的临时改道和_____的暂时封锁。

399. 沉管隧道的基础处理主要是垫平基槽底部。其处理方法较多,主要有两大类八种方法:一类是先铺法;另一类是_____。

400. 刮铺法在管段沉放前进,故称先铺法;喷砂法和压注法等在管段沉放后进行,故称后填法。_____主要适用于软弱地基。

401. _____是在管段沉放前用专门的刮铺船上的刮板,在基槽底刮平所铺材料作为管段基础,所用的材料有碎石、砂砾石、粗砂。

402. _____主要是从水面上用砂泵将砂、水混合料通过伸入管段底下的喷管向管段底喷注,将空隙填充饱满。喷填的砂垫层厚度一般为 1m 左右。

403. 在管段沉放后向管段底面压注水泥砂浆或砂,作为管段的基础。根据压注材料不同分为压砂法和_____两种。

404. 压砂法具体做法是:在管段内沿轴向铺设输料钢管,接至岸边或水上砂源,通过泵砂装置及吸料管将砂水混合料泵送到已接好的_____,打开单向球阀,混合料压入管底孔隙。

405. 当沉管下的地基极软弱时,其_____很小,仅作"垫平"处理是不够的。此时应当采用桩基础支撑沉管,承载力和沉降都能满足要求。

406. _____是沉管隧道施工的最终工序,它包括沉管侧面回填和管顶压石回填。

407. 在解决隧道_____的前提下,为减少隧道入口段加强照明的电耗,设计人员设计了一种名为遮阳棚的结构。

408. 嘉兴电厂 1 号取水隧道是我国第一条_____沉管隧道。

409. _____是经科技部、建设部核准的我国土木工程界最高的工程荣誉奖,由中国土木工程学会和詹天佑土木工程科技发展基金管委会颁发。

410. 在岸与船、船与船之间用小船转运旅客或货物叫做_____。

附录2 隧道工程常见工程质量通病45例

1. 在进洞前不先刷好仰坡和边坡,不在雨季前尽早做好洞顶天沟等排水系统,将水引出洞口范围以外。

2. 不积极推行光面爆破和预裂爆破技术,让作业人员随意打眼、随意装药,造成超挖浪费、围岩松动破碎和对已完不久的衬砌混凝土的损伤。

3. 采用弧形导坑先拱后墙法施工时,为了节省支出,不按设计规定进行锚喷和挂网等临时支护,而是让拱部衬砌紧跟开挖面(一般应至少拉开15~20m),甚至挖一两米打一两米,造成爆破对拱墙的严重损伤,并由于拱墙衬分节过多,整体性差,带来渗漏水等诸多病害。

4. 先拱后墙法立拱架前,拱脚横向欠挖。拱脚深度不挖够,高高低低也不垫砂找平。这样,在挖边墙时,拱稳定性差,拱脚底面不整齐,刹尖处混凝土捣不实,刹尖位置高低起伏,也不美观。

5. 边墙基底以上1m和先拱后墙时拱脚以上1m范围内的超挖不用与衬砌相同的混凝土回填。其他部位的超挖没用浆砌片石(必须压浆处可用干砌片石)回填密实。有的将片石填在衬砌内,削弱了衬砌断面。

6. 墙架和拱架不随时校正和修整,安装时不认真找正支牢,结果边墙拱部连接不顺,边墙里出外进,边墙底部外移或中间鼓肚,拱圈上下起伏,拱脚不圆顺。

7. 模板变形或不平整,安装不仔细,捣固不认真,衬砌表面错台明显,蜂窝麻面,凹凸不平,流砂流浆。

8. 拱圈封顶不实,外观差,先拱后墙时墙顶刹尖封口留太高(规定7~10cm),封口没有用水灰比小的混凝土捣实,外观粗糙不整齐。

9. 复合式衬砌光面爆破差,开挖后的围岩面与设计轮廓线相差甚远,根本无法按设计要求正确施作初期支护。

10. 将复合式衬砌的初期支护与一般的锚喷临时支护混为一谈,施作前对凹凸较大的岩面不事先大致找平,不用水、风对岩面进行清洗,施作完的初期支护与设计出入较大,没有对锚杆、混凝土的有关质量指标做必要的量测和试验,致使完成的"初期支护"难以视为永久衬砌的一部分。

11. 复合式衬砌施工中,没有按规范认真进行监控量测,以正确掌握二次衬砌施作时间,使二次衬砌超设计荷载承受围岩压力。(当施工单位无能力正确施作复合式衬砌时,要求及时调整施工队伍或改变设计,按普通衬砌施工以保证工程质量。)

12. 当围岩有水时,没有在衬砌背后有针对性地设置暗沟和盲沟引排地下水到边墙下侧沟内,结果出现大面积渗漏现象。

13. 每段衬砌接缝处(特别是拱圈)不支立挡头板,混凝土无法捣实,接头处不做成简单企口。在接灌段衬砌时,不对接茬面凿毛清洗,这样每处接缝都成为渗漏水的薄弱环节。

14. 拉中槽时在拱脚处不留足够宽的台阶甚至不留台阶,往往造成拱脚长距离悬空,很容易使拱圈开裂,严重时会发生掉拱事故。

15. 马口跳槽开挖掌握不严,首轮马口长度超过规定,造成拱脚悬空过长。马口立模两端没仔细按中线找准,致使马口边墙连通时前后不平顺。

16. 水沟和电缆沟立模不细致不牢固。沟外沿没有跟线路中线走,不顺直。沟面高程没有控制好,高低起伏。混凝土蜂窝麻面多,缺棱掉角,砂浆抹补。

17. 铺底混凝土没有抹平整,横向没有明显排水坡,铺底面与侧沟相接处,泄水孔不顺、不通或数量不足。

18. 水沟和电缆沟盖板加工粗糙。盖板的铺设没有考虑与其他工序的配合,结果来回撬动搬移,盖板破损严重。

19. 洞口的地质一般较差,洞门不及早施作,不能保持洞口山体的稳定,经常造成洞口段衬砌(特别是拱圈)的开裂,有的甚至发生洞口山体下滑。

20. 洞门拱墙没有与洞内相邻拱墙同时施工,两者没有连成整体,降低了洞门的稳定性。

21. 洞门端墙以及相连的翼墙和挡墙大面不平整,外表不整洁美观,有的用砂浆抹面找平做假缝,时间一长就开裂掉皮,很难看,失去了洞门的观赏性。

22. 隧道出渣不按设计规定的地点堆弃,弃渣挡墙不认真按需要尺寸砌筑,质量差,致使弃渣毁坏农田,堵塞河道,污染环境。

23. 用风化石、软石等劣质石料加工碎石。碎石中针片状颗粒、泥土粉尘含量过多。

24. 碎石粒径偏大。不符合在满足板厚、结构最小尺寸、钢筋最小净距及导管内径要求的前提下,碎石最大粒径一般混凝土不大于100mm,水下混凝土不大于60mm,防水混凝土不大于40mm,喷射混凝土不大于20mm的要求。

25. 用不符合要求的岩类(规范只允许用白云岩、石灰岩、花岗岩和玄武岩)磨砂。用石方施工或隧道出渣的混渣磨砂。

26. 对山砂不进行必要试验,到处采集强度、级配、泥土含量不合格的山砂随意使用,在附属圬工的施工中尤为普遍。

27. 混凝土的用料不依重量比计量或不严格计量。砂石计量合用一台磅秤,磅秤安设的位置或方式不当,起不了作用。有的公然用筐、车或其他容器搞体积比。用水不计量,水灰比过大,降低了混凝土的强度。

28. 对购入的钢筋和钢丝缺乏制造商的质量证明书或试验报告单,不按规范规定分批进行外观检验和试验鉴定。当前,螺纹钢伪劣产品较多,没有认真把关。

29. 钢筋不除锈。在"同一截面内",闪光对焊或绑扎接头数量超过规定。接头焊缝长度、宽度和高度不足。闪光对焊轴线偏移超标,接头四周墩粗部分有缺损。

30. 模板不平整光滑,两块模板间错台或拼缝不严。钢模板安装前不认真修整除锈,安装时不上全U形卡和L形插销。模板的刚度不够,支撑不牢固。

31. 混凝土自由倾落高度超过2m时不采用串筒、滑槽等措施,有的沿山坡设置较长的滑槽,入模前又不重新拌和,混凝土发生离析。

32. 混凝土没分层摊铺或每层摊铺过厚引起失捣。振捣器移动间距过大,每一位置振捣时间不足。

33. 混凝土搅拌或运输能力不足,灌注速度太慢,使每层混凝土施工时间过长,与上下层混凝土没有形成一体,拆模后混凝土出现"千层饼"现象,严重影响混凝土整体质量。

34. 因停电、设备故障、灌注能力不足等原因,两层混凝土之间接灌时间长达90~120min时,还继续接灌,不按施工接缝处理。

35. 混凝土灌注中断按施工接缝处理时,前层混凝土面不摊平捣实,不按规范或设计埋好接茬钢筋。接灌前,不凿去接茬面的一层老混凝土,不清洗干净。新灌混凝土前,不先铺一层

15～20mm厚的砂浆。

36. 片石混凝土填入的片石不干净、石质差或有山皮水锈裂隙夹层,片石过大或过小,片石间或片石与模板间没有足够的间距,有的甚至贴在一起。

37. 混凝土表面水泡很多,流浆后漏砂漏石,颜色不均匀,错台明显,表面不光滑,大面不平整圆顺,两平面相交处棱角不分明。

38. 混凝土表面修整工艺差,外观难看,有的刷一层水泥浆或抹一层水泥砂浆,真假难辨,弄巧成拙。

39. 将中部厚度小于15cm的石块当片石使用。石料质地差,已风化,有裂纹和软弱夹层。镶面片石尺寸小,边缘厚度小于15cm。

40. 砂浆用料不过磅。人工拌和砂不用铁板。砂浆不随拌随用,甚至将已凝固的砂浆重新拌和使用。

41. 浆砌片石上下相邻竖缝错开不足8cm,形成通缝。表面砌缝大于4cm,石块互相交错、咬搭不好。使用大量小石块填腹(小石块只能用在片石间较宽砌缝中挤浆)。采用先干填石料后铺灌砂浆的灌浆法,造成大量空洞和石块间无砂浆。

42. 伸缩缝和沉降缝两侧的石料不挑选面石,使缝内不平齐,相互咬错。伸缩缝和沉降缝不垂直,缝内防水材料没填塞或填塞很不认真。

43. 砌筑浆砌片石每120cm不分层找平一次。墙面勾缝不是统一采用平凹缝,不整齐,不美观。墙后大面太不整齐,砂浆不实,浆体厚度不能保证。

44. 镶面用薄层片石,成了一层贴面,用块石、粗料石和混凝土砌块镶面时,不准备丁石,不按一顺一丁或两顺一丁砌筑。

45. 干砌片石不按设计铺垫层,片石小,相互咬错、咬搭差,片石间有小石块挤紧,表面不平整。

参 考 文 献

[1] 王毅才.隧道工程[M].北京:人民交通出版社,2005.
[2] 朱永全,宋玉香.隧道工程[M].北京:中国铁道出版社,2007.
[3] 郭进平,聂兴信.新编爆破工程适用技术大全[M].北京:光明日报出版社,2002.
[4] 王梦恕,等.中国隧道及地下工程修建技术[M].北京:人民交通出版社,2010.
[5] 铁道第二勘察设计院.TB 10003—2005 铁路隧道设计规范[S].北京:中国铁道出版社,2005.
[6] 重庆交通科研设计院,等.JTG D70—2004 公路隧道设计规范[S].北京:人民交通出版社,2009.